凡圣之维：中国当代“红色经典”的跨媒介研究

王宗峰/著

图书在版编目(CIP)数据

凡圣之维:中国当代"红色经典"的跨媒介研究/王宗峰著.
—合肥:安徽大学出版社,2013.6
(博学文库)
ISBN 978-7-5664-0416-9

Ⅰ.①凡… Ⅱ.①王… Ⅲ.①小说研究—中国—当代
Ⅳ.①I207.42

中国版本图书馆 CIP 数据核字(2013)第 076796 号

本书为国家社科基金青年项目"当代中国'革命集体记忆'书写史研究(12CZW017)"之中期成果。

本书获淮北师范大学学术著作出版基金资助。

Fansheng Zhiwei Zhongguo Dangdai Hongse Jingdian De Kua Meijie Yanjiu
凡圣之维:中国当代"红色经典"的跨媒介研究 王宗峰 著

出版发行:北京师范大学出版集团
安 徽 大 学 出 版 社
(安徽省合肥市肥西路 3 号 邮编 230039)
www.bnupg.com.cn
www.ahupress.com.cn
印　　刷:合肥远东印务有限责任公司
经　　销:全国新华书店
开　　本:152mm×228mm
印　　张:17.25
字　　数:206 千字
版　　次:2013 年 6 月第 1 版
印　　次:2013 年 6 月第 1 次印刷
定　　价:34.00 元
ISBN 978-7-5664-0416-9

策划编辑:卢　坡
责任编辑:卢　坡
责任校对:程中业
装帧设计:张同龙　李　军
美术编辑:李　军
责任印制:陈　如

版权所有 侵权必究

反盗版、侵权举报电话:0551-65106311
外埠邮购电话:0551-65107716
本书如有印装质量问题,请与印制管理部联系调换。
印制管理部电话:0551-65106311

序

研究“红色经典”是需要勇气的，因为这是一个有分歧、有争议的问题。有人将“红色经典”视为民族文化宝库中的珍品与精华，是社会核心价值体系中的财富与象征；有人则认为它是在怀旧情绪驱使下对以往“左倾”典范性文艺作品的一个称谓。有人把“红色经典”同中国共产党所领导下的革命运动和人民的真实生活联系起来；有人却把它看作仅仅是与那些“艰苦岁月”或“文革记忆”相连的一个“后文革”词汇。总而言之，在理论界、学术界，对何谓“红色经典”，对“红色经典”的基本理念、价值取向和风格范式上的认识，是不一致的。这就给进一步深入研究提供了平台，论题研究的价值和意义也是不言而喻的。

王宗峰先生的《凡圣之维：中国当代“红色经典”的跨媒介研究》，尽管不能说是全景式地研讨“红色经典”的方方面面，但该书通过对多部革命历史小说及其在上世纪 50 至 60 年代及近年来的两次影像化改编活动的比照，以文学文本为参照系，考察两次改编活动分别驱除了什么、注入了什么、强化了哪些、弱化了哪些，动机和路数有何不同等，进而探析了特定语境中革命话语变迁的轨迹以及促成这种变迁的复杂原因。可以这么说，该书的这种研究视角，是能够让人比较清晰地看到“红色经典”蕴含的丰富文学和文化底蕴，也能够让人知晓产生“红色经典”的历史缘由和现实条件的。

尤为值得肯定的是，作者通过对革命历史小说和两次影像化改编风潮的具体解析，从多个层面指出了“红色经典”从小说到电影再到电视剧的演化，经历的其实是一个由“神圣”退入“凡俗”的改造过程。这一结论，比较准确地概括了几十年来

“红色经典”所遭遇的命运，揭示了它在社会舆论和媒介中演变的基本轨迹与途径。作者一方面摒弃了一般存在的成见，发现“红色经典”小说在进行圣洁化建构中还是自觉地为凡俗生活保留了一定空间的，对英雄人物的凡俗之举也给予某种理解和宽容，即使是在电影改编中有“卡里斯马典型版本升级”的现象，但仍不失为高尚与平凡的组合；另一方面，作者又尖锐地指出了“红色经典”小说在电视剧制作中存在的普遍倾向，那就是随着意识形态上“神”、“魔”二元切分模式的日渐式微，各种典型形象都得到了“人性化”与“世俗化”的重构，“卡里斯马系统生态”明显地向凡俗之维倾斜，先前的神圣性和革命话语受到虚无主义的亵渎和解构。

我是欣赏作者做出的如下判断的：“以市场为导向的商业规则和消费主义逻辑决定了文化产业对所谓‘红色经典’中凡俗因素的挖掘带有相当的功利性和投机性。可以说，凡俗因素正是近年来‘红色经典’被文化工业运作的文本基础。新的语境为 20 世纪 90 年代以来的‘红色经典’电视剧改编制作提供了较大的自由空间，于是政治与商业达成共识，于是文化产业在其所租借的权力资源的护佑下暗度陈仓，试水前行，尽可能大胆地挖掘‘红色’资源中可供消费的元素，民间的、传统的及其他非政治性的凡俗因素被逐渐开发出来，但这种对政治的他异因素的发掘并非自然，而是受到了商业逻辑和诱惑或制约。”应该说这个判断是有感而发、切中时弊的。

艺术活动规律告诉我们，用市场化的商业逻辑去对待“红色经典”，改写作品的革命话语，满足某些群体的需求，必然会去要求尽量张扬和渲染所谓的“内在人性”，展示所谓的“人性深度”，必然会掩饰、淡化、瓦解、清除作品原有的阶级性，像先哲说的那样：令市侩的内容套上凡俗的外衣，给文学语言赋予纯粹肉体的性质。这恐怕是不以人的意志为转移的。

本书正是因为紧紧围绕着“圣”、“俗”两个维度的变化，以“现代性”问题作为贯穿线，借助“革命伦理”、“宏大叙事”、“个体情性”、“凡俗生活”、“革命理性”、“卡里斯马”、“人性”、“身体”、“感性”、“欲望”等概念和术语，兼以运用艺术生产理论、意识形态批评、阐释学、叙事学、知识谱系学、场论等相关观点，编织了一张论述之网，进行了多角度的辨析，同时也显示了作者可贵的理论批判意识。

毋庸讳言，人类史和艺术史都已证明，革命并不总是厮杀和争斗，这当中也有炊烟，也有欢愉，也有诙谐，也有情爱。倘若把革命与这些对立起来，那只能是没有身临革命其境的人为了某种观念或某种利益而主观片面的臆想而已；反过来，革命过后也并不总是莺歌燕舞、卿卿我我、甜甜蜜蜜，这中间仍有冲突，仍有牺牲，仍有悲剧，仍有叛逆。倘若让这一切都与世俗生活绝缘，以为可以“告别革命”，那也不过是迷信市场的人的一厢情愿的幻象和心造的泡影罢了。这两种情况都是事实。由此观之，那种在文学和影视作品中将凡俗生活描写成“情欲”和“人性”的“展览馆”，同将革命生活描写成不食人间烟火的“圣贤村”，本是一样的教条思维，一样的僵化叙事模式。

作者无疑做了一项有益的工作。面对“乱花迷眼”的局面，如何厘清“红色经典”的应有品格和气质，如何认识对它的擅改和糟蹋，如何使“红色经典”发挥出精神与审美的正能量，该书都提出了有价值的意见。

“红色经典”的产生是历史的必然。传承“红色经典”的重任，落在了后来者的肩上。“红色经典”的接受和媒介的改编过程还在继续，不同的见解和认知还在陆续释放出来。因此，对“红色经典”的综合研究和演变跟踪研究，理应尽早提上日程。

希望作者在此书的基础上再接再厉，丰富已有战果，在不久的将来将新的研究成果贡献在读者面前。

是为序。

董学文

于北京大学蓝旗营寓所

2013年6月5日

目　录

前 言

概念:“革命历史小说”

“革命历史小说”应该说是一个约定俗成的概念,尽管如此,并未影响学界对它的使用。依据洪子诚介绍,从 20 世纪 50 年代开始,就已有“革命历史题材”小说的概念出现。“1960 年,茅盾在中国作协第三次理事会(扩大)会议的报告中使用‘革命历史题材’这一概念时,不仅指《红旗谱》、《青春之歌》这类作品,而且也包括写辛亥革命前后社会生活的《六十年的变迁》(李六如)、《大波》(李劼人)”[1]。就是说茅盾所谓“革命历史”所指较为宽泛,把中国旧民主主义革命也延揽入围,但是,实际上在 20 世纪 50～70 年代,一般说到现代中国的“历史”,指的大致是“革命历史”,而所谓“革命”在大多数情况下就是指中共领导的革命斗争。有鉴于此,20 世纪 80 年代有些学者提出并使用了“革命历史小说”概念。黄子平指出,“革命历史小说”是其对中国内地 20 世纪 50～70 年代生产的大批作品的“文学史”命名,而这一概念所指称的作品是“在既定意识形态的规限内讲述既定的历史题材,以达成既定的意识形态的目

---

① 洪子诚:《当代文学史》,北京:北京大学出版社,1999 年,第 106 页。

的"[①]。不妨将茅盾所谓"革命历史"视为广义的"革命历史"，而与之相应的小说作品则称为广义"革命历史小说"；而将狭义的"革命历史"用来指中共领导的革命斗争，与之相应的小说则可视为狭义的"革命历史小说"。本书所及"革命历史小说"正是这种狭义概念所指，而且特指20世纪五六十年代产生的一批长篇革命历史小说，后文将不再逐一说明。

洪子诚还列举了革命历史小说的主要作品，其中长篇小说有《铜墙铁壁》(柳青，1951)、《风云初记》(孙犁，1951～1963)、《保卫延安》(杜鹏程，1954)、《铁道游击队》(知侠，1954)、《小城春秋》(高云览，1956)、《红日》(吴强，1957)、《林海雪原》(曲波，1957)、《红旗谱》(梁斌，1957)、《青春之歌》(杨沫，1958)、《战斗的青春》(雪克，1958)、《野火春风斗古城》(李英儒，1958)、《烈火金钢》(刘流，1958)、《敌后武工队》(冯志，1958)、《苦菜花》(冯德英，1958)、《三家巷》(欧阳山，1959)、《红岩》(罗广斌、杨益言，1961)等。[②] 这些小说中有许多在20世纪50年代末至20世纪60年代初几年间被改编摄制成电影，并形成一股电影化改编的风潮，而近年来，它们又纷纷被改编制作为电视剧，且又蔚然成风。[③] 本文所具体论涉的"革命历史小说"主要是洪子

① 参见黄子平《革命·历史·小说》，载《当代作家评论》，2001年第2期。

② 参见洪子诚《当代文学史》，北京：北京大学出版社，1999年，第106～107页。

③ 这股风潮并非只是影视界的现象，而是一种十分复杂的社会文化现象，有着复杂的促成因素，它的产生就与其他领域存在着一定的联系，比如20世纪90年代音乐界和新闻出版界对红色资源的青睐就不能不影响到影视界。就电视剧而言，这股风潮在20世纪90年代中期就已渐起，而在2000年，万科影视公司拍摄制作了由外国小说《钢铁是怎样炼成的》改编的中国版同名电视连续剧，结果较为成功，于是，由革命历史题材的小说、电影等文艺作品(绝大部分是毛泽东时代的革命文艺作品)改编制作的电视剧跟风而起、一拥而上，于是这股改编风潮迅速涌动起来，而且这股风潮目前尚未结束，仍有持续之势，不少该类电视剧正在筹拍、拍摄或待播中，如由吴强小说《红日》改编制作的电视剧已经杀青待播，因受时间所限(本文截稿日期为2008年3月10日)，本文无法对此具体论述。

诚所列的这些长篇小说中的那些在这两次影像化改编中都曾被涉及的小说，但其意蕴则指涉这个时期的“革命历史小说”的总体，因为这些被具体论涉的小说因其影响和地位，作为“革命历史小说”的代表应是稳妥的。

与“革命历史小说”密切相关的概念就是近些年(20 世纪 90 年代以来)在不少领域被频繁使用的“红色经典”这一术语。有关“红色经典”的界定可谓众说纷纭，既有广狭之分，也有深浅之别；既有出自官方的权力界定，也有民间的惯性指认；既有市场伙同媒体的炒作性描述，也有知识精英的学理性论涉。在“红色经典”现象已成沸沸扬扬之势，其“负面”影响已使官方不能坐视不管之时，国家广电总局于 2004 年 5 月 25 日向各省、自治区、直辖市广播影视局(厅)、中央电视台、解放军总政宣传部艺术局、中直有关制作单位发出了《关于“红色经典”改编电视剧审查管理的通知》，在该通知中，“红色经典”这一关键词仅用括号加以注明：“曾在全国引起较大反响的革命历史题材文学名著”，这应该算是官方对“红色经典”的指示性界定了。至于何为“较大反响”？又何谓“名著”？则只能依据各人的理解了。可见官方这一界定也并非十分确定，权威中不无张力。不管如何争论不休，认同也罢，质疑也罢，甚至否定，对“红色经典”的话语所指还是存在一定的共识性的，哪怕仅仅作为讨论对象。正如陶东风所言：“‘红色经典’的基本内涵大体一致：它一定与中国共产党领导的社会主义革命有关，是典型的革命话语。”[①]就所指而言，各种有关“红色经典”的界定都共识性地将长篇革命历史小说作为基本因素。这样一来，本书所提及革命历史小说，尤其是其中被影像化加工的这些小说也可较为合理地视为“红色经典”了，于是可以进一步认为关于“红色经典”的研究和论述也适用于本文所及的革命历史小说，而且常常可以

① 陶东风：《红色经典：在官方与市场的夹缝中求生存》(下)，载《中国比较文学》，2004 年第 4 期。

置换。

有关革命历史小说及相关论题的研究状况

革命历史小说大约已有半个世纪的历史了，而对它们的真正具有学术价值的研究却主要是20世纪80年代末期以来的事情（“主要是”意味着并不排除在20世纪80年代末期以前曾偶尔存在有一定学术价值的研究成果）。“文革”之前，对革命历史小说的研究尽管为数不少，但因时代所限，难免有偏颇之嫌。“文革”期间，由于政治形势的严酷，革命历史小说研究中断。“文革”结束之后，文学界掀起了为当代文学写史的热潮。1979年改革开放以来，由于对“文革”的全面否定也殃及了对“十七年”文学的研究，对属于“十七年”文学的革命历史小说的研究自然也暂时搁浅。直到20世纪80年代中期，这种现象才有所缓解，但由于当时文学环境仍然较为封闭，思维的惯性和眼光的局限导致研究者只是从意识形态的角度，选择某个具体作家作品加以分析阐述，以浅层次的正面评论为主，很少能够做到整体把握，更谈不上宏观研究。1988年，王晓明、陈思和在《上海文论》上发起“重写文学史”的讨论，对整个20世纪文学史进行回顾，并对文学史编写中的一些传统观念和标准提出批驳，旨在冲击那些似乎已成定论的文学史论，对于中国现当代文学史上的重要作家、作品进行价值重估。新的历史观及文学史观的逐渐形成，为当代文学的发展寻找到了新的起点和坐标，对革命历史小说的研究也焕发新机。宋炳辉以其文《“柳青现象”的启示——重评长篇小说〈创业史〉》首开重评先河，从新启蒙思想资源和审美主义出发，对长期盛行的狭隘政治视角以及庸俗社会学进行颠覆。[1]

---

[1] 参见王春艳《“红色经典”研究综述》，载《海南师范学院学报》，2006年第1期。

20世纪90年代以来，由于西方学术思想的大量引进所带来的开阔视野以及当代文学历史感的增强，对革命历史小说的研究逐渐呈现出“百花齐放”的局面。不少学者采用了“再解读”的思路侧重于探讨文学文本的结构方式、叙事特点、修辞策略和意识形态运作的轨迹等。这种颇具深度的解读对先前在特定语境中基于庸俗社会学和机械反映论之上的诸多僵化结论造成冲击。这类代表性著作主要有：陈思和的《中国新文学整体观》、洪子诚的《中国当代文学史研究讲稿》、李扬的《抗争宿命之路——“社会主义现实主义”(1942～1976)》和《50～70年代中国文学经典再解读》、唐小兵主编的《再解读——大众文艺与意识形态》、黄子平的《革命·历史·小说》、蓝爱国的《解构十七年》、余岱宗的《被规训的激情——论1950、1960年代的红色小说》、杨厚均的《革命历史图景与民族国家想象——新中国革命历史长篇小说再解读》等。

当然，这一时期也产生了大量论文，分别从不同角度，采取多种方法对革命历史小说进行了卓有成效的研究，比如：人本主义研究、现代性研究、叙事学研究、审美研究、文化研究、文学体制与文学生产研究等等不一而足。其中比较有代表性的论文主要有洪子诚的《关于五十至七十年代的中国文学》、丁帆和王世沉合作的《“人”和“自我”的失落》、旷新年的《断岩深处的历史》、刘保昌的《“十七年文学”的现代性问题》、程光炜的《五十至七十年代文学“叙事”问题》、董之林的《传统叙事方法的重现与再造》、程文超的《共和国文学范式的嬗变——现实主义长篇小说叙事》、马立新的博士学位论文《红色理性与革命战争文学》等。这些文章视角新颖，见解独到，给人启迪甚多，丰富了关于革命历史小说的理解和认识。

另外还有不少论文以所谓“红色经典”作为研究对象，而实质上依然是对革命历史小说的研究，如吴培显就在“红色经典”这一术语出现之后，将“红色经典”从“十七年文学”中独立出来做专门研究，颇有首开先河之功。在其论文《“红色经典”创作得失再评价》中，吴培显对“红色经典”进行了反思，认为“红色经典”缺乏以人的全面自由发展为价值目标的历史合理性，“‘人’的哲学观念的根基的缺失，导致史诗范式的时代性倾斜”①。其他以“红色经典”为研究对象且较有代表性的文章还有：杨经建“红色经典”系列论文、张志忠的文章《定位与错位——影视改编与文学研究中的“红色经典”》②、刘玉凯的《“红色经典”与时代精神》、阎浩岗的《从文学角度看“红色经典”》等。这些论文基本上依凭今天的开阔视界对“红色经典”进行了宏观性阐释，术语的置换并没影响这些论文实质上对革命历史小说的独特认识和深刻理解。

针对革命历史小说的电影改编的文章并不算少，但基本上属于观后感或回忆改编制作“花絮”式的散篇，深度和力度显然不够，缺乏学术价值，其中许多根本称不上研究。尽管如此，这些文章却以独特方式留存了那个时代的话语和记忆，具有宝贵的材料价值。

针对革命历史小说的电视剧改编的学术文章很多，而且一度形成争鸣之势。这些文章往往将“红色经典”的再度活跃作为一种文艺或文化现象进行开掘，角度新颖，见解深刻，发人深思。仅举几例：

(1)陶东风在《红色经典：在官方与市场的夹缝中求生存》(下)一文中认为：“‘红色经典’电视剧作为在‘革命’话语与商业话语、官方与市场的夹缝之中求生存的特殊文本，成为官方机构与民间资本从各自的需要出发争夺、共谋、冲突相互交汇的场域，对此的解读有助于我们认识特定时期中国文化场的结

---

① 吴培显：《“红色经典”创作得失再评价》，载《湖南师范大学学报》，2002年第1期。

② 该文刊于2005年第4期的《文艺研究》，尽管提及“红色经典”电视剧改编问题，但主要还是针对革命历史小说进行探究，故置于该处。

构关系。”[①]该文带有明显的文化征候分析的性质。

(2)陈思和在《我不赞成“红色经典”这个提法》中敏锐地指出，所谓“红色经典”在其兴盛的那个时代之所以受到热烈而真诚的欢迎，其中一个相当关键的原因就是由这些作品的“隐形结构”所致，“人们在阅读这些作品时，唤起了他们原来的阅读知识和审美修养”。[②]

(3)刘康在其文《在全球化时代再造“红色经典”》中认为，“红色经典”在全球化时代的再度兴起有其历史必然性，显现了当代中国文化政治动态，并提出如何再造“红色经典”的问题，发人深省。[③]

(4)张法在《“红色经典”改编现象读解》一文中认为，“红色经典”从表面上看，是让人回到过去，而从内在里讲，是引出了一种回不到过去的痛。[④]

(5)解玺璋在《有多少经典可以重拍》一文中指出，被“红色经典”改编风潮煽动起来的，“不可能是历史理性，只能是一种盲目性”；“它对观众的暗示，在观众的心理中形成或强化了所谓对红色经典的盲目崇拜”。[⑤]

(6)唐小林在《消费时代的“红色经典”》中，以“权力寻租”为视点，敏锐地探析了文化产业在“红色经典”改编过程中对红色权力资源的租借现象，并指出其归旨依然在于商业利益。[⑥]

(7)陈林侠的博士学位论文《叙事的智慧：当代小说的影视改编研究》分析了在后现代思潮中的互文性理论影响下的改编

---

① 陶东风：《红色经典：在官方与市场的夹缝中求生存》(下)，载《中国比较文学》，2004 年第 4 期。

② 陈思和：《我不赞成“红色经典”这个提法》，载《南方周末》，2004 年 5 月 6 日。

③ 参见刘康《在全球化时代再造“红色经典”》，载《中国比较文学》，2003 年第 1 期。

④ 参见张法《“红色经典”改编现象读解》，载《文艺研究》，2005 年第 4 期。

⑤ 解玺璋：《有多少经典可以重拍》，载《新闻周刊》，2004 年 4 月 12 日。

⑥ 参见唐小林《消费时代的“红色经典”》，载《花城》，2005 年第 1 期。

状况，其中对“红色经典”的改编思路和美学传统也进行了考辨。但因其题旨所致，基本上是就改编本身的问题进行共时性研究或横向研究。

当然也有针对“红色经典”电视剧改编风潮提出较为具体的改编之道的文章，如仲呈祥、周月亮在《论经典作品的电视剧改编之道》一文中，指出“红色经典”改编的弊端，认为“经典作品的改编之道，理应忠实于改编者对经典作品的灵魂和精神的正确理解，忠实于电视剧创作独特的审美规律，以此为基础寻求原作与改编者在审美风格、审美个性上的相通契合点”①，此论具有指导性价值。

诸如上述种类繁多的著作和文章尽管硕果累累，但其中并没有就革命历史小说的两次影像化改编风潮进行比照研究，而且到目前为止，就笔者所查，依然未有这方面的研究成果，这就难免令人遗憾了。

本书的思路及规划

20世纪五六十年代的革命历史小说的创作尽管受到了基于革命现代性的主导意识形态的政治性规约和制导，但还是尽可能地给予非政治因素（往往是与神圣革命相异质的凡俗成分）以容身之地。但在它们被改编加工为电影的过程中，为了更加符合主导意识形态愈益强化的要求，原文本中的许多为读者所喜闻乐见的凡俗成分因为可能会稀释政治意识形态的强度和力度而被弱化或驱逐，革命政治因素（神圣革命话语）则被强化，经过这种“政治任务”式的改造，被定制出来的产品（影片）具有明显的图解政治话语的倾向，原小说文本中的卡里斯马系统经过政治强化改造便更加符号化、脸谱化。

① 仲呈祥、周月亮：《论经典作品的电视剧改编之道》，载《文艺研究》，2005年第4期。

也正是这种非政治的凡俗因素，成了20世纪90年代以来面向市场的文化产业锐意挖掘的不尽资源，卡里斯马系统也在这种挖掘中被逐渐解构(当然，这种解构现象在“文革”结束后就已存在，而且并非只限于政治和商业原因)。以市场为导向的商业规则和消费主义逻辑决定了文化产业对所谓“红色经典”中凡俗因素的挖掘带有相当的功利性和投机性。可以说，凡俗因素正是近年来“红色经典”被文化工业运作的文本基础。新的语境为20世纪90年代以来的“红色经典”电视剧改编制作提供了较大的自由空间，于是政治与商业达成共识，于是文化产业在其所租借的权力资源的护佑下暗度陈仓，试水前行，尽可能大胆地挖掘“红色”资源中可供消费的元素，民间的、传统的及其他非政治性的凡俗因素被逐渐开发出来，但这种对政治的他异因素的发掘并非自然，而是受到了商业逻辑的诱惑或制约。比如对情爱及与之相关的世俗情感的开发就颇有急功近利的商业气味。

在这种语境中，“用商业的逻辑改写革命话语必然要求尽量张扬所谓‘人性’，淡化阶级性”[①]。这次较大规模的“红色经典”影像化改编风潮所尽可能挖掘的其实正是20世纪五六十年代的影像化改编活动中所尽可能转化、遮蔽和抛弃的东西。如果说那个时代的特定语境剥夺了电影的主人公做平凡人的权利，那么，后者则尽可能让电视剧主人公做凡俗之人甚至庸俗之人再甚至恶俗之人；如果说前者用冰冷的理性尽可能地剥夺了主人公的世俗身体、情感、欲望等个体感性体验，后者则依据消费主义逻辑将这些因素脱离理性而尽可能地张扬；如果说前者对于主人公的编码是一种政治化的“附魅”操作，后者则是一种商业化的“解魅”运作；如果说前者对主人公来说是一种超越感性的理性提升，后者则试图以感性消解这种曾被神圣化的

① 陶东风：《红色经典：在官方与市场的夹缝中求生存》(下)，载《中国比较文学》，2004年第4期。

革命理性；如果说前者在以政治理念打造卡里斯马式主人公的话，后者则是在逐步完成对卡里斯马消解之后进而组装后卡里斯马式主人公，这样一来，卡里斯马典型便经历了由圣入凡的改造。总之，较之革命历史小说原作，前一次影像（电影）化改编风潮可以说是一种更趋神圣化的政治性操作，这一次影像（电视剧）化改编风潮则主要是一种朝向凡俗的商业运作，[①]凡圣之维，界限分明。

以上这些都是本书所要论述和探析的现象和问题。本书正是要通过对中国革命历史小说（即所谓狭义的“红色经典”）及其在20世纪五六十年代和近年来两次影像化改编活动的比照研究，以文学文本作为参照，考量两次活动分别驱除了什么、注入了什么，又分别强化了什么、弱化了什么，动机和路径有什么不同，何以如此等等，来探析两次改编的差异，进而探析特定语境中革命话语的变迁轨迹以及促成这种变迁的复杂原因。本书紧紧围绕“神圣”（“圣”）和“凡俗”（“凡”）两个维度的变化，以现代性问题贯穿全文，借助于“宏大叙事”、“凡俗生活”、“革命伦理”、“个体情性”、“人性”、“感性”、“革命理性”、“卡里斯马”、“身体”、“欲望”等等诸多术语，并运用艺术生产、意识形态批评、阐释学、叙事学、历史批评、知识谱系学、场论等相关理论和观点，进行多角度多层面的阐析。试图在国家伦理激越而宏大的鼓乐声响的罅隙中听到被淹没的个体的微弱呢喃，看到炊烟、泪水和欢颜，扯去道袍，去真诚感受来自身体曲线的湿润呼吸；但又不沉溺于此，更企望在基于“偶在个体”的凡俗生活而寻觅精神家园的努力中能够引人思索。

---

① 这样说只是就总体趋势而论，“主要是”意味着当然也并不否定政治的部分性介入可能会使论题更加复杂，比如，政治性法令的制定和实施就会影响到这次改编的具体活动。

作为本文基石的现代性问题

现代性问题可以说是本书从不同角度对革命历史小说及其两次影像化改编现象进行论述的重要基石，其他诸如卡里斯马、凡俗生活、叙事伦理、情感、欲望等等具体问题的阐发都与此不无关联。“现代性”是中国近百年来（若依据王德威等人“没有晚清，何来五四”的观点，起码要将中国现代性历史上溯到晚清）的一个元话语问题，很多话语都可以视为这一话语的演绎和辐射。“现代性焦虑”作为中国近百年来中华民族的一个根本性问题一直困扰着中国人，已经积淀为一种集体无意识，左右着这个民族的生存状态。“‘现代性焦虑’是指现代化在世界范围内已经被普遍接受为文明形式的境况下，基于一个‘后发’型国家落后于他者的原因，而使其国民产生的焦躁反应”[①]。阎嘉认为这种焦虑，“是指中国从近代以来在民族文化心理结构中聚集起来的屈辱感和悲愤感在思想观念上的集中表现”，并将其作为一种自“五四”以来推动整个中国社会和思想文化向前发展的极为重要的动力，“也是我们理解和把握很多论争的重要思路”。[②] 就文学而论，近百年来的中国文学，“始终都把自己的方向牢固地定位在追寻‘现代性’之上”[③]。对于似乎与现代性过于疏离甚至相悖（表象）的本书所及中国革命历史题材文艺作品乃至中国当代革命文艺来说，依然无法真正逃脱与现代性的干系，只不过是以特有的革命姿态来策应和诠释了现代性。这种被过度革命化了的现代性就世界范围而论，

---

① 李怡：《现代中国：我们究竟有着怎样的文化与文学——对于“现代性”批评话语的质疑》，载《文艺争鸣》，2002年第6期。

② 阎嘉：《中国文学的现代性：追寻梦想与新传统的形成》，载《社会科学研究》，2006年第6期。

③ 阎嘉：《中国文学的现代性：追寻梦想与新传统的形成》，载《社会科学研究》，2006年第6期。

具有明显的另类性，但在当代中国却一度处于绝对主导地位，不能否认这种另类现代性其实也是中国对世界文化的一种贡献。无论如何，将现代性作为解读革命历史题材文艺作品及文艺现象的一个视角，应该是切实可行的。

关于现代性问题，可谓聚讼纷纭。人们一般会将现代性与宗教改革、启蒙运动、现代科学的兴起以及工业革命的发生等社会现实与社会思想文化的转变联系起来。[①] 而路易·迪普雷则依据现代性与人们精神取向上的主体性的关系，将现代性的源头追溯到了14世纪后期，认为早在中世纪就已经埋下了"现代性"的种子。[②] 安东尼·吉登斯则从社会运行模式的角度出发，认为现代性"指的是大约17世纪在欧洲产生的社会生活和社会组织模式，随之它或多或少地具有了世界影响"[③]。哈贝马斯则是从上述两种向度对现代性进行认识和理解的，并指出了与现代性的新的知识模式的出现相应，"现代实验科学，独立艺术以及道德和法律理论按相应的原则建立起来，文化——价值领域得以形成——而这也就使知识过程可能与理论问题、审美问题及道德——实践问题各自的内在逻辑取得一致"[④]。这在实质上是对现代性的知识谱系的确认，即康德意义上的知、情、意（或知识领域中科学、审美与伦理）三大划分。

刘小枫曾对现代性的不同层面进行如下区分和描述：

> 从形态学观之，现代性是人类有史以来在社会经济制

---

① 参见张辉《审美现代性批判——20世纪上半叶德国美学东渐中的现代性问题》，北京：北京大学出版社，1999年，第2页。

② 参见 Louis Dupré, *Passage to Modernity: An Essay in the Hermeneutics of Nature and Culture*, New Haven & London: Yale University Press, 1993, p. 3.

③ Anthony Giddens, *The Consequences of Modernity*, Stanford: Stanford University Press, 1990, p. 1.

④ Juergen Habermas, *The Philosophical Discourse of Modernity: Twelve Lectures*, tran. Frederick Lawrence, Cambridge: Polity Press, 1987, p. 1.

度、知识理念体系和个体—群体心性结构及其相应的文化制度方面发生的全方位转型。从现象的结构层面看,现代性事件发生于上述三个相互关系又有所区别的结构性位置。我用三个不同的述词来指称它们:现代化——政治经济制度的转型;现代主义——知识和感受之理念体系的变调和重构;现代性——个体—群体心性结构和文化制度之态质和形态变化。[1]

比较起来,可以发现,刘小枫对现代性的这种认识和理解与哈贝马斯在实质上是相通的,就是说从哈贝马斯的两个向度中可以拆分出刘小枫的三个层面。不过在刘小枫这段文字中,作为中心词的"现代性"显然存在着广义和狭义之别:狭义现代性专指"个体—群体心性结构、文化制度之态质和形态变化"这一层面内容;而广义现代性则包括上述三个层面。

综上可以看出,不论关于现代性的具体观点如何聚讼纷纭,对于现代性的总体认识和理解总还是存在一定认同性的,其内涵应该包含三个基本主题:"精神取向上的主体性;社会运行原则上的合理性;知识模式上的独立性。"[2]若分别从这几个方面审视现代性,倒未必存在什么复杂问题和困难,但问题的症结就在于不可能将这几个方面截然分开,现代性的历史发展也事实性地展示了上述几个方面问题的难解难分的因缘关系,也许正是基于这种与生俱来的微妙关系,现代性才极具张力和魅力。在重重问题中,有一个问题至关重要,当然也导致了一系列问题的产生,这就是,作为"现代性工程"一部分的审美现代性既是现代性的促成性因素,又是现代性的异己性力量,应该如何解决这一生成性悖论?在康德意义上的现代知识谱系中,审美现代性主要活动于美学和艺术领域,从感性生命的角

---

① 刘小枫:《现代学的问题意识》,载《读书》,1994年第5期。

② 张辉:《审美现代性批判——20世纪上半叶德国美学东渐中的现代性问题》,北京:北京大学出版社,1999年,第4页。

度强调并彰显着人的主体性，张扬的是诸如人的灵性、本能、情感和欲望等等因素，这就显然与作为现代性关键因素之一的理性存在着难以回避的矛盾。依据卡林内斯库的看法，就思想变革和社会变革而论，现代性分别表现为主体性的确立和理性化的形成，并最终对于人及其理性给予高度肯定。[1] 对于人的主体性的肯定当然体现出人道主义，对于理性的肯定在某种意义上也未必就不是人道主义的，但是诸如工具理性和实践理性中革命理性的过分膨胀却难免对生命个体产生异化作用，这种负值性结果就显然与人道主义背道而驰了。就是说，对于人的主体性的肯定和尊重既包括审美现代性所青睐的人性的感性成分，也包括理性成分，二者不可偏颇。偏执于前者势必导致对人的矮化和价值失落，而偏执于后者将导致人的干瘪化并远离生活，都不是对生命个体的真正尊重，当然也不是对人的主体性的真正肯定和尊重，也从而影响了对人性的肯定和尊重。而这里所谓的理性其实具有相当的人文色彩，是一种以真善美和谐统一为终极价值诉求的自由审美理性。

中国式的“现代性工程”

就现代性而论，革命历史小说以及由其改编制作的电影可以视为中国浩大的“现代性工程”的一个小项目，所依托的正是筑基于革命现代性之上的知识谱系，所以，考量关涉“现代性工程”的历史语境应该有助于对这种小说和电影的探析和阐释。

中国式的“现代性工程”，相较于西方国家的情况（以哈贝马斯之见，为“未竟之大业”），其实在丰富性上未必逊色。尽管有人从中国文化内部着眼，挖掘出晚清时期现代性所得以产生的自身因素，但外部力量的驱使依然是无论如何也难以否认的

① 参见 Matei Calinescu, *Five Faces of Modernity*, Indiana University Press, 1977.

重要因素，就是说，不管在“现代性”问题上怎样别出新论，这一点难以抹杀。尽管在被普遍接受为近代标识的鸦片战争之前，大清王朝的个别知识分子(即所谓“有识之士”)已经开始睁眼看世界，并试图将所了解的外部世界展示于同胞，但是仅限于极个别“有识之士”的小动作而已，未成气候。鸦片战争及其后的一系列触目惊心的民族战争和丧权辱国的战争后果则强烈而真切地促使这个古老民族不得不深刻反省而重新思考生存的方式，于是，尽管有伤民族情感，却不得不从“师夷长技”做起，至于“制夷”，则不得不作为抚慰民族创伤的梦幻而悬置。这就是对中国现代性基于发生学上的考量。

可以说，中国自晚清后，已经被民族战争的炮火卷入了世界范围内的现代化进程，既然逆世界潮流而动已不合时宜，便只有接受；但是在接受过程中稍不留神，又很可能沦为西方现代性的扩张对象。怎么办？关键就是建立一个独立自主的现代民族国家，正如於可训所述：

> 中国社会既要接受现代化这个在世界范围内普遍化了的文明形式，又要使这种文明形式真正通过自己的方式得以实现，避免成为西方的现代化在海外的扩张形式，唯一的选择就是要建立一个独立自主的现代民族国家。从戊戌维新到辛亥革命到中国共产党领导的新民主主义革命，在这半个世纪中，中国的现代化历史所要解决的，就是在“后发外生”型的现代化国家(主要是东方国家)实现现代化的前提问题。[1]

这种建构现代民族国家的现代性追求具有普泛性。安东尼·吉登斯认为，“现代性产生明显不同的社会形式，其中最为显著的就是民族—国家”，“这种民族—国家体系在今天已经具

---

① 於可训：《当代文学建构与阐释》，武汉：武汉大学出版社，2005年，第21～22页。

有全球化的特征”,因此,“民族—国家”在世界范围内的现代化运动中,常常被看成“能动者”和“代理人”。[1] 哈贝马斯也持有类似的看法:

> 民族国家是解决现代社会一体化的方案。公民国家需要民族国家作为共同体的形式,如果自主的公民们缺乏民族的框架,共和政体就会缺少活力。民族使得国民们有了归属感,有了自己的历史文化共同体。[2]

毛泽东和他的战友们经过漫长的艰苦决绝的浴血奋战,终于在1949年向世界宣布一个伟大的现代民族国家的成立,而这一行为也令人振奋不已地联想到这个民族的“现代性工程”进入了一个崭新的阶段。文人胡风就曾亢奋不已,以新中国主人公的特有姿态挥毫纵笔将万丈豪情化作颂诗《时间开始了》;可是成立之初的新中国所处的境况并不容乐观,并非如胡风之类的才情文人们所描绘的一夜上天堂般的美好。国内局部战争依然在进行,旧政权的“残余”势力及其影响不可小觑;国际生态环境也很恶劣,牵涉世界的资本主义和社会主义两大阵营以“冷战”的方式在军事、政治、经济、意识形态等诸多方面都对峙着。这种局势对于已成为执政党的中国共产党是严峻的考验,这盘棋如何走好,对于毛泽东等新中国的高层领导者们,可以说未必就比战争夺权时代轻松多少。如果说新中国的建立只是“现代性工程”的前期工作,那么这个国家的建设工作则可视为这项工程尤为关键的主体部分。苦苦寻觅了上百年的现代性道路应该如何继续前行?这项浩大的“现代性工程”应当怎样继续建造?诸如此类事关数亿人口前途和命运的全局性根本性问题(甚至会牵涉整个世界局势)不容推卸地摆在了执

---

① 安东尼·吉登斯:《现代化和自我认同》,北京:三联书店,1998年,第16~17页。

② 尤尔根·哈贝马斯:《欧洲民族国家》,见曹卫东编译:《包容他者》,上海:上海人民出版社,2002年,第131页。

政党面前。

作为现代民族国家的新中国成立之后近30年的时间内，负载着浓重的“现代性焦虑”，从战火和硝烟中走过来的毛泽东和他的战友们，基于习惯性的定势思维，也基于当时国内国际的复杂环境，还基于对当时苏联“老大哥”的敬慕而对其“左倾”行为的师法，对这个现代民族国家的运作依然延续了战争年代的革命性思维，致使“革命现代性”依然在“现代性工程”的设计和建设中发挥着制导性影响和作用。结果是“极左”政治居于绝对权威地位，深刻地影响并左右着民族国家现代性的后继建构问题，思想、文化、经济、社会生活等等这些与现代性息息相关的重要因素无不深受“极左”政治的影响，不但政治意味着革命（“继续革命”），二者可以相互置换，而且非政治领域也被普遍革命化。这样一来，与西方现代性相较，中国社会主义的民族国家建构常被认为是非现代的，甚至是反现代的，针对这种现象，刘小枫曾就社会主义中国的现代性进行过辩护：

> 现代民族国家的建构有两种基本类型：资本主义式的和社会主义式的。汉语知识界的一个流行的误识是，仅把资本主义民主式的民族国家建构视为现代化，而社会主义式的民族国家建构则被视为封建复辟。这种论断尽管流行，却很成问题。社会主义民主式的民族国家的理想，源流于法国启蒙运动，它同样是现代化的一种构想。中国的社会主义建设是现代性方案之一……。[①]

社会主义形式的民族国家建构也是现代化的一种方案，也不失为一种解决“现代性焦虑”的途径。以毛泽东为核心的社会主义新中国的设计者们所设计的这套现代性方案是以政治为本位的总体性现代化工程，就是说经济、文化等等都必须绝

① 刘小枫：《现代性社会理论绪论》，上海：三联书店，1998年，第388、257～258页。

对以政治为前提为根本而绑缚在这辆以政治来驾驭的现代化马车上。这样，任何领域都不可能独立存在，而是处于政治这只无所不在的巨手的掌控之中，一种"极左"的政治文化①被推行得无孔不入，从而导致了泛政治局面的出现和持续发展。对此现象，李泽厚曾这样描述：

> 由于强调政治挂帅、阶级觉悟，强调"要用阶级和阶级斗争的观点，用阶级分析的方法去看待一切、分析一切"，而"阶级和阶级斗争、阶级分析"又主要是"无产阶级"与"资产阶级"的"你死我活"的两军对战，于是弥漫在政治、经济而特别是意识形态领域，无论从文艺到哲学，还从日常生活到思想、情感、灵魂，都日益为这种"两军对战"的模式所规范和统治。②

如此一来，新中国对"现代性工程"的设计和建设便涂上了浓得化不开的政治色彩，"一切依附于政治，从属于政治，政治

---

① 美国著名政治学家加布里埃尔·阿尔蒙德在一部著作中对政治文化这一概念做出了如下权威性的界定："政治文化是一个民族在特定时期流行的一套政治态度、信仰和感情。这个政治文化是本民族的历史和现在社会、经济、政治活动的进程所形成。人们在过去的经历中形成的态度类型对未来的政治行为有着重要的强制作用。政治文化影响各个担任政治角色者的行为、他们的政治要求内容和对法律的反应。"（阿尔蒙德、鲍威尔《比较政治学：体系、过程和政策》，曹沛林等译，上海译文出版社，1987 年，第 29 页。）在此，针对政治文化的影响所及对象，加布里埃尔·阿尔蒙德给出的是一个内涵丰富、意味深远的宾词："各个担任政治角色者。"何谓"担任政治角色者"？这里面就藏有无尽的阐释空间和复杂的实践内容。在一个正常而平和的社会里，并不是每个人都被视为担任政治角色者，或者至少不是那么立竿见影，不是那么切实明显，尽管可以从理论上证明，身处文明社会的每一个社会成员都不可能完全逃脱政治的或隐或显的渗透和影响；而在一个高度政治化的非正常社会中，别说是社会成员，就是一草一木都会被涂上政治色彩。

② 李泽厚：《试谈马克思主义在中国》，见《中国现代思想史论》，合肥：安徽文艺出版社，1994 年，第 189 页。

的地位、权力、等级成为社会最重要最强有力的标准和尺度”[①]。在这种情况下，作为时代甚为敏感的风向标的文艺尤为政治所青睐，实质上已经成为一种政治工具。众所周知，“毛泽东时代”的文艺政治化规范与革命现代性的要求是密切相关的，落实到文艺基本政策上就是所谓的“二为”方针（“文艺为政治服务，文艺为工农兵服务”）。就是说文艺必须为革命化的国家政治服务，成为现代民族国家机器上的“齿轮和螺丝钉”；文艺服务的对象是作为现代性革命事业的主人的“人民”，主体则是作为阶级性概念的工农兵。这种特殊的语境直接制约了当时革命历史题材文学的创作，致使这种文学具有极为突出的“泛本文”特征，因为文学话语与权威历史话语已经难解难分。[②] 这样一来，审理语境在对这种文学的研究中就至关重要了。

革命现代性与革命历史小说创作

产生于特定语境中的革命历史小说，不可避免地带有鲜明的时代印记，就是明确而突出的政治性。从这些小说的功能定位和政治期许可以看出其明确的政治指向和坚硬的政治情结：

> 这些作品在既定意识形态的规限内讲述既定的历史题材，以达成既定的意识形态的目的：它们承担了将刚刚过去的“革命历史”经典化的功能，讲述革命的起源神话、英雄传奇和终极承诺，以此维系当代人的大希望与大恐惧，证明当代现实的合理性，通过全国范围内的讲述和阅读实践，建构国人在这革命所建立的新秩序中的主体

① 李泽厚：《试谈马克思主义在中国》，见《中国现代思想史论》，合肥：安徽文艺出版社，1994年，第193页。

② 参见罗岗《文化·审美·创新——当代革命历史题材文学创作的文化背景问题》，见罗岗：《记忆的声音》，上海：学林出版社，1998年，第105页。

意识。[①]

> 这些作品的主题,在于肯定通过革命手段以建立现代国家的历史意义及其合法性,并重申战争年代所确立的价值观……作为重整崩坏的社会秩序、重建民族自信心的精神支柱。[②]

从这些被政治期许和定制的功能与意义来看,这批革命历史小说,“始终应和着主导意识形态的询唤,与历史科学提供的理性交互运作”[③],担当的是关于革命和解放事业的书写,进行的是宏大叙事。浓烈的政治功利性使得这种以革命现代性为灵魂的作品起码显现出两大令人遗憾之处:一是审美性的不足,二是作为个体的凡俗的“人”的失落。

清末民初,王国维和梁启超于现代性的寻觅和建构中,分别在现代意义上为文艺开创了审美和致用两条路向,也就是文艺自律与他律的两种态势。随着革命现代性的后来居上,文艺逐渐被革命政治所用,“延安时代”以及新中国成立后由此延续并发展的文艺被权力定制的工具身份锐意彰显着致用指向,审美往往被指定为资产阶级的东西而遭批评或批判;于是,康德意义上的现代知识谱系遭遇尴尬甚至失效。产生于这种语境中的革命历史小说,当然也不可避免地存在着审美不足的时代性缺陷,同样存在着“革命”主观能动性的巨大能量冲击文学基质以及社会实用理性挤兑精神审美自主性的现象[④]。以革命书写为己任的革命历史小说关注的主要是阶级、人民、国家、民

---

① 黄子平:《革命·历史·小说》,载《当代作家评论》,2001年第2期。

② 洪子诚:《当代文学概说》,南宁:广西教育出版社,2000年,第121页。

③ 罗岗:《红色:记忆与遗忘——当代中国文学中的“革命”与“战争”》,见罗岗:《记忆的声音》,上海:学林出版社,1998年,第132页。

④ 杨经建:《“红色经典”:在“现代性”叙事中理解和阐释》,载《东岳论丛》,2006年第1期。

族等巨型符码，个体的人往往被裹挟进这种宏大叙事的滚滚洪流而化为抽象的符号，而并非存在意义上的鲜活生命，富有质感的生命本然，个体生命意义上的欲望、情爱、身体、伤痕、泪水、欢颜等等常常被淹没于滚滚洪流之中。这种革命书写所采用的仿法国大革命式“宏大叙事”或“解放叙事”的现代性叙事范式指向未来而非此在，崇信历史理想主义的进化论，其价值指向则是“只有解放了全人类，才能解放自己”。这样一来，这种叙事所演绎的“现代性”追求就被视作“一种面向未来、追求无限的精神上的朝圣活动”[①]；而在这种指向未来的精神“朝圣活动”中，此在的生命个体所能得到的则是一个公共性的穿越凡俗的幸福承诺，获得这种幸福的既定方式则是由凡入圣的革命修炼（经过“革命大熔炉”的熔铸）。由凡入圣的革命修炼将凡俗生命个体“询唤”为神圣革命英雄的不二法门就是进行崇尚牺牲个人的革命理想和道德主义的教育。而牺牲个人利益甚至生命在革命叙事中往往意味着对禁欲主义的崇尚，这正是毛泽东的社会主义道德的体现，美国学者莫里斯·迈斯纳曾经指出：“毛泽东的社会主义道德特别注重斗争、自我牺牲、自我否定的禁欲主义价值观念。”[②]

如果说中国现代文学最有价值的收获是人的发现和文学的自觉的话，那么，革命历史小说所归属的“十七年文学”在这两方面都要大打折扣了，这也是一种关涉文学现代性的问题。有学者曾以“十七年文学”所遵循的“现代性”历史时间意识中缺失对“现在”的关注的特征来阐释这种文学：

> 以执着于此在在此的现在——这种历经中国现代文

① 杨经建：《“红色经典”：在“现代性”叙事中理解和阐释》，载《东岳论丛》，2006年第1期。

② 莫里斯·迈斯纳：《毛主义未来观中的乌托邦成分和非理想化成分》，见萧延中等编：《外国学者评毛泽东》第3卷，北京：中国工人出版社，1997年，第109页。

学史沉淀的、凝聚着几代作家的心血体验的、具备着鲜明本土特征的"现代性"历史时间意识——来观照"十七年文学"，我们发现"十七年文学"多将关注的目光投向彼岸的"黄金世界"，不断地淡化对此在在此的表现力度。"规范"产生了，"人"开始失落，在"十七年文学"中逐渐充满了阳光的辉煌。作家们站在"黄金世界"中回溯不断走向胜利的革命历程，从而为新的社会的真理性作出证明，以具象的方式，推动对历史的既定叙述的合法化，也为处于社会转折期中的民众，提供生活准则和思想依据。[①]

这段文字的论述对象是"十七年文学"，对于其中的革命历史小说当然有效，指向未来的宏大叙事压抑甚至淹没了生命个体的微弱呢喃。

革命现代性对文艺的长期不断的规训不能不对革命历史小说的创作产生影响，从作者们创作这些作品的心态可以看出他们被格式化了的意识和潜意识。作为红色革命战争的亲历者和参与者，这些革命化的作家们都有着强烈的"债务"观念和责任意识，将那段令他们自豪的神圣革命历史以文学的方式书写出来，告慰过去，警戒当下和未来，还党（共产党）和人民之债，履行政教之责，为宏大的"现代性工程"贡献力量。

从革命历史小说创作的心态和当时国家政治权力深度介入的文学生产机制来看，这些革命历史小说的创作在很大程度上是作者在代国家立言、代人民立言、代阶级立言，而且国家、人民、阶级常常互指，具有等值性，所指均为政治权力；而作者个体的声音经过有形和无形、宏观和微观的规训，还能剩下多少独特性？就是说这种文学创作具有相当的格式化特征，作者的创作主体性和个性在很大程度上并没有发挥和展示出来。对于这种现象，程文超从叙事学的角度进行过论述，"革命叙事

① 刘保昌：《"十七年文学"的现代性问题》，载《江汉论坛》，2002年第3期。

时期的长篇大部分都有一个隐藏叙述者，阶级才是革命叙事的真正叙事人，作家只是一个被抽空了'我'的被叙述者"[①]。强大的国家政治借助于作者之笔在对历史进行程序化编码时，革命现代性备受青睐，以阶级为指归而不是以个人为指归的革命叙事尽其所能地将启蒙现代性所崇尚的个性解放、人性拯救、主体性张扬等话题进行了大刀阔斧的处理；放逐了个性，以阶级性取代人性，以革命理性取代了主体性。

张福贵认为，"自我意识的觉醒与确立是传统中国人转化为现代中国人的根本标志，中国现代文学从其刚刚诞生之际就确立了这一主题"[②]，并将中国革命文学中自我意识的弱化视为反现代意识。而这里所谓"自我意识"实质上等同于启蒙现代性所张扬的个性和主体性，因此，以压制甚至排斥个性和主体性为表征的自我意识的弱化实质上也就是对启蒙现代性的放逐。这种自我意识的弱化情况在建国后"十七年文学"中也较为突出，从属于"十七年文学"的革命历史小说在强化政治性的群体意识的同时就相应地弱化了个体的自我意识。革命历史小说的书写内容主要是严峻的政治斗争和军事斗争，这种异与常态的形势对人的自我意识势必造成影响和限制，尤其是关涉阶级革命的政治斗争更是难以容得下自我意识。"政治是一架大机器，它要把一切都纳入自己的固有逻辑之中，要克服一切个别、独出的因素而强化整体功能以保持机器的运转"[③]。这些都会对革命历史小说的创作产生重要影响。

对革命历史小说的上述分析只是就主要态势而论，当然并不意味着革命历史小说就完全没有非政治因素的存在；并不意

---

① 程文超：《共和国文学叙事的嬗变——现实主义长篇小说叙事50年》，载《中山大学学报》，1999年第6期。

② 张福贵：《20世纪中国文学中的两种反现代意识》，载《文艺争鸣》，2001年第3期。

③ 张福贵：《20世纪中国文学中的两种反现代意识》，载《文艺争鸣》，2001年第3期。

味着它们就断然清除了启蒙现代性所崇尚和张扬的个性、人性、主体性等因素，而是依然以各种方式为这些因素保留了一定的空间；“人的失落”也当然并不意味着生命个体所指层面的完全阙如而流于能指层面的演绎，实际上在这些革命历史小说中还是存在着对个体凡俗生命的书写，生命个体的侧影依然从宏大叙事的罅隙中飘逸而出。敏感的文艺尽管以特有的姿态铭写着时代表情，但也在主导意识形态的神圣化规约中机警地寻觅着凡俗生活的魅影。在革命历史小说的书写中，革命话语尽管借助于主导意识形态的威权对凡俗生活话语进行规约和整编，但凡俗生活本身难以抵御的诱惑力，往往使得对凡俗生活的书写与革命话语之间存在一定的间离倾向，从而为凡俗生活的常态存在争取了空间。正因为如此，才使得革命历史小说尚能保持一定的世俗人道主义精神和人间烟火的亲切感。

在一个政治文化制导一切的时代，文学如何能够在政治文化的幕布笼罩中，安全地为凡俗生活寻觅光亮？就革命历史小说而言，考验作家的一个至关重要的问题就是如何将神圣的革命话语和世俗生活协调自如而不逾矩。革命历史小说在革命话语的框架中还是塞进了日常生活的凡俗因素以及为百姓喜闻乐见的民间文化的凡俗成分。一部《青春之歌》其实就是革命话语对一个女人情爱经历的锐意改写，倘若除去神圣的革命纱衣，剩下的无非就是一个不甘凡俗的女人的未必神圣的爱恋经历。《红日》在炮火轰鸣的间隙里不失时机地展示革命将士凡俗的婚恋情爱场景。《红旗谱》中阶级理则对乡族伦常的置换，也不过就是神圣的公共化的革命话语对世俗的私性生活的收编，但在收编的斑驳余迹中依然不难觅到寻常人家的袅袅炊烟。《红岩》对监狱中的暴力和血腥场景淋漓尽致的描绘在设定的革命意志和精神教育之外，也难以否认其至少在客观上对受众猎奇心理的满足。《林海雪原》传奇故事的迷幻中翩然而舞的才子佳人，其实也是传统世俗情结对革命话语的租赁。

《铁道游击队》中一帮侠肝义胆的哥们，尽管在被象征性地规训为"准军人"后活动的性质便骤然改变，聚啸山林的形而下的团体生存本能冲动升华为事关政党、阶级、民族的神圣话语，但是仓促的成长仪式并没遮住"大块吃肉，大碗喝酒"的酣畅诱惑以及文本对此俗性诱惑的暗中欣赏。《野火春风斗古城》对舐犊亲情以及"欲休还说"（而非"欲说还休"）的私性情爱故作朦胧的透露，在神圣化的刻意书写中依然令人倍感凡俗之亲切。

革命历史小说的作者大多为革命军人或者准军人，革命现代性意识较强，很难受到多少启蒙现代性的影响，所以他们的写作带有明显的非知识分子色彩（即便像杨沫等极个别受过启蒙现代性影响的知识分子也仍然是在革命的大熔炉里长期战斗和生活的）；但是他们在神圣的革命话语之外所展示的那些凡俗而朴素的人性、个性和自我意识，尽管没有启蒙现代性所张扬的人性、个性和自我意识等那么精致和优雅（因为对象变了，不再是针对知识分子所言，而是针对非知识分子的"工农兵"），但就本质而论还是相通的，也应为启蒙现代性所允许。当革命现代性对革命进行神圣化，甚至在特定情况下进行宗教化提升时，超越阶级革命而关注和热爱凡俗而朴素的生活及人本身其实就是一种启蒙，并且与西方超越中世纪神学而指向世俗的现代性在精神实质上具有相通性。

革命现代性与电影改编

但是上述这些情况是就革命历史小说而言的，对于同一时代由这些小说改编加工的电影来说情况可就不同了。已经盟主独尊的革命现代性不会放过任何打压和排斥与己曾相为盟军的启蒙现代性的机会。作为意识形态再生产的这些电影再度受到愈益浓烈的政治的影响和规约，对小说原作进行了版本的政治性升级，更增加了意识形态含量，更加彰显了革命现代性。这种政治性升级实质上无异于对革命话语的提纯，于是，因为主导意识形态的规约和影响，革命话语更为神圣，革命卡里斯马典型（中心式的革命英雄人物）的塑造也愈加神圣化，而小说原作中难能可贵的凡俗成分则被斩除、汰洗或转化。就是说，这些小说中难得的凡俗生活气息和对人性、个性、个体意义上的主体性的少许关注和热爱到了作为意识形态再生产的电影中，经过以革命现代性为灵魂的政治的再度改造，已经难觅其踪。这样一来，较之小说原作，这些电影在叙事方面就显得更为单调，内涵更显贫乏，人物形象塑造更加符号化、概念化、扁平化。

同其他同类电影一样，电影《青春之歌》①将同名小说中最能体现人物个性特征，最具有自我意识的情爱成分弱化到了最低限度。林道静除了一门心思从事神圣的阶级革命之外，并没有与依然坚强的布尔塞韦克江华同志产生或发生任何情爱关系，是纯粹的革命同志关系。而林道静与依然潇洒的革命者卢嘉川的关系则被稀释得甚至很难看出暧昧，仅有的暗示无非就是林道静当着好友王晓燕的面兴致勃勃地朗读"卢兄"写给她的那首实在很难成为情诗的展望阶级革命胜利后的未来幸福生活的诗句片断，且不论主创者意下如何，单纯就影像而言，一般人很难从这一处理中看出私性儿女情事，倒更像一位初涉革命的热血青年对其革命导师的仰慕，而这种仰慕与其说自针对卢嘉川，倒不如说针对她的革命领路人卢嘉川所代表的神圣革命，就是说已经由私性行为转化为群体行为，不是个性的展示，而是将个性消融在革命的群体之中。小说文本中林道静与余永泽的那段不乏浪漫的恋情具有明显的启蒙现代性色彩，但在这部电影中，却强化了这段恋情的政治色彩，锐意将它政治化

① 电影《青春之歌》，北京电影制片厂1959年出品，编剧杨沫，导演崔嵬、陈怀凯，本论文中凡涉及电影《青春之歌》的内容、台词等均参见该片，下文不再一一注释。

为林道静误入歧途的失足之举，并以此来反衬革命现代性的绝对真理性。于是，林道静再也没有了藕断丝连的拖沓，春梦无痕的背后是对启蒙现代性的断然决绝。

小说《林海雪原》中少剑波与白茹的生发自凡俗人性的恋人关系被洁化为电影中的革命同志关系，凸显少剑波个性和自我意识的所谓"个人英雄主义"（小说《林海雪原》[①]曾因少剑波的"个人英雄主义"遭到过批评和批判）行为也被改造为集体智慧和力量的结果。电影《红旗谱》[②]中尽可能去除了小说中体现凡俗人性的日常生活内容。小说中朱老忠生发于凡俗生活中的人性、个性被改造为电影中的阶级性、革命性，几分粗放豪爽的自我意识也因此成了阶级意识。小说中严江涛和严萍之间带有小知识分子意味的爱情被电影清除了，严运涛和冯春兰之间充满小儿女情趣的卿卿我我被电影演绎为革命话语的暗度陈仓。小说中性格还不算太过单薄的冯兰池到了电影中就仅存阶级性了，被抽象化为阶级符号。与小说相比，电影《红日》[③]中卿卿我我的私性情爱成分大大减少，仅仅留下杨军和阿菊之间已被充分阶级化和革命化的爱情，于是"甜味"少了，"辣味"多了。[④] 小说《铁道游击队》中刘洪等人难得偶尔张扬的个性到

---

① 电影《林海雪原》，又名《智取威虎山》，由八一电影制片厂 1960 年摄制，刘沛然、马吉星编剧，刘沛然导演。本论文中凡涉及电影《林海雪原》的内容、台词等均参见该片，下文不再一一注释。

② 电影《红旗谱》由北京电影制片厂、天津电影制片厂 1960 年联合摄制，胡苏、凌子风编剧，凌子风导演，本论文中凡涉及电影《红旗谱》的内容、台词等均参见该片，下文不再一一注释。

③ 电影《红日》由上海天马电影制片厂 1963 年出品，瞿白音编剧，汤晓丹导演，本论文中凡涉及电影《红日》的内容、台词等均参见该片，下文不再一一注释。

④ 小说《红日》曾因爱情成分过多，战斗气氛不足遭到批评，被认为是"甜味"多了，而"辣味"不足。参见石言《"红日"的人物》，载《解放军文艺》，1958 年第 7 期。

了同名电影[①]中就中规中矩了,以阶级斗争为核心理念的革命意识形态规约着生命个体的行为和思想;刘洪与芳林嫂之间颇见真性的健康而明朗的私性爱情到了电影中也只能委屈得形迹可疑(只是在战友们的几句玩笑中得到暗示),而且明显在朝向军民鱼水之情这种革命话语转化。小说《苦菜花》中的农村老太太冯大娘在被阶级化和革命化的同时尚能留存几分凡俗人性气息,而到了同名电影[②]中则被神圣化为敢于战斗且善于战斗的革命英雄和阶级典范,这位遭受酷刑不久的农村老太太竟能英勇地端起猎枪镇定自若地将阴险毒辣、万分狡猾且训练有素的特务王柬之一枪击毙。电影《野火春风斗古城》[③]不仅将同名小说中杨晓冬和银环这两位小知识分子的爱情成分减少、弱化,就是仅有的朦胧爱情经过革命化处理也更像公共化的战斗情谊;而杨晓冬与母亲之间的凡俗人性展演也被改造为神圣的革命激情。电影《在烈火中永生》[④]将小说《红岩》中仅存的凡俗气息都清除殆尽,只有对于革命意志和斗争激情的展示。

经过政治的再度改造,这些小说中游离于阶级性和革命性的成分被电影淡化或清洗,或被转化为阶级革命因素,而小说中的阶级革命成分则被凸显和强化;小说中难能可贵的人性、个性等因素被置换为革命现代性话语中的阶级性和革命性。

---

① 电影《铁道游击队》由上海电影制片厂1956年摄制,刘知侠编剧,赵明导演。本论文中凡涉及电影《铁道游击队》的内容、台词等均参见该片,下文不再一一注释。

② 电影《苦菜花》由八一电影制片厂1965年摄制,冯德英编剧,李昂导演。本论文中凡涉及电影《苦菜花》的内容、台词等均参见该片,下文不再一一注释。

③ 电影《野火春风斗古城》由八一电影制片厂1963年摄制,李英儒、严寄洲编剧,严寄洲导演。本论文中凡涉及电影《野火春风斗古城》的内容、台词等均参见该片,下文不再一一注释。

④ 电影《在烈火中永生》由北京电影制片厂1965年摄制,夏衍编剧,水华导演。本论文中凡涉及电影《在烈火中永生》的内容、台词等均参见该片,下文不再一一注释。

现代性的困惑:消费主义逻辑下的“红色经典”电视剧生产

“十七年文学”中革命历史小说带有革命文艺一脉相传的基因,那就是浓厚的政治性,而由这些革命历史小说改编加工的电影作为意识形态的再生产,更是有过之而无不及。在事隔多年之后的今天,这些曾经辉煌的革命历史小说被冠以“红色经典”,又进行了电视剧的改编制作,并很快形成一股风潮。[①] 在这个较之“毛泽东时代”已经发生翻天覆地变化的市场经济时代,语境已迥然相异,将彼时代的精神之树大跨度地移栽到此时代是否会产生水土不服现象?同样,较之彼时代,此时代人们的心理结构和价值观念都发生了剧烈的变化,又会如何看待恍若隔世的那笔精神遗产?这些问题都可以联系现代性问题进行反思。

在现当代中国,启蒙现代性在革命现代性的逐渐强大的攻势下逐渐偃旗息鼓了(这种说法仅就显在层面而论,当然并不排除潜在的微弱启蒙话语的存在,即便在“文革”期间都顽强地存在着“地下创作”,表征着启蒙暗流的依然存在),新时期之后,知识精英们又一次以巍然耸立的姿态,扯起了启蒙的大旗,试图接着“五四”说,张扬的依然是“五四”前辈们所醉心的人性、个性和自我意识等成分,感性、欲望、物质、身体等等革命现代性所打压和排斥的对象成为新的启蒙者推崇的东西。令人困惑和不安的是,20 世纪 90 年代以来商品经济的迅猛发展,对这个时代和时代中的人们产生了剧烈的冲击和影响,于是物欲横流、信仰缺席、价值失范、道德滑坡、人文危机等等时代现

① 当然不排除不少“红色经典”电视剧也将革命历史小说改编加工的电影作为改编制作的参考甚至蓝本部分,但这次“红色经典”电视剧的重要来源基本上还是革命历史小说文本。

象触目惊心。“于是文化远离了高层化和垄断化，远离了权威性和启蒙性，进入到肉身化、独白化、自恋化、欲望化、比矮化、自贬化、消费化”[①]。令新启蒙者始料未及的是，商品经济的迅猛发展反倒把他们的愿望都实现了，并且朝向极端发展。这样一来，知识精英们慌了阵脚，义愤填膺地将伴生于市场经济的大众文化[②]作为罪魁祸首进行猛烈然而收效甚微的攻击，并手忙脚乱地抬出“人文精神”，显然与他们对随商品经济伴生的大众文化的恶感不无关系，以“人文精神”取代庸俗不堪的大众文化也是他们的应时之举，但陆扬等针对此举的忧心也给人启迪，令人感慨良多：

> 大众文化肯定不是消费主义和享乐主义的代名词。假如把它放在“人文精神”的对立面上，假如把它作为“人文精神失落”的替罪羊，那么人们不禁会问：我们什么时候有过“人文精神”？是50年代的好时光吗？还是60年代的饥馑和动荡？抑或70年代的抓革命促生产？它难道不是一个神话，一个乌托邦吗？[③]

这次改编风潮发生的语境与这些革命历史小说产生以及它们被改编制作为电影的那种语境相较，可以说存在天壤之别，这是一个高度政治化的时代和一个市场经济时代之间的迥然差异。在这种语境中，一部部“红色经典”电视剧纷纷登场。关于那段历史的文学已成为历史，而那段曾被这种已经成为历

---

① 柏定国：《中国当代文艺思想史论·序》(1956～1976)，北京：中国社会科学出版社，2006年，第3页。

② “大众文化”可以称为20世纪90年代至今的一个关键词了，从大众文化对这个古老国度影响的广度和深度来看，从它对这个伟大民族的文化性格所进行的凤凰涅槃式的重塑来看，从它对十几亿人民的社会文化心理的改造来看，说大众文化的爆炸式发展是中国社会自新文化运动以来的第三次文化革命并非危言耸听。

③ 陆扬、王毅选编：《大众文化研究·前言》，上海：三联书店，2001年，第17页。

史的文学建构的历史又在多年之后的今天被再度建构着。这种作为再度建构的改编在一定程度上表明了今天的人们在对那些曾被定制和打造的文艺文本以及那段被建构的历史进行“当下化”的思索，在以今天的角度和眼光重新打量、理解和认识宏大叙事及革命伦理。这些“红色经典”电视剧为历史的坚硬骨骼填补了新鲜的血肉，在革命的宏大叙事中加入了个体生活小叙事，在不免坚硬的革命伦理理则之外增加了“偶在个体”基于内在性情的生命感觉书写，从而丰富了叙事，也使得人物形象的塑造在一定程度上突破了符号化、扁平化的局限。对人物性格的处理主要是以人性化缓解原来过分突出的阶级性给人物形象塑造带来的压力，经过一番人性化处理之后，人物形象已较为丰富，原正面人物既有革命豪情志，也有人间烟火味；原反面人物也在一定程度上走出了妖魔化的窠臼，具有了正常人情和人性。

令人颇为不安的是，这些电视剧的上述令人欣慰的成绩却是在文化产业的资本运作中获取的。市场意识的无孔不入和商业逻辑的恣肆张扬，使得文化被资本征服而导致文化产业的招摇，依凭资本（无法容忍者谩骂其“充满铜臭”）底气，文化工业也向依然承载着部分意识形态威力的红色文化资源了伸出了金灿灿的巨掌。[①] 于是，“红色经典”电视剧便像其他工业产品一样被批量生产出来投放到市场流通后再进入实际消费领域接受消费，指归自然在于利润。当然，并不是说文艺一碰到金钱就令人呕吐，但文化工业所遵奉的商业逻辑和消费主义理念确实使得“红色经典”出现了刻意媚俗倾向。于是，“红色经典”电视剧的生产者们将大众趣味权力化，为使大众喜闻乐见，

① 当然并不排除官方参与个别“红色经典”电视剧的具体运作，比如与民营影视公司的合作，但这种参与还是会基本尊重文化工业的商业品性，而且官方也基于意识形态的接受考虑，对于非政治性因素采取了相对宽容的态度，因此并不影响本文对总体现象和趋势的阐析。

在“红色经典”电视剧的生产过程中，对剧中人进行与时俱进的处理：人性化、复杂化、个性化、生活化、感性化等等（这些具体手法当然不能截然分开，而是密切相关），总之就是“祛魅”，使剧中人物形象更像人，更像鲜活的生命个体，而不是概念化、脸谱化、符号化的神或鬼。按理说，这种处理应该能够消解革命现代性主控下文艺的过分政治化曾经产生的消极影响和作用，从而再度张扬启蒙现代性曾经坚守的那些东西。令人不无遗憾的是，“红色经典”电视剧的生产者们并没有处理得那么顺畅圆融，结果反倒使得不少这类电视剧粗糙生硬，剧中人物做作，性格牵强，反差过大，有人格分裂之嫌。甚至为了商业效应，一些所谓“红色经典”电视剧可以为革命英雄设计曲折复杂的情爱戏份，甚至艳情因素，以至于将个别“红色经典”折腾成了“桃色经典”，因此为人诟病甚重。

官方及部分知识分子则从这场风潮中看到了弘扬主旋律以进行主导意识形态的传播和教育的大好机会，不过对于“红色经典”电视剧的生产者与时俱进的过火行为颇为遗憾和不满，并最终从法令上给予规正。这样一来，“红色经典”电视剧便“在官方与市场的夹缝中求生存”[①]，努力寻求平衡的支点。

“红色经典”电视剧的生产者的行为自然很好解释。产生于“十七年”时期的革命历史小说及其电影，是高度政治化语境下的产物，表征着浓郁的革命现代性，将它们翻腾到如今的文化市场上，完全陌生的语境注定了它们的“水土不服”，心理结构和价值观念已发生剧烈变化的人们也不可能欣然接受。怎么办？精明的生产者的基本路数就是采取商品的消费主义逻辑，将“红色经典”电视剧作为大众文化进行文化工业的运作。既然作为商品，就应该顺应市场需求，既然采取消费主义逻辑，就应该迎合消费者的口味，这其实是同一个问题。而“红色经

① 陶东风：《红色经典：在官方与市场的夹缝中求生存》（下），载《中国比较文学》，2004年第4期。

典”电视剧的生产者与时俱进的加工处理之所以会出现上述种种遗憾，原因固然很多，但主要是以下相互密切关联的三点：(1)对整体上革命化的氛围中的人物的某些方面进行与时俱进的处理，而不顾其生活氛围，就是说，只进行细节的修补而非整体上和谐有机的更新。(2)急功近利的媚俗心态使得生产者过分受制于市场，失去了创作主体应有的自主、自信和从容，以致艺术性过低而商业性过滥。(3)官方对红色资源的保护和对“精神长城”的捍卫，也使得生产者顾虑重重。

如此看来，尽管如今的时代已经借助于市场经济和相伴而生的大众文化将启蒙者曾经鼓吹的那些因素至少在话语层面上发挥得淋漓尽致了(当然又难以克制地走向了极端，导致了人的物化、欲望化、庸俗化，从而使得人性、个性、自我意识被扭曲或异化甚至丧失)，但是真正对红色革命资源下手，试图将启蒙现代性的那些因素搬来置换革命现代性，不但依然困难重重，且未必可行。中国在如今这个所谓“多元”时代依然难以否认地继续着“现代性工程”这项“未竟之大业”，革命现代性和启蒙现代性该当如何才能使中国当代社会思想文化朝向良性发展？这种现代性困惑在这次“红色经典”电视剧风潮中就显露了出来。

第一章　革命历史小说的凡俗空间

新中国成立后，“现代性焦虑”全面而深入地影响了这个现代民族国家的运作和发展，承自革命战争时期的革命现代性作为主导意识形态的灵魂依然强有力地发挥着支配和规约作用，基于此，对充满革命激情的精神生活的崇尚和张扬以及对凡俗生活的贬斥甚至放逐便逐渐成为时代风尚。敏感的文艺以特有的姿态铭写着时代表情，但也在主导意识形态的神圣化规约中机警地寻觅着凡俗生活的魅影。在革命历史小说的书写中，革命话语尽管借助于主导意识形态的威权对凡俗生活话语进行规约和整编，但凡俗生活本身难以抵御的诱惑力，往往使得对它的意识形态化改写与革命话语之间存在一定的间离倾向，从而为凡俗生活的常态存在争取了空间。正因为如此，才使得革命历史小说尚能保持一定的世俗人道主义精神和人间烟火的亲切感。

本章旨在从生活、情爱、身体等视角着眼，来阐析产生于受革命现代性制导语境下的革命历史小说的神圣化革命书写中的凡俗空间。

第一节　凡俗生活与革命话语

基于“现代性焦虑”所带来的压力和动力，就革命历史小说而论，在其“讲述话语的时代”，由革命现代性制导的主导意识形态对日常凡俗生活进行了指向神圣化的规约和改造。尽管如此，在神圣的革命书写中，革命历史小说还是基于日常生活美学原则，在革命话语的激越和亢奋中尽可能地为凡俗生活的常态存在争取了空间，保留了弥足珍贵的凡俗情感，从而保持了一定的人道主义精神和凡俗的亲切感。

一

考察“十七年”的文艺状况时，有一个至关重要的现象是颇有意味的。这个现象就是，争来闹去的各派、各种文艺思潮或文艺观念，不论是正常的，还是偏“左”或极“左”的（以新时期以来的眼光来看），都无一例外地承认现实生活对于文艺活动的重要意义，都无一列外地将《在延安文艺座谈会上的讲话》（以下简称《讲话》）作为文艺活动的金科玉律加以崇奉。如果再扩大开来去考察，还可以进一步说，自《讲话》以来至今，这种观念都依然被作为唯一或主导观念而成为文艺活动的圭臬，这一点也许可视为半个多世纪以来波诡云谲的中国文艺界难得的一种共识，不管是基于何种原因上的认同。既然存在共识，那么文艺界为什么还会产生如此激烈甚至你死我活的论争呢？抛开政治因素而论，就其内里原因，其实无非有这么两点：其一是对“生活”的认识不同；其二就是在如何“高于生活”上存在着理解的差异。

在以革命现代性为基本出发点和落脚点的政治统帅一切的时代，政治文化无限泛滥，渗透到社会的一切领域，凡俗的日常生活自然也被纳入政治文化的场域。在当时主导意识形态的规则中，日常生活也就是政治生活、私性空间也就是公共空间、个体话语也就是国家话语。对凡俗日常生活的政治化（革命化）改造、对私性空间的公共化改造以及对个体话语的国家化改造其实在根底上都表征着“现代性焦虑”，都是在以较为激进的方式力图尽快解决这种民族性焦虑，以求“多快好省”地建构一种现代新文化和新生活。以孟繁华之见，作为绝对权威的毛泽东试图率领全国人民创建一种新文化和无异于“现代乌托邦”的新生活。“要建设新文化，必然要批判旧文化；要创造新生活，必然要否定、排斥日常生活”①。这种新生活就是符合毛泽东的理想化的纯粹、透明的生活，这种生活是超越世俗的、具有乌托邦色彩的。而创造这种新生活的人及新生活的主人应像传颂一时的《老三篇》（《为人民服务》、《纪念白求恩》、《愚公移山》）中所树立的典范那样可贵，“一个人的能力有大小，但只要有这点精神，就是一个高尚的人，一个纯粹的人，一个有道德的人，一个脱离了低级趣味的人，一个有益于人民的人”。按照这种新文化和新生活设想，日常生活的多样性和丰富性就难以容忍了，尤其是诸如人性、人情、人道主义以及各种西方现代主义等更是作为主导意识形态的异端而不断受到清洗。新中国成立后，萧也牧的《我们夫妇之间》、宗璞的《红豆》、陆文夫的《小巷深处》、邓友梅的《在悬崖上》等并非全以日常生活中的“家务事，儿女情”为主题的作品先后受到批判，而《千万不要忘记》尽管以日常生活为主题，也涉及“家务事，儿女情”，结果却备受推崇，原因何在？并非不能写“家务事，儿女情”，关键症结是怎样写，是否按照主导意识形态的规则去写，那就是将世俗生活政治化、将私性生活公共化。以上是主导意识形态对现实生活（主要是指新生活）的理解；而对于革命历史小说中所面对的历史生活，依据主导意识形态的转译，就应是以阶级为标尺的黑白分明的政治化生活。与之相应的是对于“高于生活”的理解和阐释，按照主导意识形态的规约，典型化还可以勉强说是从文艺的角度所进行的要求，关键是要担负起以社会主义和共产主义思想去教育人民的政治任务，所以主导意识形态对“高于生活”的权威性阐释主要是从文艺功能的角度对文艺进

① 孟繁华：《中国20世纪文艺学学术史》第3卷，上海：上海文艺出版社，2001年，第28页。

行功利性加压。

这样看来，按照当时主导意识形态的规约，这种文学活动所面对的生活就不是现实生活而是所谓的"真实"生活，是已经被意识形态化了的生活。那么，这种文学与现实生活的关系也就鲜明地印证了阿尔都塞所说的"想象性关系"或伊格尔顿所说的"想象性转变"。依此而观，正如周宪所论，文学活动中重要的已不再是文学内容或所指，也不再是形式或能指，而是一种"意指方式(signification)"，"即通过审美的或诗意的操作方式对意识形态的操演"[①]。

二

但是不少人并没有按照或没有完全按照主导意识形态的方式去理解文艺和生活，依然坚持把文艺所面对的生活理解为以日常生活为基础的现实凡俗生活。就长篇小说的创作而言，所依据的主要是日常生活美学原则。蓝爱国对此曾作如下论述：

> 50年代的长篇创作的崛起，在我们看来，就是日常生活美学观确立的产物，没有对日常生活的体悟和感受，没有把日常生活当作文学主体的思想观念，就没有50年代长篇小说的高潮，这一点，我们可以通过作家们在阐述创作动机时一再强调他们生活中接触的人和事给了他们难以忘怀的印象等回忆性的文字中看得出来，是生活给了他们最初和最终的创作力量，这种力量使他们能够在最大限度内脱离政治概念化制约，写出反映生活的作品。[②]

而余岱宗则从官方所确立的创作原则入手分析当时文艺

---

① 周宪：《超越文学——文学的文化哲学思考》，上海：三联书店，1997年，第268页。

② 蓝爱国：《解构十七年·导言》，上海：华东师范大学出版社，2003年，第15页。

状况：

> 从建国初期开始，“社会主义现实主义”的美学原则的确立，就决定了革命的审美更重视“逼真”性，更注重以“现实主义”的手法“再现”、“反映”革命的历史波澜，更需要以靠近现实经验的美学手法去获得人民的认同。[①]

就是说当时官方对于文艺活动还基本上留有余地的，并没偏离现实主义太远，这可以从来自官方的对文艺“概念化”和“公式化”的不断规正和警戒中看出。而且从“社会主义现实主义”发展到“两结合”再到以“三突出”为基本创作原则的“样板戏”是一个逐步发展的过程，并非一蹴而就。其实，在“社会主义现实主义”阶段，现实的日常生活仍会不断出现在文艺活动中，而不少长篇小说基本上就在这一阶段完成的，尤其是带有个人回忆性质的革命历史小说基本上就出现于这一阶段。

我们不得不承认，这一阶段的文艺创作中是存在着（而且有时可能很严重）忽略甚至驱逐日常生活的现象，从当时一些文章的抱怨或呼吁中可以见出，下面是蒋孔阳对这一现象的反映和试图改善的呼吁，与苏联作品《钢铁是怎样炼成的》、《普通一兵》相比，蒋孔阳指出：

> 比较起来，我们目前有些小说所创造的英雄人物，就不太开展，太单调，太软弱无力，太缺乏鼓舞和教育的力量了。它们很少写英雄人物的生活。它们主要的只是从生产的过程来写生产的主题，从战斗的活动来写战斗的主题。因此，我们一翻开书，我们的英雄人物全部的时间和精神，都是在订计划、搞试验，在写决心书、掷手榴弹，在开会，在学习……他们的一言一动，所有的思想和感情，作者都是用弹簧扣得紧紧的，直接联结到生产与战斗的活动上

① 余岱宗：《被规训的激情——论1950、1960年代的红色小说》，上海：三联书店，2004年，第57页。

> 面。至于在日常生活中，他们则都是一些禁欲主义者。他们没有什么爱好和趣味，没有什么人生的见解和主张，也没有什么内心的矛盾和冲突，他们就只是“纯粹的”劳动模范和战斗英雄。这样，我们读完了小说，虽然敬佩他们工作的强度及其所完成的记录，但我们却不爱他们，却不肯亲近他们，因为我们根本就不知道他们究竟是一些什么样的人。他们和我们太陌生了，他们的处境和工作与我们的太不相同了，我们之间无法沟通思想和感情。我们自然不会跟他们一道激动，响应他们的号召，为他们的理想而斗争了。①

蒋孔阳的这篇文章发表于1953年，也就是新中国成立伊始。一个具有“创世纪”意义的新中国的诞生，无异于开天辟地，人们由此壮举所产生的振奋感以及浪漫激情使得不少创作者在这种高度亢奋的惯性状态中难以自拔，对现实生活进行乌托邦式的诗化和美化也应属非正常状态中的正常之举。比如，极度亢奋状态中的胡风就难以自已地挥毫而就倾情之作《时间开始了》，现在回头冷静审视该诗，除却一腔激情之外，究竟还能余下什么？与现实日常生活究竟还有多少联系？这是就创作而言的原因。但是对于蒋先生这样的注重日常生活的学者来说，时代和文艺的迥然变幻（不仅仅是“变换”）也会令人不适，这种情形也当在情理之中。以上就创作者和评论者这两个向度的分析可知，对于蒋先生写于新中国成立伊始的这篇批评文学创作状况从而呼吁关注日常生活的文章不必大惊小怪，之所以能够就日常生活公开畅谈，就意味着世俗生活尚有容身之处，试想“文革”期间这种文章能够发表吗？显然不能正常或平安面世。而基本完成于“社会主义现实主义”阶段的革命历史

① 蒋孔阳：《要善于通过日常生活来表现英雄人物》，载《文艺月报》，1953年第9期。

小说，在新中国成立伊始的浪漫激情逐渐沉淀之后，还是有意或无意地为切实可感的世俗生活留下了一定的空间。

三

蒋孔阳循循善诱地劝诫文学创作者：

> 什么事情最能打动我们、吸引我们呢？那一定是和我们的生活有着密切的关系和联系的事情。小说的力量，就在于它再现了英雄人物的生活，让我们在日常的生活中，熟悉他们，和他们沟通思想和感情。这样，我们就不能再以陌生人的态度对待他们了。他们活到了我们的当中来，我们情不自禁地向往他们，以他们作为学习的榜样。[①]

的确不错，在当时语境中，“小说的力量，就在于它再现了英雄人物的生活，让我们在日常的生活中，熟悉他们，和他们沟通思想和感情”。这一点，作家们想必清楚，可问题是，在一个政治文化制导一切的时代，文学如何能够在政治文化的幕布笼罩中，安全地为凡俗生活寻觅光亮？如前所述，就革命历史小说而言，考验作家的一个至关重要的问题就是如何将神圣的革命话语和凡俗生活协调自如而不逾矩。革命历史小说在革命话语的框架中还是塞进了日常生活的凡俗因素。一部《青春之歌》其实就是革命话语对一个女人情爱经历的锐意改写，倘若除去神圣的革命纱衣，剩下的无非就是一个不甘凡俗的女人的未必神圣的爱恋经历。《红日》在炮火轰鸣的间隙里不失时机地展示革命将士凡俗的婚恋情爱场景。《林海雪原》传奇故事的迷幻中翩然而舞的才子佳人，其实也是传统世俗情结对革命话语的租赁。《红岩》对监狱中的暴力和血腥场景淋漓尽致的描绘在设定的革命意志和精神教育之外，也难以否认其至少在

---

① 蒋孔阳：《要善于通过日常生活来表现英雄人物》，载《文艺月报》，1953年第9期。

客观上对受众猎奇心理的满足。《红旗谱》中阶级伦理对乡族伦常的置换，也不过就是神圣的公共化的革命话语对凡俗的私性生活的收编，但在收编的斑驳余迹中依然不难寻觅到寻常人家的袅袅炊烟。《铁道游击队》中一帮侠肝义胆的哥们，尽管在被象征性地规训为"准军人"后活动的性质便骤然改变，聚啸山林的形而下的团体生存本能冲动升华为事关政党、阶级、民族的神圣话语，但是仓促的成长仪式并没遮住"大块吃肉，大碗喝酒"的酣畅诱惑以及文本对此俗性诱惑的暗中欣赏。《野火春风斗古城》和《烈火金钢》对舐犊亲情以及"欲休还说"的私性情爱故作朦胧的透露，在神圣化的刻意书写中令人倍感凡俗之亲切。

不妨先以《红旗谱》为例来查看神圣化的革命话语中的俗性书写情况，下面是"讲述话语的时代"的一位读者对《红旗谱》中俗性日常生活的赏析：

> 由于作者真正地了解农民，才创造了深刻而又鲜明的农民的正面形象。同样，由于作者对农民的爱，对生活的爱，也就很自然地描写了生活中的美，自然中的美。[①]
>
> 接着，我们就看到了运涛、江涛、大贵、春兰他们在棉花地里赶鸟的章节。作者把这些充满着青春的活力、青春的喜悦的青年们，置于美丽的秋天的景色中，描绘出了一幅动人的图画。看起来，这完全是一个农村的日常景象，但小说的作者是这样一种画师，通过一个景色，一个日常的场面，可以表现出一种美好的感情。[②]

不论是《红旗谱》文本对乡村风物及日常生活的审美性展

① 方明：《壮阔的农民革命的历史图画——读小说〈红旗谱〉》，载《文艺报》，1958年第5期。

② 方明：《壮阔的农民革命的历史图画——读小说〈红旗谱〉》，载《文艺报》，1958年第5期。

示，还是评论者方明对这种乡村风物和日常生活的陶醉性欣赏，其实都带有民粹主义将乡村生活诗意化的倾向，而这种美化乡村的民粹主义的适度行为在毛泽东时代是被主导意识形态所提倡的，但重在“适度”，就是说这种行为不是单纯审美层面的事情，必须将对这种凡俗生活的钟情与神圣化的政治话语结合起来。如果说新中国成立后的乡村书写的诗意化主要是为了确证政党及其领袖的英明和伟大的话，那么对革命岁月里的乡村书写的诗意化就复杂多了。革命时代对这种对乡村的诗意化书写，既可以以此衬托并赞颂作为革命力量的农民的先验的人格优越性，也可以反衬反革命阶级的先天性丑恶。那么，对于革命时代的乡村诗意化书写就显然既要受到政治方向的限制，也要受到因此而来的幅度上的限制，就是说在这种规约下，断不能像沈从文那样沉浸其中，而只能在革命话语的间隙中乖巧而适时地展现。果然，方明的这份恬然陶醉是建立于严正的革命话语之上的，充斥方明这篇评论的前几部分的正是神圣的革命话语；而在《红旗谱》文本中这种乡村日常生活的甜美也被阶级话语打断，严家据以生存的“宝地”被阶级敌人冯家霸占，严运涛与春兰的俗性缠绵也因冯兰池的恶意拆散而遗恨存憾。

《红旗谱》中扑面而来的日常生活气息既反映出作者对乡村生活的谙熟，也说明作者对日常生活美学的坚守。出身农民，生长于农村的梁斌曾这样表白：“有的读者问我，你为什么不写工人？这是由于生活的限制，我熟悉农民的生活，我爱农民，对农民有一种特殊的亲切之感。于是我竭力想表现他们，想要创造高大的农民形象，这是我创作这部书的主题思想之由来。”①

① 梁斌：《漫谈〈红旗谱〉的创作》，载《人民文学》，1959年第6期。

四

其实，若抛开神圣的阶级话语而论，《红旗谱》书写的就是一个不断延宕的复仇故事。在传统意识积淀深厚的乡村社会，家族之间的血仇关系自然属于乡村伦理的范畴，与现代革命知识谱系相去甚远。李扬敏感地看出了这一文本尴尬，从“田园诗”向“历史小说”的转换角度进行深刻分析。[1] 而本文重在分析日常生活及其所携带的俗性意识形态与神圣化的革命意识形态如何配置与调和，进而解析出凡俗生活在革命话语中的位置。诚如李扬所见，作者对《红旗谱》的楔子，即“砸钟”事件的处置人工痕迹太重。冯兰池砸钟动机，对乡亲们的交代是为了卖钟顶替四十八村的赋税，朱老忠之父朱老巩则坚持认为冯兰池此举是为了砸掉证据进而独吞官地，因此，他要拼死阻拦，最后行动失败，饮恨而死。但是，事后冯兰池曾向儿子冯贵堂交代砸钟的真实原因却是“根据阴阳先生的判断，有那座铜钟照着，咱冯家大院要家败人亡的”[2]。不论是冯兰池的哪种说法都无法支撑阶级叙事，所以文本采信了朱老巩的推断性说法，否则无法建构小说的革命主题。从叙事的发生学上看，阶级话语就已经加入了乡村礼俗叙事，使得“田园诗”从源头上就向“历史小说”转换。

流亡在外多年之后，朱老忠怀着报仇雪恨的人生动机重归故里，迟迟未见其为复仇做出实质性行动。“他们下决心从劳动里求生活，用血汗建立家园，不管大人孩子，成天成夜地种地盖房”[3]。文本叙事平缓，流连踯躅于乡村风物、人情世故等等实在很难与阶级话语相连的凡俗生活的书写。复仇行为的一

① 参见李扬《50～70年代中国文学经典再解读》，济南：山东教育出版社，2003年，第66～88页。

② 梁斌：《红旗谱》，北京：中国青年出版社，1957年，第64页。

③ 梁斌：《红旗谱》，北京：中国青年出版社，1957年，第67页。

再延宕在耗尽读者的革命性期待的忍耐力的同时，也使文本中的革命话语运作显得力不从心。作者本意显然要以神圣的革命话语去收编朱家凡俗的复仇行为，可是作者流连于日常生活的书写，使得复仇行为失去了应有的力度，难以与革命话语形成同构关系，结果使复仇行为仍然在世俗生活中打转而难以升华至神圣革命的层次。小说《红旗谱》中的这一现象被普遍理解为朱老忠的逐渐成长，尤其在与党的化身贾湘农的接触后的成长。但是对朱老忠过分世俗化的书写，也会让人怀疑他成长的向度，让人担心他能否真正升格为神圣革命话语中的角色，从而使得他最后的复仇行为的神圣革命意义和凡俗生活意义未必划得清楚。这样一来，他的复仇行为就会被怀疑依然只是一个凡俗行为，不过是在“君子报仇，十年不晚”[①]的凡俗等待中借助了革命的力量而最终完成（这一行为完成于《红旗谱》的后续篇）。这样看来，因为过度流连于世俗的日常生活，小说《红旗谱》以神圣革命话语对朱老忠凡俗的复仇行为的收编并非圆满，朱老忠凡俗的私性故事与神圣的革命书写并未处理得水乳交融。

小说《红旗谱》中被用来架构小说的几个关键性事件也并未显示出革命话语的严正与宏大，而与神圣化的革命话语尚存不小距离。

先是“夺鸟事件”。朱、严两家的一帮孩子捕到的一只脯红鸟被爱鸟如命的冯兰池看上了，便在鸟市出高价购买，不果，无奈之下冯兰池便向儿子冯贵堂诉说委屈；于是，冯贵堂打发管家李德才前去找仍是毛头小子的江涛从中商量，又被拒绝并且遭受朱老忠父子一顿奚落。正如李扬所言：“出现在这一‘夺鸟事件’中的冯老兰是一个连农民小孩的鸟都夺不到手的可怜

---

① 朱老忠念念不忘的人生信条，即所谓“出水才看两腿泥”其实质跟“十年不晚”的伺机而动并无差别，而且朱老忠还亲口对挚友严志和说过“君子报仇，十年不晚”的话。

虫，好像与叙事人描写的那位‘立在十字街上一跺脚，四条街乱颤’的恶霸地主冯老兰没有多少关系。”[①]爱鸟如命的冯老兰看上难得的脯红鸟，当属再正常不过的琐事；这个权倾一方的所谓“恶霸地主”也并未采取什么恶劣手段巧取豪夺，而是在孩子们卖鸟时出高价购买，这也完全正常；而后冯家又委托李德才转找江涛商量购鸟之事，反遭朱氏父子奚落，依据乡村礼俗，冯兰池并无过错，反倒是朱氏父子显得过分，有背常情了。

冯兰池看上春兰姑娘，尽管吝啬，但还是愿出一顷地和一挂大车连同鞭子（作者强调这根微不足道的鞭子显然是在刻意嘲讽冯兰池一贯的吝啬）作为聘礼差遣李德才找贫农春兰之父老驴头商议，结果因为辈分不合依然遭遇老驴头拒绝，并且挨了耳光；冯兰池只好在失败中自我安慰。对于冯兰池的这一行为，李扬认为：“梁斌显然试图借用把异常的性行为派给反面人物的俗套。”[②]尽管如此，冯兰池厚礼相商，也并不违背乡俗礼法，而贫农老驴头拒绝这桩婚姻的理由是辈分不合，依照此言，若非辈分问题，作为革命阶级一员的贫农老驴头当会应准此事。

接下来是冯兰池谋娶春兰未成，又见运涛与之私下过往甚密，便将此事告诉同族中人春兰大娘，好事的春兰大娘又将此事告诉了老驴头，导致春兰挨打，运涛因羞愧而南下参军。在这件事上，冯兰池确实动机不纯，但其行为依然不违背乡俗礼法。春兰作为冯门黄花闺女，背着父母与严运涛卿卿我我已遭人说长道短，作为冯门权威将此事告诉同为冯门族人的春兰大娘当属分内之事。顽固的老驴头反对自由恋爱，一直对独生女儿与严运涛私密来往之事甚为反感，从好事的春兰大娘嘴里得

---

① 李扬：《50～70年代中国文学经典再解读》，济南：山东教育出版社，2003年，第69页。

② 李扬：《50～70年代中国文学经典再解读》，济南：山东教育出版社，2003年，第69页。

知春兰与运涛在瓜棚小窝铺上卿卿我我，定然以为他们已做那“伤天害理的事”了，于是愤怒之下严管了女儿，并当众宣布不准女儿跟运涛来往。别说放在那个时代，就是放在现在，设身处地地想一想，老驴头的行为应该可以理解，尽管未必能够接受。而严运涛的南下参军也是因为无脸见人。在这一事件中，如李扬所说："赶走运涛的应该是老驴头头脑中的封建思想，冯老兰的作用并不十分重要，至多是策划了一个不大光彩的恶作剧而已。"①

作为反革命一方地主阶级的代表冯兰池和革命的农民阶级之间最重要的冲突的"反割头税斗争"也在一出骂街闹剧中宣告了冯兰池的失败。

以上这几个事件实在让人无法与宏大的政治事件联系起来，不过就是些乡村日常生活中鸡毛蒜皮的家长里短，"田园诗"式的乡俗民情实在难以承载革命历史小说的宏大书写，要将这种乡村伦常之内的日常琐事进行革命话语的整编也实在是勉为其难了。作者的做法是先将冯兰池定性为革命话语中的反革命一方，也就是阶级谱系中的反动阶级，然后以阶级修辞对其进行处理，无非是作恶多端，可是，文本提供的冯兰池并没有升级到这个位次，不过就是乡村生活中的一个有些财产的普通乡民，即便是在最严重的事件——"割头税事件"中，冯氏父子也不过从发财致富的动机出发从事一项经济活动，要求收取割头税的是地方政府，冯氏父子也不过就起到中介的作用而已。所以，无论怎样包装，都很难将冯兰池这个乡间老头升级到万恶的反派人物的位次上，好像除了开端的血仇书写之外，将冯兰池的行为纳入革命话语确实有些勉强。本文绝对无意为一个文学形象开脱，只是以此来分析革命话语对乡俗生活接纳不力的情况。究其原因，主要在于作者对现实的日常生活的

---

① 李扬：《50～70年代中国文学经典再解读》，济南：山东教育出版社，2003年，第70页。

坚守和流连使得凡俗生活话语和神圣革命话语这两套话语系统之间的裂缝不易弥合。两套话语系统之间的距离在文本中体现为文本的裂缝，如今看来，若将文本作为一个封闭的系统来看，这种裂缝是其不足，但若立足文本之外而观，裂缝反倒丰富了文本，使得文本成为更具张力的文化文本。

综上可知，在革命历史小说的重要代表《红旗谱》中，神圣的革命话语并没有淹没凡俗生活，依然给后者留下了不少书写空间。

五

在革命历史小说中，革命话语尽管借助于主导意识形态的威权对凡俗生活话语进行规约和整编，但并没有能够做得很成功，总显得力不从心，或者因为凡俗生活本身难以抵御的诱惑力，使得凡俗生活书写与革命话语之间存在一定的间离倾向，从而为凡俗生活的常态存在争取了空间。正因为如此，才使得革命历史小说尚能保持一定的人道主义精神和凡俗的亲切感。基于正常人性而产生的凡俗情感也是凡俗生活不可丧失的要素，革命历史小说的这种凡俗情感依然间或存在于革命话语的激越和亢奋中。

李英儒的小说《野火春风斗古城》就是立足于丰富的生活本身创作而成的，作者拥有丰富多彩的战斗生活经历，按照作者自己的说法，这部小说不过是从实际生活和斗争中，“东鳞西爪地选取了一些零星片断写成的”。“拿它与实际生活比较起来，犹如从波涛万顷的海洋里汲了一瓢水，从浩瀚无边的原野里掏了一把土”[①]。李英儒曾表明他的写作态度：

> 作家和作品要讲真情，说实话。生活的真情，实际是

---

① 李英儒：《关于〈野火春风斗古城〉——从创作到修改》，载《人民文学》，1960年7月号。

> 文学作品的源泉和基调。幻想可以，是由生活中合理产生的幻想；浪漫也可以，是从生活基础上产生的浪漫。政治倾向，社会效果，教育人民，鼓舞意志和提高战斗力等等都是应该注意的问题，但都离不开真实性的大前提。文学作品离开生活实情，必然害致命的贫血病。对于有出息的作家来说，头等重要的课题是深入生活，和广大群众在一起，向群众学习，熟悉生活，培育自己认识生活、认识社会的洞察力，培育自己和人民同命运共呼吸的纯洁朴实的感情。学习理论，学习写作技巧是第二等的事。[①]

显然，作者的写作态度就是"讲真情"、"说实话"，正如作者反复强调的，这种写作态度的根基就是对现实生活的钟爱。

小说《野火春风斗古城》中对于主人公——党的地下工作者杨晓冬晚夜回家探母的场面书写[②]也充满了凡俗生活气息。寡居的母亲含辛茹苦地将儿子养大并读了书，儿子为了革命工作提着脑袋在外闯荡多年未归，而今突然深夜归来，母亲该是怎样的百感交集。尽管点灯容易被觉察，可能有碍革命事业，但是母亲还是忍不住点亮油灯，就是为了看看多年不见的儿子；儿子理解母亲，并没有因革命的安全问题而坚持阻止母亲的行为。答应儿子做地下工作时对儿子提出的三个条件完全是一位凡俗母亲的最凡俗最朴素最亲切的要求：安全、媳妇、回家过年。这与其说是条件，不如说是疼爱和牵挂。母亲之所以答应儿子做些革命工作，与其说是为政治信念，倒不如说是出于爱子心切，这种爱屋及乌式的革命行为倒使得杨大娘更真实而生动。听见鸡叫，儿子要走了，母亲难舍，便埋怨公鸡乱叫。尽管儿子担心母亲受冷，坚持不让母亲送自己，母亲还是坚持

① 李英儒：《文艺创作贵言情》，载《作家谈创作》，广州：花城出版社，1981年。

② 参见李英儒《野火春风斗古城》，北京：作家出版社，1959年，第15～18页。

送送儿子,母子俩相互依偎着难舍难分;眼看着儿子消失在黑夜中,又要闯入兵荒马乱的世界,母亲感到肝肠寸断撕心裂肺的痛楚。按照革命话语的逻辑规约,儿子从事神圣的革命工作,做母亲的只有自豪和幸福,怎能痛苦!显然,小说是把母亲作为一个凡俗母亲来看待的,这里书写的是这位寡居老妈妈的与神圣革命话语存在距离的凡俗情怀。小说在此更多的也是描写他对母亲的凡俗之爱,发现母亲吃的是红高粱窝窝头,心里觉得很难受,这是凡俗人性的正常反应。来自凡俗生活的细节化描写展示了凡俗情感的魅力。

当然,作为政治场域中的一部革命历史小说,革命话语是不可能被冷落的。作者安排杨晓冬将母亲劝进革命队伍,帮助革命工作,但是杨晓冬这一行为到底是出于神圣的政治义举还是出于职业习惯,让人迷惑,文本的表述是:"儿子总不愧是搞政治工作的能手,很快说服了母亲,使她同意儿子做地下工作,并答应帮助儿子做合法交通员。"[①]而对于母亲来说,则如上文所言,更可能是一种爱屋及乌的举动。当杨晓冬承诺母亲等老百姓翻过身来的时候,领着母亲坐火车看风光时,母亲的回答是:"那些个幸运事儿,娘不想沾。只要你们能打出鬼子去,叫娘看到共产党成了气候,看到儿子没灾没病地回来,我就算烧了一搂粗的高香。那时候,当娘的喝口凉水,就着剩干粮吃,也是心甜的。"[②]作者这种写法在突出神圣革命话语的同时也彰显了凡俗生活的诱惑力,从而将凡俗情感与革命话语因同构而重合,但并不意味着后者对前者的转化,而是兼容。小说在此处没有使用革命的豪言壮语,只是将母亲作为一个凡俗生活中的普通母亲来书写的。为接儿子和设想的儿媳回家过年,母亲兴奋不已,提前十天就做准备,帮儿子拔掉白头发等等动情书写,都生动地展示了凡俗情感的魅力。

---

① 李英儒:《野火春风斗古城》,北京:作家出版社,第17页。

② 李英儒:《野火春风斗古城》,北京:作家出版社,第17页。

小说《野火春风斗古城》中金环写于狱中的遗书的字里行间表达了金环对自由、生活、生命的无限热爱，尤其对于自己年轻生命的即将逝去，文本真诚地写出了她的深深遗憾。另外，金环在遗书中表达的对女儿小离儿的牵挂和疼爱，以及要求组织给予孩子荣誉（尽管只是政治的，但毕竟出于母亲对女儿的爱），也展示出一个年轻母亲的凡俗情感。显然，小说作者并没有使用抽象的革命话语进行空洞的仪式化书写，而是立足于现实生活来表达这位女革命者热爱生活的凡俗情感，这种朴素的、真挚的凡俗情感书写反倒更真实而深刻地显示了金环的可贵精神。蒋孔阳曾这样论述：

> 没有一个生活的冷漠者，能够产生伟大的行为。我们着重地表现英雄人物的日常生活，正是为了更好地突出他的工作，突出他的伟大的业绩。英雄的业绩，只有在生活中才能发光！离开了生活的土壤，一切都将失去意义。因为我们积极地生产，英勇地战斗，目的只是为了更好更美更幸福地生活。如果只是为生产而生产，为战斗而战斗，那么，英雄人物所从事的事业，将不是人类之福，它门导向一堵墙，把我们封锁在狭小的天地里面。从这里面，再看不到任何宏伟而美丽的远景。①

蒋先生此论即是说，革命本身并非目的，神圣的革命事业的源头和终极所指其实还是凡俗生活。

小说《红日》中团长刘胜牺牲之前，作者除了使用当时革命小说惯用的政治仪式之外，最后还是忍不住加进一句凡俗的亲情表白：“不要……告诉……我的老妈妈！……免得她……难过！”②应该说，这句浓厚的凡俗亲情话语与革命话语是有距离

---

① 蒋孔阳：《要善于通过日常生活来表现英雄人物》，载《文艺月报》，1953年第9期。

② 吴强：《红日》，北京：中国青年出版社，1958年，第497页。

的,因为按照革命逻辑,作为替穷苦大众打天下创造美好生活的革命军人,刘胜的牺牲是无限光荣的,不是死亡,而是永生,这是令人无限自豪和幸福的。作为革命者母亲的刘胜老妈妈,自然也应感到光荣、自豪和幸福,怎么会“难过”呢?这一革命常识,作为解放军团长的刘胜肯定是清楚的。之所以会出现这样的文本结局,正是由于作者在此处还是有意或无意地使文本留下了意识形态裂缝,这就是边缘化的世俗意识形态与神圣化的政治意识形态磨合的结果,也是凡俗的个体性情与神圣的革命伦理的异质性组合。

小说《林海雪原》中对少剑波因姐姐的惨遭杀害而万分悲痛的书写曾遭非议。作者为主人公少剑波虚构了一个姐姐,并安排她在杉岚站惨遭匪徒杀害,用意在于强化少剑波对匪徒血洗杉岚站的仇恨。有人认为,由于作者没有处理好“私仇”和“公愤”——个人仇恨和阶级仇恨的关系,没有很好地表现骨肉感情和革命义愤的一致性,结果过分地突出了少剑波因姐姐惨遭杀害而产生的痛苦,这样就相对冲淡了少剑波的阶级仇恨和革命义愤,“甚至容易使人感到少剑波对于群众的感情,远不如他对自己亲人的感情来得深厚,因而无形间贬低了这个人物的精神境界”①。小说文本对少剑波听到姐姐死讯后的反应是这样描写的:“剑波的脑子顿时轰的一阵响爆炸了一样,全身僵直了,麻木了,僵僵地瞪着两眼呆了半晌:‘走!走!’他说出的声音已完全不像他自己的。”②当少剑波看到姐姐和工作队队员的惨遭杀害的尸首时,小说又这样写道:“剑波一看到这场惨景,眼睛顿时什么也看不见了,失去了视觉;头像炸开,昏昏沉沉,失去了知觉,就要倒将下来。高波一把扶住:‘二零三!二零二!’一面哭泣,一面喊。”③

---

① 何家槐:《略谈〈林海雪原〉》,载《文学研究》,1958年第2期。
② 曲波:《林海雪原》,北京:作家出版社,1957年,第8页。
③ 曲波:《林海雪原》,北京:作家出版社,1957年,第9页。

这位论者在引述了小说对少剑波的这两处描写之后进一步阐明其观点:“我的意思不过是认为这二者的关系必须处理得恰如其分,必须使个人感情服从于革命感情,而不可能把它们的关系颠倒过来,过分地突出个人感情。”[①]目睹百般疼他爱他的亲姐姐被残害后的尸体,同样拥有凡俗血肉之躯、同样拥有凡俗情感的少剑波当然会痛苦不堪,这是建立在血缘基础上的凡俗情感,完全符合现实生活逻辑的;而少剑波对于同样惨遭杀害的乡亲们以及工作队队员的情感则属于阶级情感。文本对于少剑波面对姐姐的惨死而痛苦的淋漓描写,实际上使得血缘关系掩盖或冲淡了阶级关系,所以这位评论者认为少剑波痛苦得这样深刻“使人感到很不对劲”[②],这样就是颠倒了个人感情和革命情感的关系,应该相反,让个人感情服从于革命情感,而且二者关系具有不可分裂的一致性,应该突出的是神圣的革命情感,而不是这种凡俗的狭隘的一己之伤痛。不难看出,这位评论者是在拿革命话语来规约凡俗生活话语。不管作者有意还是无意,文本显然是依据凡俗情感的路向进行书写的,而这位评论者则是按照神圣的革命逻辑进行审视的。

第二节　情爱生活的书写

革命历史小说产生的时代,受制于“现代性焦虑”,主导意识形态基本上是禁欲的,尤其是对私人化凡俗生活欲望的排斥,已基本成为当时的社会风尚和审美取向,敏感的情爱生活逐渐变得稀缺和匮乏起来。尽管如此,在革命历史小说中,情爱生活依然大量存在着,作者们总是尽可能将私性情爱植入革命书写中。尽管革命历史小说中情爱书写的范式、风格、旨趣等都要与革命意识形态相协调,接受革命意识形态的话语整

① 何家槐:《略谈〈林海雪原〉》,载《文学研究》,1958年第2期。

② 何家槐:《略谈〈林海雪原〉》,载《文学研究》,1958年第2期。

编,致使革命意识形态味道很浓,但也在一定程度上给人以凡俗温情暖爱的遐想和享受,从而也相对增强了小说的魅力。

一

詹姆逊曾认为:"第三世界的文本,甚至那些好像是关于个人和力比多趋力的文本,总是以民族寓言的形式来投射一种政治:关于个人命运的故事包含着第三世界的大众文化和社会受到冲击的寓言。"[①]这一针对第三世界文学的论断曾被国内不少学者作为研究方法用来审视中国现当代文学作品,并卓有成效;学者李扬则反其道而行,将詹姆逊这一论断反转过来:"第三世界的文本,甚至那些好像是关于民族和阶级寓言的文本,背后总是隐含着另一种政治;关于个人欲望、性和力比多趋力的寓言。"[②]在对当代长篇小说《青春之歌》情爱生活的解读中,李扬将他这一巧妙改写的论断作为解读策略,取得了别开生面的研究效果,令人耳目一新。李扬通过有关民族和阶级寓言的政治文本《青春之歌》,读出了一个女人和几个男人(即林道静和他的几位情人)的私人化的凡俗故事。这种做法之所以能够切实可行,并不显得牵强附会,就说明作为研究对象的小说文本存在着这种凡俗潜质。

中国当代革命历史小说并没有将私人生活书写与历史大叙事分开,也就是说并没有完成巴赫金所描述的现代历史小说的基本任务。以巴赫金之见:"现代历史小说的基本任务,就是克服这一两重性:作家们努力要为私人生活找出历史的侧面,

① 弗雷德里克·詹姆逊:《处于跨国资本主义时代中的第三世界文学》,见张京媛主编《新历史主义与文学批评》,北京:北京大学出版社,1993年,第235页。

② 李扬:《50～70年代中国文学经典再解读》,济南:山东教育出版社,2003年,第126页。

而表现历史则努力采用‘家庭的方式’。”[①]相反，中国20世纪五六十年代的革命历史小说总是以这样或那样的方式将私人生活和历史活动紧密地联结在一起。尽管当时主导意识形态将私人凡俗生活先验地指认为庸俗的个人主义的东西，从而对它采取公共化改造，使它升华为主导意识形态所期许的神圣的历史大叙事的元素，否则这种私人生活是被主导话语所排斥的，至少也是不受欢迎的。如前文所言，中国当代革命历史小说的作者们基本上都是那段历史的见证者和参与者，基于见证历史的良知和“还债”的责任意识，还基于对现实主义的时代文艺主潮的顺应，这些作者们还是在逐渐乌托邦化的政治气候的压力下，采取了相对客观的现实态度；但是主导意识形态对他们所生产出来的意识形态的期许是对当下历史合法性的确认，这种宏大的时代神圣化规约使得作者们可能存在盲目宏大化的急功近利倾向。作者们这种矛盾心态，使得他们务必努力将凡俗的私人生活和神圣的革命历史活动在话语层面上进行有机融合，但未必十分成功。

鉴于上述革命历史小说的写作情况，可以得知，其实不论是以詹姆逊顺藤摸瓜的方式去解读，还是用李扬执果索因的套路来审视，都不会无功而返的，因为在这种文本中，民族、阶级等这类宏大符码与个人欲望、性和力比多等私人化符码是交结在一起的。将詹姆逊和李扬各自的思路结合一起来探视中国20世纪五六十年代的革命历史小说对情爱生活的书写情况，应该说更为全面，因为在这些革命历史小说中，个人生活和联系民族、国家的神圣革命话语很难截然分开。

李扬在评述小说《林海雪原》的情爱生活时曾指出：

> 在50～70年代的中国文学中，男女之爱绝对是稀缺

① 钱中文主编：《巴赫金全集》第3卷，石家庄：河北教育出版社，1998年，第416页。

> 物质,少剑波和白茹之间的爱情故事因而非常著名。虽然这个故事并没有任何新意,充其量只是写“郎才女貌”的才子佳人小说的翻版,却在一个情爱饥荒的时代,长久地抚慰着人们的情感饥渴。[①]

总体上看,李扬这一论断基本道出了实情,在政治气氛逐渐紧张的这几十年间,主导意识形态基本上是禁欲的,尤其是对私人化凡俗生活欲望的排斥,已基本成为当时的社会风尚和审美取向。美国学者莫里斯·迈斯纳在分析毛泽东未来观中的乌托邦性质时曾经指出:“毛泽东的社会主义道德特别注重斗争、自我牺牲、自我否定的禁欲主义价值观念。”[②]对社会和生活产生关键作用的毛泽东之所以张扬这种社会主义道德,就是因为他认为:“创造历史、实现共产主义理想方面起关键作用的,只是那些富于固有的革命精神和道德观念的人。”[③]在这种社会风尚和审美取向的影响和控制下,甚为敏感的情爱生活逐渐变得稀缺和匮乏起来,在文艺作品中也是如此。但是,在20世纪五六十年代的文艺作品中,情爱生活并非“禁区”,尤其在革命历史小说中,情爱生活依然大量存在着。情爱生活可以写,这一点已被普遍认同,即使在就作品关于情爱的书写进行批评时,通常都会强调并不否定书写情爱生活。何其芳在批评小说《林海雪原》和《红日》中有关情爱生活的书写问题时就认为:“我们完全不是说在艰苦的战斗环境里就不可以写爱情,就

---

① 李扬:《50～70年代中国文学经典再解读》,济南:山东教育出版社,1997年,第18页。

② 莫里斯·迈斯纳:《毛主义未来观中的乌托邦成分和非理想化成分》,见萧延中等编:《外国学者评毛泽东》第3卷,北京:中国工人出版社,1997年,第109页。

③ 莫里斯·迈斯纳:《毛主义未来观中的乌托邦成分和非理想化成分》,见萧延中等编:《外国学者评毛泽东》第3卷,北京:中国工人出版社,1997年,第109页。

不可以写黎青或者白茹那样年轻的女孩子。”[①]田禾在批评小说《林海雪原》的情爱书写问题时强调指出：“我们并不是说在《林海雪原》中不能写爱情，问题在于怎样写爱情。”[②]吴强在反省其作品《红日》中情爱书写的问题时也坚持认为：“但这并不等于说爱情不可以写，爱情在战争生活中是存在的，而且是与战争生活联系着的。”[③]那么现在问题清楚了，情爱生活可以写，问题是怎样写。

二

在“讲述话语的时代”，对情爱生活的书写要受到时代的主导意识形态的规约，就革命历史小说而言，其情爱书写的范式、风格、旨趣等都要与革命意识形态相协调，接受革命意识形态的话语整编。

对于革命历史小说来说，不论是“讲述话语的时代”还是“话语讲述的时代”，都可以说是革命激情燃烧的岁月，革命激情以粗放为美，崇力尚公，这与私性儿女情长的缠绵细腻在风格和旨趣上明显不同。革命激情借助于政治的威力被主导意识形态合法化，在这一主调面前，儿女情爱明显处于弱势。尽管如此，作为凡俗生活中较为敏感的情爱生活在革命话语的激情复述中还是屡屡出现，但是情爱生活的这种出现并不是无节制地肆意丛生，情爱生活在原则上要服从于革命意识形态的话语改造。余岱宗对红色小说中有关凡俗生活的描写进行了这样的评述：

> 尽管建构超越性为主要维度的革命激情始终是红色

---

① 何其芳：《我看到了我们的艺术水平的提高》，载《文学研究》，1958年第2期。

② 田禾：《女英雄还是装饰品——从“小白鸽”谈到妇女英雄形象的创造》，载《北京日报》，1961年6月10日。

③ 吴强：《写作〈红日〉的几点感受》，载《文艺报》，1958年第19期。

小说中最突出的主题，但这并没有妨碍1950、1960年代的红色文本对世俗色彩浓厚的革命生活的叙述，相反，关于革命的叙述，在1950、1960年代的红色小说作品中，依然散发着世俗性的生机和活力。表现革命英雄的“神性”，并没有以完全排斥叙述革命者的世俗幸福为代价。当然，这并不是说这个时期的国家意识形态对世俗幸福的叙述采取“放任”的态度，而是说，这个历史时期的革命文学，依然能够允许世俗幸福的快感叙述与革命快感的叙述达成某种妥协。[1]

作为凡俗生活中最为敏感的情爱生活服从革命意识形态的改造其实正是引文中所说的与革命话语达成某种“妥协”，就是以革命话语对凡俗情爱进行整编。

在革命知识谱系中，凡俗的情爱生活按照一定的模式进行了格式化的归类，高尚的革命者的情爱生活应该是超越凡俗的神圣的革命性生活，或者说是凡俗情爱生活借助于革命神性得以升华达到与革命生活因同构而一体化。

革命意识形态对凡俗的私性情爱的神圣化的改写，较为常用的策略是让这种私性恋情与革命同构，情爱关系以革命为媒介并因革命斗争而焕发生机。小说《青春之歌》中林道静与卢嘉川及林道静与江华之间的情爱故事就以革命隐喻的方式与革命话语合为一体，典型地彰显了神圣革命话语对凡俗私性情爱生活的成功收编。小说《野火春风斗古城》中杨晓冬与银环之间恋情的发生与发展离不开革命斗争的土壤，在共同的革命活动中相识相爱，在相互的帮助与关心中，单纯同志关系逐渐转化为恋人与同志关系的统一，革命友情转化为私性情爱；金环与梁队长之间的恋情也是这一套路。另外，梁波与华静、少

---

① 余岱宗：《被规训的激情——论1950、1960年代的红色小说》，上海：三联书店，2004年，第69页。

剑波与白茹、魏强与汪霞、林丽与丁尚武等等，所有这些恋情都与神圣的革命斗争活动有关，恋人之间的媒介都是革命斗争，恋爱者基本上都因为具有革命因素而被对方所爱所迷恋。

在小说《青春之歌》中，林道静与卢嘉川之间的恋情从产生的那一刻起，就与神圣的革命休戚相关，而且按照革命神性要求延续下去。卢嘉川在北戴河边上的杨庄小学校园里的几句时政复述性的革命话语即令作为小学临时教员的林道静备受感染，仰慕不已。二人偶然的第二次相会，使得卢嘉川明确表示要拯救这个陷于庸俗家庭生活的小圈子的青年。于是卢嘉川在为林道静送去革命书籍和思想的时候也送去了恋情，而在与卢嘉川神交的日子里，林道静对这位革命领路人的爱恋也与她的革命向往一同与日俱增。卢嘉川世俗生命的适时逝去使得他们的恋情被斩断了与俗世生活的联系，具有了超越性，已完全与神圣的革命话语同在。蓝爱国对林、卢之恋是这样解读的：

> 卢嘉川出场不久就消失在人们的日常视野之外，但对林道静而言，卢嘉川身体消失正是他在自己体内复活的标志。因为卢嘉川对她而言，从来不具有生气勃勃的男性躯体意义，他只是革命、政治、意识形态的化身。卢嘉川男性躯体的消失加速了林道静抽象政治革命意识的觉醒，她自觉不自觉地已经把自己看成是党的一员，向反革命作战的中坚。即，她通过和卢嘉川的情爱幻想，完成了自身的阶级归属转变，把自己看成是革命的同义语，正因如此，她才能果断地同余永泽告别，与王晓燕争辩革命的必要和不必要。[①]

蓝爱国这段评述显然是詹姆逊意义上的解读，从林、卢之恋中看到了革命寓言。革命的神圣性已将林道静和卢嘉川之

① 蓝爱国：《解构十七年》，上海：华东师范大学出版社，2003年，第152页。

间可能凡俗的情爱故事升华为革命的宏大叙事，这是革命话语依据它所具有的意识形态神性对凡俗情爱的改写。这样一来，林、卢之恋就不再是儿女情长，而被改写为革命仪式。

> 可是现在他不应当再等待了，不应当再叫自己苦恼、再叫心爱的人苦恼了。于是他抬起头来，轻轻地握住站在他身边的道静的手，竭力克制住身上的战栗，率直而低声说：
>
> "道静，我想问问你——你说咱俩的关系，可以比同志关系更进一步吗？……"
>
> 道静直直地注视着江华那张从没见过的热情的面孔。他那双蕴藏着深沉的爱和痛苦的眼睛使她一下子明白了，什么都明白了。许久以来她的猜测完全证实了。这时，欢喜吗，悲痛吗，幸福吗，她什么也分辨不出、也感觉不出来了。她只觉得一阵心跳、头晕、脚下发软……甚至眼泪也在眼里打起转来。这个坚强的、她久已敬仰的同志，就将要变成她的爱人吗？而她所深深爱着的、几年来时常萦绕梦怀的人，可又并不是他呀！……
>
> 可是，她不再犹豫。真的，像江华这样的布尔塞维克同志是值得她深深热爱的，她有什么理由拒绝这个早已深爱自己的人呢？①

从这段引述中可以看出，林道静之所以接受江华的爱是因为江华作为一个坚强的布尔塞维克同志具有她久已仰慕的政治附加值，她是站在一种革命伦理层面上对江华作出积极反应的。如蓝爱国所言，江华所代表的不是某个具体的人的行为，"而是整体的方向性的道路选择"②。"于是，林道静在无爱的前提下接受了爱，在完成政治任务式的两性结合的基础上完成了

---

① 杨沫：《青春之歌》，北京：作家出版社，1958年，第485页。

② 蓝爱国：《解构十七年》，上海：华东师范大学出版社，2003年，第152页。

五四文化对于家庭革命的期待：让政治选择贯穿在私人生活领域，把私人生活空间变成公共的思想斗争场所，让无私的文化新人从无私的文化空间里茁壮成长起来！”[①]对于林道静来说，与其说江华的男性躯体具有形而下的肉体的意义，倒不如说具有形而上的革命神性；与其说她与江华之间在进行一种私性情爱交往活动，倒不如说她在进行一种公共话语的认同，而文本通过林道静对江华男性躯体的接受的书写，实质上在完成一种话语仪式，革命伦理对性伦理的改造以及革命意识形态对私性情爱生活的公共化和神圣化编码宣告成功。

小说《林海雪原》中少剑波与白茹之间的恋情，也体现出被革命意识形态改写的努力。卫生员白茹主动要求派往剿匪小分队，并承诺“将成为小分队最有用的战士”，从文本的表述看这种主动请战立功是出于革命激情，从而为白茹的行为在发生学的意义上赋予了革命神性。在随后对白茹与少剑波之间的恋情的书写过程中，作者总是以各种方式不间断地提醒读者白茹的工作性质，而且安排白茹与少剑波的交往也多以执行革命工作的名义进行；而且，后来上级领导还专门批准让白茹照顾少剑波的个人生活。这样一来，就使二人的恋情在革命意识形态的保护中获得了革命合法性。不论是制定和执行卫生保健制度（尤其针对因革命工作繁忙而无意于健康生活的少剑波），还是照顾首长个人生活，都是革命工作的组成部分，都因有利于革命工作而具有革命价值和光辉，这一革命逻辑的演绎自然使白茹和少剑波之间的私性情爱革命伦理化、公共化和神圣化。作者正是采用这种“附魅”的方式努力使儿女情长小书写升华为神圣革命大叙事，完成了对凡俗情爱的意识形态改写。

三

在革命知识谱系中，得到革命意识形态提升的凡俗情爱生

① 蓝爱国：《解构十七年》，上海：华东师范大学出版社，2003年，第151页。

活因被赋予革命意义而具有了革命神性，因超越世俗性而具有了神圣性；而没有或不能被革命意识形态提升的凡俗情爱生活将被划入庸俗一类，这一类因不具有意识形态合法性而常被提防和警惕。

在无产阶级意识形态话语中，庸俗情爱生活是与个人主义、小资产阶级紧密相连的一种暗淡的、毫无意义的生活，小说《青春之歌》中林道静与余永泽的情爱生活较为典型。

作为“五四型”的文化青年，正如“子君”，林道静毅然走出传统家庭寻找个人自由之路，投入了“骑士兼诗人”余永泽的怀抱。一番风花雪月式的缠绵之后，渴望成名成家的小资产阶级知识分子余永泽为他所深爱的林道静提供了一个只属于他们二人世界的家和“教授夫人”及“丝绒袍子”的承诺。余永泽为此真诚努力着，而林道静已渐生倦意：

> 迷人的爱情幻成的绚丽的虹彩，随着时间渐渐褪去了它美丽的颜色。……道静生活在这么个狭窄的小天地里（因为是秘密同居，她不愿去见早先的朋友，甚至连王晓燕都渐渐疏远了），她的生活整天是涮锅、洗碗、买菜做饭、洗衣、缝补等琐碎的家务，读书的时间少了；海阔天空遥想将来的梦想也渐渐衰退下去。她感到沉闷、窒息。[1]

无产阶级意识形态既反对风花雪月式的情爱生活，也不容碌碌无为的小圈子里（家庭）的情爱生活，倡导革命运动式的公共生活，单纯的私性情爱必须与人民公共生活联系起来才具有合法性。所以，革命者卢嘉川才主动上门，走入林道静与余永泽的私性空间去解救林道静，使其走上革命道路。正如李扬的评述：

> “赶快从个人的小圈子走出来”，卢嘉川的呼唤使她激动不已，革命话语在施加它自己的“魔法”，通过对个人价

① 杨沫：《青春之歌》，北京：作家出版社，1958年，第94页。

值、家庭观念的取消和对日常生活的贬低和拒绝，激发起女主人公内心的新的欲望和激情，也促使她产生了对男性新的想象和期待。在这个话语构筑的美丽新世界面前，曾经令她感动和委身那个“骑士”和“诗人”的世界已经黯然失色。①

林道静被激起的“新的欲望和激情”以及因此而生的“对男性新的想象和期待”，是与卢嘉川以革命话语所构筑的“美丽新世界”联系在一起的。

革命意识形态对革命者的爱情进行了规范，那就是革命的爱情必须服从于革命需要，就是说，只有服从于革命需要的情爱生活才能被革命意识形态赋予合法性，才能因为分享革命的神圣性而具有超越性，从而远离庸俗，与小资产阶级的狭隘的情爱划清界限。不少革命历史小说因为对情爱生活的描写被认为与革命关系问题处理得不好，而引起争议或受到批评。

何其芳曾认为小说《红日》对黎青与沈振新夫妻关系的书写和小说《林海雪原》对白茹与少剑波情爱生活的书写上存在类似的缺点，就是这种情爱生活较为陈旧，缺少新的风格和新的特点，与之相应，黎青和白茹都缺少新的品质和新的风格。②这里新的风格和特点显然是指革命精神，就是说，只有融注了这种革命精神的情爱生活才是时代所需要的；而缺乏了革命精神的情爱生活会因陈旧而庸俗。

小说《红日》的作者吴强曾对《红日》中的情爱描写进行反省：“如果故事里的爱情部分不写，把笔墨移用到其他情节和任务的描写方面，获得比写了爱情要好一些的思想、艺术效果，是

---

① 李扬：《50～70年代中国文学经典再解读》，济南：山东教育出版社，2003年，第110页。

② 何其芳：《我看到了我们的艺术水平的提高》，载《文学研究》，1958年第2期。

可能的，甚至是必然无疑的。”[1]但他还是坚持认为：“但这并不等于说爱情不可以写，爱情在战争生活中是存在的，而且是与战争生活联系着的。问题在于我写得成分多了，有些地方且没有写好。”[2]针对批评性意见，吴强强调情爱生活不是不可以写，而前提是要服从革命需要。既然黎青对革命战争生活并没有什么作用，对革命英雄并未增光添彩，这就意味着黎青的情爱与革命无益，并非革命所需，所以也就因被革命冷落而失去神圣性，没有被革命升华的情爱，写出来会陷于庸俗。革命需要华静更多地做党和群众的生活，而不是吟咏风月暗送秋波的小资产阶级做派，所以作者认为对华静的情爱的描写反倒降低了她作为革命者的气质，就是说与革命没有多大关联的情爱会流于庸俗，降低革命者的神性光辉。

小说《林海雪原》对白茹爱情的书写也曾受到不少批评，原因就是“作者对白茹的爱情的描写不仅在篇幅上超过了对她革命工作的描写，而且颠倒了革命与爱情的关系，使革命服从了爱情”[3]。这种爱情是“低下庸俗”的，因为它与革命意识形态不相合。

四

革命话语对私性情爱生活的改写在一定程度上是提供了意识形态保护，在这种保护下凡俗情爱生活获得了一定的展演空间。借助这种权威性保护，革命历史小说的作者们总是尽可能将私性情爱植入革命书写中，尽管革命意识形态的味道很浓，但也在一定程度上给人以凡俗生活的遐想和享受，从而也相对增强了小说的情感力量。

---

① 吴强：《写作〈红日〉的几点感受》，载《文艺报》，1958年第19期。

② 吴强：《写作〈红日〉的几点感受》，载《文艺报》，1958年第19期。

③ 田禾：《女英雄还是装饰品——从“小白鸽”谈到妇女英雄形象的创造》，载《北京日报》，1961年6月10日。

小说《红日》在对革命战争的枪林弹雨进行书写的同时总不忘见缝插针地书写日常情爱。下面是对军长沈振新与妻子黎青分别情景的书写：

> 他们谈了许久。这时候的沈振新，和黎青一样，有一种深沉的惜别情绪。他不厌其烦地向黎青问起工作上有什么问题没有，和同志们的关系怎样？思想上还有什么顾虑等等，直到深夜，他们还在一边清理箱子里的衣物、文件，一边情意亲切地谈着。[①]

> 沈振新拿出衣袋里红杆子夹金笔套的钢笔，插到黎青的衣袋里，又从黎青的衣袋里，拿下黎青的老式的蓝杆钢笔，插回自己的衣袋里。
>
> "你学会了！军长同志！"黎青兴奋地跳了起来，娇声地说。
>
> "学会了什么？又是什么爱情不爱情的？"沈振新的大手紧紧地抓住黎青温热的臂膀。[②]

文中除了使用像"深沉"、"情意亲切"、"娇声"这样情感浓度较大的感性语词之外，还难能可贵地使用了鲜活的肢体语言，"沈振新的大手紧紧地抓住黎青温热的臂膀"。细读这段文字还可以发现以下裂痕：其一，基于革命意识形态压力或勉强地说还有对于沈振新职业的考虑，文本所述沈振新的话语内容主要是"工作"、"同志"和"思想"等这些革命意识形态浓重的公共话语，但是文本中还是用了一个关键性的词语"不厌其烦"，这个词在此处的使用说明了公共话语与情境的不协调，从而暗示了夫妻分别情境之中私性情爱话语的合法性。其二，当黎青兴奋地跳起来娇声称赞沈振新学会了时，根据沈振新的答语，

---

① 吴强：《红日》，北京：中国青年出版社，1958年，第52页。

② 吴强：《红日》，北京：中国青年出版社，1958年，第52～53页。

可以判断在黎青的不断教化下学会了她的不乏"小资情调"的情爱表达方式,在一定程度上可以说,这种书写暗示了私性情爱生活对革命宏大叙事的反向渗透。

情爱生活必须服从革命工作的需要,而对情爱生活的书写也必须服从革命意识形态的整编,这样一来,不但给革命文本中的红色恋人们带来心理压力,也给革命文本的书写者带来压力,解决的方法通常是将革命话题纳入私性话语中,借助于革命神力使情爱生活合法化。

梁波在和华静约会(与其说这种约会是一种私性爱情行为,不如说更像一种革命工作,因为他们前后都有警卫人员陪同)时,如果不是警卫员陪同,他竟然会有一种负罪感,这显然是基于革命意识形态的无形压力而产生的情爱恐慌。现在正是因为警卫人员的陪同,他才释然于怀,这就意味着梁波只有在革命意识形态的氛围中才能安然,找到正常的感觉。如果套用列斐弗尔关于日常生活异化的理论,可以说梁波的日常生活被异化了。最终,他们还是部分性地克服压力,进入了恋爱状态,不过用的话语不再是表达情爱,而是暗示。最后他们决定"还是谈谈战争",其实是借用革命话语来实现私人的情爱表达,正如余岱宗所分析的那样,"'谈谈战争'成为他们恋爱话语的最重要的载体";"革命的话题承担了最私密的爱情话题的信息载体。还可以认为是弱势话语对强势话语的'借用'"。[1]

革命意识形态的威力会对革命历史小说中的革命恋人们以及作者们形成心理上的压力,于是在情感生活的书写中便出现了一个非正常年代的正常现象,导致革命恋人们尽量克制私性情感。梁波的负罪感其实就是长期自我克制的结果;杨晓冬对银环的情爱的故作冷漠甚至批评、卢嘉川的自我掩饰、刘思扬与孙明霞之间的含蓄隐忍、少剑波对白茹的故作厌烦、汪霞

① 余岱宗:《被规训的激情——论1950、1960年代的红色小说》,上海:三联书店,2004年,第78页。

与魏强的欲言又止的暧昧等等，都是基于革命意识形态的某种制约。但是，正是由于对情爱的自我控制，这些革命恋人反倒赢得了丰厚的爱情回报，而像高自萍、马鸣等不以革命自制的人，非但得不到爱情的汇报，反倒走到了与革命对立的阵营中，下场自然是可耻的。余岱宗认为："这种'反恋爱'的恋爱方式还强化了红色情爱文化的特有魅力。"[①]革命意识形态对情爱的规约反倒成全了革命恋人们的凡俗爱情，这种情爱书写其实也是对革命意识形态的变相租用。

五

在革命历史小说的情爱书写中，凡俗情爱在被革命话语整编的同时，也在借助于革命意识形态进行展演，这样就造成了一些文本裂缝，而这种文本裂缝正是俗性生活叙事与神性革命叙事这两套话语系统之间协调不力的产物，然而正是这种文本裂缝才使得这些文本散发出难能可贵的正常人性气息与凡俗生活味道。

小说《青春之歌》中，坚强的布尔塞维克江华同志不乏柔情地向革命同志林道静低声探问："可以比同志关系更进一步吗？"[②]在革命知识谱系中，同志关系是一种革命伦理关系，因为禀有革命神性，应该是一种最纯正的最重要的人际关系，没有什么关系能够高于这种关系。而从江华的问话中可知，显然存在着一种比同志关系更高更重要更亲近的关系，那就是夫妻（或说男女）关系。就是说，在坚强的布尔塞维克江华同志的心目中，私性情爱关系比公共性阶级性的同志关系更高更重要更亲近，这显然有违革命伦理标准。按照正常的逻辑，作为坚强的布尔塞维克，江华同志应该不会犯这种常识性错误的，那么，

---

① 余岱宗：《被规训的激情——论1950、1960年代的红色小说》，上海：三联书店，2004年，第76页。

② 杨沫：《青春之歌》，北京：作家出版社，1958年，第485页。

问题只能出在作者的文本表述上，不论是有意还是无意留下这一文本裂缝，背后都透露出作者在私性世俗生活与神性革命之间言不由衷的犹疑和暧昧。

小说《青春之歌》是这样描写林道静与余永泽分手离去的：

> 后来当她猛然看见墙上挂着的她和余永泽同照的照片，看见衣架上他的蓝布长衫时，她忽然清醒过来了。她站起身向屋里各处望了望——难道真的就要和自己曾经热爱过的男子分手了吗？难道这个曾经度过多少甜蜜时光的小屋永远也不能回来了吗？……她看了看那个捆好了的铺盖卷，看了看将要带走的小皮箱，又看看屋子里给余永泽留下的一切什物，她的眼睛忽然潮湿了。“赶快离开！”一刹那，她为自己的彷徨、伤感感到了羞愧。不知从哪儿来了一股力量，她拿起被卷就往外走。可是走到门边，她终究还是回过头来坐在桌边，迅速地写了一个条子：
>
> 永泽：我走了。不再回来了。你要保重！要把心胸放宽！祝你幸福！
>
> 静
>
> 一九三三年九月二十日[1]

与曾经相爱缠绵的男子就这样分道扬镳了，林道静是不无感伤的，并没有完全恩断义绝，彻底划清界限；她对这间曾经度过“甜蜜时光”的小屋并非毫无留恋，睹物思人，“她的眼睛忽然潮湿了”。显然，作者在这里是把林道静作为一个有着丰富凡俗情感的女人来看待的，并没有依照神圣革命逻辑完全剥夺主人公的人之常性，依然保留了沁人心脾的人间烟火味。尽管基于革命意识形态的考虑，作者让主人公响应革命神性的召唤，“为自己的彷徨、伤感感到了羞愧”，且痛下决心毅然离去，但已到门边的林道静最终还是回到桌边给余永泽留下了“祝你幸

---

① 杨沫：《青春之歌》，北京：作家出版社，1958年，第201页。

福”的情意绵绵的字条。分手奔向革命时的彷徨与伤感同激情燃烧酣畅淋漓的革命话语显然有别，这一差别就是两套不同话语系统对接时的裂缝。

已经踏上革命道路的林道静，为革命夜晚流浪北平街头路过与余永泽曾经同居的处所时，林道静依然凝望良久流连难舍。“长这么大，她第一次渴望有一个家，有一张床，第一次深切地感到家的温暖和可爱。不知怎的这使她又想到了余永泽，想到了刚才经过的门前”[①]。尽管作者让林道静以革命为念鄙夷自己责备自己的多情，但仍未能阻止她对家的渴望以及因此而产生的对余永泽的怀想。在这个落拓孤苦的夜晚，人间烟火生活和凡俗的温情暖爱还是对革命者林道静产生了难以抵御的诱惑力，使她不无向往，因为在这个夜晚，她怀想的是俗性的余永泽而不是充满神性的革命精神导师卢嘉川。

林道静对余永泽这种拖泥带水的凡俗情感显然与革命意识形态的脱俗化倾向不和，自然受到批评，这可以从杨沫的辩解文字中看得出来。[②] 杨沫的辩解以林道静富有小资产阶级温情而释怀，现在看来，使用这种时代话语作解，除了能够租借政治的威力之外到底真正能有多大的说服力不能不令人生疑。

按照无产阶级革命逻辑，对于敬爱的革命战友卢嘉川的牺牲，林道静理应化悲痛为力量，踏着战友的足迹继续前进，而且所化解的悲痛也是阶级性的，而林道静因为卢嘉川的牺牲感到自己希望破灭了，感到像她妈妈一样孤苦不幸。这完全是一个凡俗女人失去爱人的哀伤，情感是私性的和凡俗的，与充满神性的革命叙事存在原则上的差异和裂缝。这一裂缝在当时就被看出来了，群力就曾撰文站在革命意识形态的立场上对此进行批评。[③]

---

① 杨沫：《青春之歌》，北京：作家出版社，1958 年，第 307 页。

② 杨沫：《谈谈林道静的形象》，载《人民文学》，1959 年第 7 期。

③ 群力：《“青春之歌”的不足之处》，载《文艺报》，1959 年第 2 期。

在革命意识形态对小说《林海雪原》中白茹与少剑波的情爱生活进行规约的同时，私性情爱书写也在借用革命意识形态将凡俗情爱乘机塞进文本，白茹对少剑波所做的事情有许多与革命工作并无关系。作者还用专章描述了白茹的初恋。依据文本的叙述来看，与其说白茹与少剑波之间是革命战士与首长的关系，倒不如说是一位多情佳人与冷峻才子的关系，他们之间的故事已离革命渐去渐远，更像是才子佳人的风花雪月。在白茹眼中，“剑波好像晴朗的天空中一轮皎洁的明月，他是那样的明媚可爱，但又是那样的公正无私。她总想把他的光明收到自己怀里，独占了他”①。依照革命逻辑，少剑波属于剿匪小分队，属于人民，属于革命，而白茹总想独占，这就暗示了凡俗私性情爱与神圣革命事业存在着矛盾与冲突。对凡俗情爱的过分津津乐道，必然冲淡了对白茹的革命女英雄的确认，这也是两套话语系统协调不力的结果。对此，田禾做过批评：

> 正是作为女英雄形象的白茹，在作品中始终没有站立起来。但作者却通过少剑波之口把这一切加以渲染、夸张、吹捧和誉扬，说什么“无数英雄事迹点缀装饰着她不平凡的青春”，说她是当代女英雄，是小分队的骄傲。但读者很快就明白，作者之所以用上一些英雄事迹把白茹“点缀装饰”成女英雄，无非是想抬高她的身份，好使这位“乔小姐”配得上少帅“小周郎”。②

对田禾从革命意识形态出发所作的批评进行反观，可以见出小说作者对私性情爱的偏好。

小说《野火春风斗古城》把金环在梁队长与赵大夫之间摇摆不定的情爱彷徨写成了金环为革命而委曲求全，凡俗的情爱

---

① 曲波：《林海雪原》，北京：作家出版社，1957年，第123页。

② 田禾：《女英雄还是装饰品——从“小白鸽”谈到妇女英雄形象的创造》，载《北京日报》，1961年6月10日。

选择被转化为神圣的革命义举反而为革命抹黑，这一点也难免遭人诟病，姚奔就曾对此提出批评。[①] 小说《红旗谱》中革命者严江涛竟然对情敌冯登龙醋意大发；德高望重的革命者朱老忠竟然一度有意将为革命身陷囹圄的严运涛的亲密恋人春兰嫁与儿子大贵，而且革命关键人物严江涛居然也从中撺掇此事……这些关涉情爱的书写显然与革命意识形态相左，给文本留下裂缝，却因世俗生活的潜在立场而暗香袭人。

六

在革命知识谱系中，还有一类情爱生活是在政治上完全被划归敌方阵营的，那就是反面人物的恶俗的情爱生活。站在无产阶级立场上看，这里所谓情爱生活是完全不配称为情爱的（本文为行文方便，在中性的意义上使用"情爱"一词），是非人性的，常与反动、肉欲、腐朽、堕落、兽性、淫荡等极具伦理性的词汇相联系。在革命知识谱系中，这类情爱生活与庸俗一类的情爱生活是用来比较确证革命的情爱生活的神圣性及合法性的，如果说庸俗一类还有被革命转化的可能性，恶俗一类在政治伦理化的革命话语中则完全被打入了炼狱。

在革命书写中，一个引人注目的现象就是书写者常常在对恶俗情爱的书写上逗留较多。余岱宗在审视红色小说对世俗生活的书写时曾指出这种现象："从表面上看，红色小说对反面人物的世俗生活的描写'手脚'放得较开，反面人物常常成为世俗欲望的俘虏，甚至红色小说常常刻意叙述反面人物如何以不道德的手段获取世俗的享受。"[②]在一个有着明显禁欲主义倾向的时代，对恶俗情爱生活进行伦理化的展示是为主导意识形态所宽允的，但这种政治性的相对宽允可能导致的是书写者以

---

① 姚奔：《评"野火春风斗古城"》，载《文艺月报》，1959年第1期。

② 余岱宗：《被规训的激情——论1950、1960年代的红色小说》，上海：三联书店，2004年，第72页。

及受众未必伦理化或未必完全伦理化的行为,就是说生产者所生产出来的意识形态及消费者所接受的意识形态与管理方所期许的意识形态未必相同。在这种现象中,书写者借助于主导意识形态的威力(某种变相的保护)在对恶俗情爱的展示中,塞进的可能是正常书写中难以放开的凡俗情爱,而受众从中得到的可能也是这种易容的凡俗情爱。

在革命历史小说的书写中,上述情况是较为常见的,与对革命的情爱书写注重精神性相反,这类书写着重点是肉欲,情爱环境则是物质性的。在崇尚精神鄙视物质、崇尚纯洁情感排斥身体欲望的时代,反面人物的情爱生活是违背正统伦理与道德的。

"万恶淫为首",而"淫"与"乱"相连,淫乱违背常伦,这种传统小说中以性丑化恶人的手段在革命历史小说中依然屡试不爽。小说《青春之歌》中,林道静的父亲大地主林伯唐虽已年过半百,大太太徐凤英也够风骚,还讨过好几房姨太太,而且从妓院里买过几个红妓,却淫欲不衰,又盯上美丽、带点野味的姑娘,即其佃农秀妮。秀妮不从,林伯唐竟动用军警以暴力抢娶霸占。徐凤英也是满身肉欲,四十七八岁了还成天打扮得花枝招展地向男人献媚。

小说《林海雪原》在丑化恶人的书写中,更是将性发挥得淋漓尽致。定河妖道宋宝森不但修善堂里藏着女人,修善塌上睡着女人,就连为之卖命的同僚栾警尉和一撮毛的老婆也不放过。蝴蝶迷的父亲大地主姜三膘子"作威作福,花天酒地"、一共娶了"大小七个老婆":

> 大概是在他53岁那年上,娶了第五房,这个小老婆是牡丹江市头等妓女海棠红。姜三膘子把她赎买出来七个月时,生了一个稀罕的女儿,人们背地里议论说:"这还不

知是谁的种呢？”[①]

魔女蝴蝶迷更是极尽性事，不断更换性伙伴，上山当了土匪之后，作了许大马棒父子共同的姘头，许大马棒死后，又跟郑三炮鬼混，被郑三炮抛弃后更是“性”无忌惮，被书写成性欲的象征物：“这个妖妇从许大马棒覆灭后，成了一个女光棍，在大锅盔这段时间里，每天尽是用两条干干的大腿找靠主。”[②]

小说《烈火金钢》中伪军头目高铁杆儿风流成性，对自己的拜把兄弟刁世贵的新媳妇小凤儿公开乱性：“高铁杆儿却把小凤儿给搂抱住了：‘好！你打，你打，我叫你打，管你个够。’他把小凤儿压倒在炕上，张着臭嘴，龇出两排大黑牙，在小凤儿的脸上乱啃乱咬起来。这时候，小凤儿连哭带喊地叫起来了。”[③]维持会长何世昌娶太太纳二房还不满足，又设法把妹妹大苹果占为己有，尽管大苹果只是何家养女，并无血缘关系，但也违反伦常，带有乱伦性质。已经35岁却像20儿岁的大苹果却不爱55岁的哥哥何世昌，又同15岁的闺女小香儿一起跟令她们腻烦的高铁杆儿鬼混，而何世昌反倒从中撺掇此事。

小说《敌后武工队》中，破落地主的女儿二姑娘嫁了汉奸苟润田仍欲壑难平，又与一帮伪军和特务勾搭成奸：

> 二姑娘不论在什么时候，到什么地方，一吃饱肚子，就擦胭脂抹粉、描眉点唇地打扮自己。鱼找鱼，虾找虾，苟润田不在家时，有一伙伪军和特务常找她来往。在这帮伪军和特务里面，有一个和她最要好的，那就是日本宪兵队长的大红人，铁杆汉奸刘魁胜。[④]

苟润田依据“你搞我老婆，我搞别人老婆”的性爱逻辑，对

---

① 曲波：《林海雪原》，北京：作家出版社，1957年，第23页。

② 曲波：《林海雪原》，北京：作家出版社，1957年，第450页。

③ 刘流：《烈火金刚》，北京：中国青年出版社，1963年，第469页。

④ 冯志：《敌后武工队》，北京：解放军文艺社，1963年，第133～134页。

二姑娘的行为不但不加以阻止，反而公开利用二姑娘和刘魁胜的关系在日本鬼子那里谋得调任生迁的好处。

小说《苦菜花》中，汉奸王柬之利用老婆与长工的奸情关系迫使长工传送情报，自己却与别的女人通奸。

上述对反面人物的情爱书写其实已经可称为情事或干脆就是性事书写，采取的基本套路就是以淫乱为据将反面人物推上正统伦理的对立面，进而榨干人性，使其仅存兽性，极尽丑化之能事，以收政治批判之目的。但是，这样一来就出现了一个问题，对这种仅存兽性的所谓人，政治评判还有何意义？岂不是对牛弹琴。

除了上述这种极端恶俗的性事展演外，还有一种情爱书写未必没有潜在的凡俗成分，那就是反面人物与正面人物之间没有成功的情爱故事。

小说《青春之歌》中，革命的敌人胡梦安看上林道静，一直紧盯不放，登门求婚未果，林道静愤而离家出走，时隔两年后，林道静因参与革命落入敌手，胡梦安乘机将林道静保出来转到自己控制下：

> “时光真快，我们不见已经两年多了。”胡梦安吸着香烟，慢悠悠地一口口地吐着白烟圈。他带着一种安闲儒雅的风度柔声说着。“你一走，林伯母急坏了；我也急……林小姐，你晓得吗？我是如何敬慕着你。……从此以后，我灰心失意，再也不打算结婚了。……”他扔掉烟头，吐了一口唾沫，向面色死白的道静觑了一眼，好像在等待着她的回答。[1]

当然，胡梦安的行为有不可排除的奸猾和卑劣，但是他的所为未必全是政治行为，而这种非政治成分就是他对林道静的追求，在这种煞费精神并担当风险的追求中，难道全是被革命

---

① 杨沫：《青春之歌》，北京：作家出版社，1958年，第211～212页。

意识形态规划给反面人物的肉欲冲动?以胡梦安的条件应该说性资源是丰富的,不会不能满足肉欲,完全有条件接触到比林道静优越的性伴侣,再退一步说,如果只是为了在肉欲上得到林道静,作为被革命话语妖魔化的反面人物,应该兽性发作强行得到,而胡梦安没有,而且在林道静第二次被捕落到他手里时依然没有。那么这样一来,应该可以推断出,胡梦安对林道静的追求不能排除情爱因素,就是说抛开政治而论,不能排除胡梦安作为一个凡俗男人对一个令其心仪的女人存有私性世俗情感(尽管只是单相的)。作者在对这一情节的书写中花费了不少笔墨,而且颇为精细,在彰显革命者的革命气节的同时有意或无意地泄漏了凡俗情爱的潜在渗透力。

小说《野火春风斗古城》中,革命叛徒(在革命书写中被视为反面人物的一种)高自萍对革命者银环的追求也不能简单归于鄙俗兽欲冲动所致。高自萍对银环的追求可以说是锲而不舍,尽管手段未必高明,没有能够按照革命情爱的"克制"模式运作,但目的还是获得私性情爱生活。在对高自萍的书写中,不难看出作者在依据革命意识形态规约而给予叛徒前兆性揭示,这是在预支革命话语的丑化功能。但是透过政治的帷幔,还是可以看到书写中凡俗因素的介入。高自萍在银环面前的油滑无非是一位有几分机灵的青年为追求他所喜欢的姑娘而采取的有失体面但情有可原的小伎俩而已,对杨晓冬的醋意大发也不能不说是为情所致。即便高自萍被迫叛变之后,为套情报约见银环时依然不忘私情:"我高自萍把脑袋掖在腰里啦。我已经做了共产党所不容许做的事,但我从没有害你的心思。我什么时候也表示愿意同你生活在一起,可有一宗,要你在生活上来个一百八十度……"[1]可见高自萍对银环应该怀有真情,尽管没能上升到革命情爱的层次,但也并非全是恶俗的

---

① 李英儒:《野火春风斗古城》,北京:作家出版社,1959年,第352页。

肉欲。

革命历史小说正是通过对反面人物的情爱书写，将政治伦理化，借助于革命意识形态的威力，在一定程度上释放了过剩的情爱能量，同时变相地展示了凡俗情爱的活力。

在革命的知识谱系中，一般只有革命者神圣的革命情爱才具有合法性，而庸俗的个人主义的情爱及恶俗的反面人物的情爱则无此殊荣，却是具有现实质感的凡俗的情爱。在革命历史小说对情爱生活的书写中，总是以各种方式尽可能展示凡俗生活的生命力。

第三节 身体的意识形态书写

同样基于“现代性焦虑”的根本性影响，革命历史小说生产的时代具有明显的禁欲主义倾向，关于身体的以享乐为目的的欲望尤其受到压制和排斥，据此，革命历史小说借助于革命意识形态的权威力量在对身体进行话语层面的铭写时，难免将身体政治化和革命化。尽管如此，革命历史小说还是对身体的自然欲望进行了书写，为身体的凡俗欲望争取了话语空间，在一定程度上弥补了革命身体的匮乏和羸弱，体现了对凡俗人性的尊重和珍视。

一

在尼采之前，涉及身体的种种观念基本上可以归结为一个基本模式，即灵肉二元对立框架：“身体是短暂的，灵魂是不朽的；身体是贪欲的，灵魂是纯洁的；身体是低级的，灵魂是高级的；身体是错误的，灵魂是真实的；身体导致恶，灵魂通达善；身体是可见的，灵魂是不可见的。”[1]而尼采则冒天下之大不韪，以

---

① 汪民安：《身体、空间与后现代性》，南京：江苏人民出版社，2006年，第5页。

超人的姿态发出震耳欲聋的呼喊：哲学就是医学或生理学，从而给予身体前所未有的崇高地位，于是，身体从一直以来的被压制或被冷落的状态中挣脱而出。尼采高声断喝：一切从身体出发。借用罗兰·巴尔特的形象说法就是我之所以和你不同，就是因为，“我的身体和你的身体不同”①。由于尼采，身体逐渐成为人们打量世界的一个独特途径。作为人学的文学和身体有着密不可分的联系，诚如陶东风所言：

> 事实上，文学和身体一直是紧密联系的。我们不能设想没有身体的文学与文化，没有身体的写作，甚至不能设想脱离身体的一切人类活动，我们当然不能设想没有身体的审美与艺术活动。审美活动比之与其他活动更具有身体性、切身性、贴身性，更身体化。即使是对于身体没有任何描写的文学，也是一种文化的征候，是一种创造性的不在场(creative absence)，是一种有意味的缺席。②

如此看来，以身体的名义来审视中国20世纪五六十年代的革命历史小说，探析身体以及关于身体的欲望在其中的书写情况未必不是一个令人欣慰的做法。

针对革命历史小说而言，“讲述话语的时代”具有明显的禁欲主义倾向，关于身体的以享乐为目的的欲望尤其受到压制和排斥。这个时代同样面临一个身体与灵魂的交锋问题，主导意识形态给出的方案是上述尼采之前的那套模式的无产阶级版本，所不同的只是表述，这里的灵魂已被精神所置换，这种精神意指无产阶级或社会主义精神和信仰，当然还包括必不可少的一脉相承的革命精神和信念；而身体则被肉体化、欲望化和物质化。“母亲只生了我的身，党的恩情照我心”。这是当时万众

---

① Roland · Barthes, *Roland Barthes by Roland Barthes* , Hill and Wang , New york ,p. 117

② 陶东风：《新时期文学身体叙事的变迁及其文化意味》，载《求是学刊》，2004年第6期。

传唱的颂歌《唱支山歌给党听》中的歌词，显示了时代主导意识形态对精神和信仰的偏好，而对身体尤其是肉身则是低调甚至抑制的，社会主义精神和信仰是至尊无上的，肉身是自卑的，对肉身的救赎只有通过革命的升华才具有合法性。

主导意识形态对身体的处理具有相当的策略性，这种策略就是将身体进行意识形态归类，分为劳动或革命的身体和欲望的身体，基于阶级话语中劳动人民的革命本质性和优越性，劳动的身体和革命的身体往往是同一的，可以互相置换。这样看来，上述无产阶级版本的灵肉框架的“肉”，就不包括劳动的或革命的身体，而是指欲望的身体，而且这种欲望当然与革命或劳动欲望无关，而是指以通常意义上的享乐为目的的欲望，包括对食物、性和名利的欲望。对于劳动的或革命的身体来说，欲望已经被无产阶级意识形态改写或升华为劳动或革命欲望，而且由于这种意识形态灵光的照耀，这种劳动或革命欲望也具有先验的神圣性。受此时代身体观念的左右，革命历史小说对于“话语讲述的时代”的身体的书写也基本上采用上述“讲述话语的时代”的身体设定模式。就是说革命历史小说对身体的书写按照筑基于革命现代性之上的革命意识形态的规约将身体政治化了。

二

依据福柯的观点，身体作为权力运作的场所，具有被动铭写性，总要宿命地卷入政治，那么，“权力关系总是直接控制它，干预它，给它打上标记，训练它，折磨它，强迫它完成某些任务、表现某些仪式和发出某些信号”[①]。革命历史小说对身体的书写在一定意义上可以说是为权力关系代言，借助于革命意识形态的权威力量对身体进行话语层面的铭写，也就是对身体的话

① 福柯：《规训与惩罚》，刘北成、杨远婴译，上海：三联书店，1999年，第27页。

语操纵。

革命历史小说对身体基于话语层面的铭写通过革命化的归类和伦理化的展演得以完成，而且二者是密切相关的。依据革命意识形态，革命历史小说中的身体一般也被划分为劳动和革命的身体（革命时代重在革命，身体的劳动功能被遮蔽，劳动只是作为政治标识）与欲望的身体两类。前一种身体基本上归属于革命阶级，与善、纯洁、神圣、美等符码相连，而后一种身体则基本上归属于反动阶级，与恶、肮脏、卑劣、丑等符码相连。这种归类具有明显的阶级性和伦理性。这种革命化伦理化的身体书写已经成为革命书写中习以为常的模式。不妨以小说《林海雪原》为例进行审视。

李扬认为："《林海雪原》在借用了'英雄传奇'的策略，将敌我之间的矛盾表述为'正'与'邪'的对立的同时，进一步采用'神魔小说'的策略，将正邪对立转化为'神'与'魔'的对立。对于《林海雪原》的作者而言，取消这群政治土匪合法性的唯一方式就是通过叙事使他们失去道德上的合法性。"[1]在这一叙事的政治化伦理化的设定下，对身体的书写是政治化伦理化的，通常的做法就是尽可能丑化敌方美化我方。在身体的书写上，小说《林海雪原》与神魔小说大有相似之处。其实，何止是《林海雪原》，革命历史小说基本上都是这种套路，只不过《林海雪原》更为典型罢了。先看小说《林海雪原》对所谓反面人物的身体是如何书写的。

对反面人物身体的书写，小说《林海雪原》采用了"妖魔化"的手法，正如神魔小说《西游记》中的妖魔与动物的密切关联，小说《林海雪原》也竭力将反面人物动物化，尽可能使身体偏离正常人类，极尽丑化之能事。匪首许大马棒，"身高六尺开外，

---

① 李扬：《50～70年代中国文学经典再解读》，济南：山东教育出版社，2003年，第22页。

膀宽腰粗，满身黑毛，光秃头，扫帚眉，络腮胡子，大厚嘴唇”[①]。匪首座山雕的大脑袋光秃秃的，“像个大球蛋一样，反射着像啤酒瓶子一样的亮光”，“一个尖尖的鹰嘴鼻子，鼻尖快要触到上嘴唇”，“下嘴巴蓄着一撮四寸多长的山羊胡子”，“穿一身宽宽大大的貂皮袄”。[②] 小土匪刁占一，“长得像猴子一样”，“雷公嘴，罗圈腿，瞪着机溜溜两个恐怖的猴眼”，“脸上一脸灰气，看看就是个大烟鬼”。[③] 刘维山的脸又瘦又长，“像个关东山人穿的那没絮草的干乌拉”。“他的右腮上有铜钱大的一颗灰色的痣，痣上长着二寸多长的一撮毛，在屋内火盆烘烤的热气的掀动下，那撮毛在微微颤动”[④]。对蝴蝶迷身体的描绘更是极尽丑化之能事：

> 要论起她的长相，真令人发呕，脸长得有些过分，宽度与长度可不大相称，活像一穗苞米大头朝下安在脖子上。她为了掩饰这伤心的缺陷，把前额上的那绺头发梳成了很长的头帘，一直盖到眉毛，就这样也丝毫挽救不了她的难看。还有那满脸雀斑，配在她那干黄的脸皮上，真是黄黑分明。为了这个她就大量地抹粉，有时竟抹得眼皮一眨巴，就向下掉渣渣。牙被大烟熏得焦黄，她索性让它大黄一黄，于是全包上金，张嘴一笑，晶明瓦亮。[⑤]

总之，作者是在通过对敌方的土匪们身体的刻意妖魔化，把他们描绘成只知道吃喝拉撒的动物。当时就曾有人敏感地觉察到这一现象的庸俗。冯仲云就曾对此进行批评：“小说里

---

① 曲波：《林海雪原》，北京：作家出版社，1957年，第24页。
② 曲波：《林海雪原》，北京：作家出版社，1957年，第215页。
③ 曲波：《林海雪原》，北京：作家出版社，1957年，第76页。
④ 曲波：《林海雪原》，北京：作家出版社，1957年，第160页。
⑤ 曲波：《林海雪原》，北京：作家出版社，1957年，第23页。

的敌人,也写得过分夸张,一个个古怪离奇,像神话里的妖魔。"[1]其他的革命历史小说也无一不采用这种丑化敌人的途径来执行身体的伦理化运作模式,突出他们作为欲望(在这里已被改写为兽欲)的身体特征,践行对身体的政治化的意识形态规约,这实际上就是权力关系对反面人物的身体所进行的话语层面的铭写:妖魔化。

而对正面人物的身体的书写则是与之相对的美化,依然执行政治化道德化的运作模式。小说《林海雪原》中,除作者多处直接描绘少剑波的英俊潇洒青春健美外,还通过白茹的眼睛将他神化:

> 她爱剑波那对明亮的眼睛,不单单是美丽:而且里面蕴藏着无限的智慧和永远放不尽的光芒。他那青春丰满的脸腮上挂着的天真热情的微笑,特别令人感到亲切、温暖。她甚至愿听到剑波那俏爽健壮的脚步声,她觉得这脚步声是踏着一支豪爽的青年英雄进行曲。[2]

对白茹身体的书写更是极尽溢美之词:

> 她很漂亮,脸腮绯红,像月季花瓣。一对深深的酒窝随着那从不歇止的笑容闪闪跳动。一对美丽明亮的大眼睛像能说话似的闪着快乐的光亮。两条不长的小辫子垂挂在耳旁。前额和鬓角上漂浮着毛茸茸的短发,活像随风浮动的芙蓉花。
>
> 她的身体长得精巧玲珑,但很结实。还有一个十分清脆而幽韵的嗓子,善歌又善舞,舞起来体轻似鸟,唱起来委婉如琴。她到了哪里,哪里便是一片歌声一片笑。她走起路来轻爽而灵巧。她真是人们心目中的一朵花。因为她

---

① 冯仲云:《评影片〈林海雪原〉和同名小说》,载《北京日报》,1961年5月9日。

② 曲波:《林海雪原》,北京:作家出版社,1957年,第123~124页。

姓白，又身穿白护士服，性格又是那样明快乐观，每天又总是不知多少遍地哼着她最喜爱的和她那性格一样的"飞飞飞"的歌子，所以人们都叫她小白鸽。[①]

这种对身体的美化凸显的是革命性，这种身体既是革命的确证，也是革命的表征，是通达革命神性的重要途径，是权力关系对正面人物的身体所进行的话语层面的铭写：革命化、神圣化。

三

如同传统小说，性也是革命历史小说用来丑化敌人进行身体铭写的重要方式和策略，凸显的是作为欲望的身体的重要特征，也是身体政治化道德化诉求的进一步深化。为了增强丑化的力量，借助于革命意识形态的权力保护，革命历史小说在对反面人物的身体性欲的书写上比较放得开。

小说《林海雪原》中魔女蝴蝶迷被描绘成一个十足的荡妇，极尽性事，不断更换性伙伴，上山当了土匪之后，作了许大马棒父子共同的姘头，许大马棒死后，又跟郑三炮鬼混，被郑三炮抛弃后更是"性"无忌惮，被书写成性欲的象征物，"这个妖妇从许大马棒覆灭后，成了一个女光棍，在大锅盔这段时间里，每天尽是用两条干干的大腿找靠主"[②]。与蝴蝶迷因淫荡而肮脏的性欲相互参照的是对其身体的极度丑化，如前文所引。稍加思索，不难发现，这一极度丑陋的身体状况与其过分而频繁的性得宠实在很难联系起来，已经突破了逻辑底线，正如李扬所叹："不可思议的是，如此丑陋的蝴蝶迷竟是土匪中出名的淫娃荡妇。"[③]

---

① 曲波：《林海雪原》，北京：作家出版社，1957年，第51～52页。

② 曲波：《林海雪原》，北京：作家出版社，1957年，第450页。

③ 李扬：《50～70年代中国文学经典再解读》，济南：山东教育出版社，2003年，第28页。

小说《敌后武工队》中"哈巴狗"苟润田的老婆二姑娘基本上是以身体参与到叙事中的，她的身体被书写成一个性欲的符码，作者对她肉欲身体的描述可谓不惜篇幅。比蝴蝶迷幸运的是，二姑娘被描绘成一个"仙女"般美丽的风骚女人，尽管依然被作者在行文中嗤之以"笔"。二姑娘在作者笔下显然被"妖媚化"了，"年轻貌美"，"二十四五岁，个不高，体不胖，腰儿挺细，黑参参的一张小圆脸上，安着两个让人喜爱的小圆眼"。[①] 二姑娘年岁不大，与身体相关的风流韵事倒不少。嫁与苟润天之前就性事颇丰，嫁了苟润田，依然不守妇道，欲壑难平。

作者还花了不少精力来描绘二姑娘与丈夫苟润田之间的床笫调情动作："二姑娘把哈巴狗那只替她拢弄头发的像五个小红萝卜的手指攥住，拉到自己的胸前。"[②]"二姑娘说着将头扎在哈巴狗的胳膊弯里面咯咯咯地笑起来，笑得让人浑身发噤。"[③]当反面人物的身体被刻意铭写为性欲符号时，连夫妻之间正常的床笫行为都失去了道德合法性，成为身体伦理的祭品。

在二姑娘与刘魁胜的交往中，文本更为细致地对作为欲望的身体进行了展示：

> 二姑娘的突然到来，乐坏了刘魁胜。他嘴里叨念着"我的小宝贝，我离开城里才十几天，你就……"也不管二姑娘乐意不乐意，两胳膊朝前一伸，就把她圈抱起来，撂在自己的床上，才撒开手。
>
> 二姑娘今天打扮得特别妖艳：身穿一件刚过膝盖、小开气、卡腰的月白大褂，肉皮色的丝线袜子，套在她那白白的大腿上，脚下穿着一双皮底的粉缎子绣花鞋：这些都是哈巴狗新近给她买的；脸蛋涂了很厚的一层官粉，眉描得

① 冯志：《敌后武工队》，北京：解放军文艺社，1963年，第133页。
② 冯志：《敌后武工队》，北京：解放军文艺社，1963年，第135页。
③ 冯志：《敌后武工队》，北京：解放军文艺社，1963年，第136页。

又细又弯，唇点得又红又艳。

情人想见分外亲，两人调笑都闹了一大会，才转上正题来。[1]

在叙述所谓的“正题”时，文本依然不失时机地展示人物的性欲身体：“刘魁胜说着又去搂二姑娘，二姑娘假装生气地推他：‘不行，你撒开我，我不跟着你！’一个是假推，一个是真搂，二姑娘愈挣扎愈和刘魁胜挨近了。”“二姑娘说到这里又是噗嗤一笑，手摸着刘魁胜的胸脯……”[2]“二姑娘两手挂着床铺，半坐半仰地静望着他，脸上显露出极满意的神情，先是媚笑了一下……”[3]

革命历史小说在以性丑化敌人时，女性的性欲身体起到了重要的作用，在这种身体性欲化和伦理化的运作过程中，对女性的身体展示几乎已成惯例。而在这种情况下，对女性身体的具体的铭写通常有两种截然不同的方式：一是妖魔化，凸显其身体形象的丑陋，如对蝴蝶迷身体的处理；二是妖媚化，张扬其身体的妖艳，如对二姑娘身体的处理。当然无论是哪一种处理方案，其归旨都在于将女性身体性欲化、符号化，然后借助于革命意识形态作用下的身体伦理对性欲身体的拒斥来达到丑化敌人的目的。

但是这种以丑化敌人为归旨的对性欲身体的话语张扬，实质上可能实现的是对性欲身体的代偿性满足，既针对书写者，也针对读者。罗兰·巴特兴致勃勃地将身体引入阅读，抬举了身体，将传统的文雅与粗俗扭结起来，解构之意昭然若揭。“在他这里，文本字里行间埋藏的不是‘意义’，而是‘快感’，阅读不

---

① 冯志：《敌后武工队》，北京：解放军文艺社，1963年，第137页。
② 冯志：《敌后武工队》，北京：解放军文艺社，1963年，第138页。
③ 冯志：《敌后武工队》，北京：解放军文艺社，1963年，第139页。

再是人和人之间的‘精神’交流，而是身体和身体之间的色情游戏”①。但是罗兰·巴特嬉戏文本所得到的身体快感还带有相当的转喻色彩，其实质是玩弄文字所产生的成就感的类比形式。而在革命历史小说中，这种以丑化敌人为归旨的对性欲身体的话语张扬，可能成全的则是无需类比的性欲的代偿性满足。如果说罗兰·巴特的身体快感源于游戏的成就感，那么，后一种快感则源于第二信号系统的条件反射。李扬在解析《红岩》对敌人玛丽的欲望的身体的刻意展示时认为：

> 在肉身的等级中，女性的肉身无疑处在最底层，通过玛丽，叙事人将对肉身的仇恨发展到了极端，然而，叙事人的目光在这个肉感的“尤物”上过于持久、甚至近于把玩的流连，又恰好透露出生活在一个极端禁欲主义时代的男性特有的对充满女性性征的娇艳的女性的病态想象。这是50～70年代中国的文化奇观。与此相似的，是那个时代专门在银幕上扮演“女特务”的著名演员王晓棠成为男性心中——准确地说，是潜意识中的梦中情人。这个放荡、风骚、妖娆，惟一保存了女性性征的女人的魅力弥漫在冬天的气息中，唤醒着男性沉睡的欲望。②

可以说，革命历史小说对女性的欲望身体的展示与否定，在建立和确证自身道德优越性的同时，也流露出“讲述话语的时代”特有的欲望渴求。尽管是一种否定性展示，甚至进行极度的丑化(形象)处理，其实在潜意识中都暗藏着不无欲望的欣赏成分，“这种深刻的鄙视与仇恨之后隐藏的是同样深刻的欲

---

① 汪民安：《身体、空间与后现代性》，南京：江苏人民出版社，2005年，第15页。

② 李扬：《50～70年代中国文学经典再解读》，济南：山东教育出版社，2003年，第196页。

望、不平和关切”①。康正果针对惩罚所谓“尤物”(淫欲女人)的作品进行评价时,认为对“尤物”的惩罚性书写其实跟“吸烟有害”之类的劝告相似,“与其说是真诚的建议,不如说是对欲望的恐惧,甚至是沉溺中的解嘲”②。应该说,康正果这种看法对我们解析革命历史小说关于反面女人身体欲望的负值性书写还是具有一定的参考价值的,尽管所论对象之间存在种种区别。时代对身体凡俗欲望的压制伴随的是对身体的格式化处理,结果并没有也不可能消除人们对身体凡俗欲望的潜在的、变相的表达和获取代偿性满足的努力。“在某种意义上,对身体的压制,也是对身体的固定形式和意义进行反复的再生产,从而让身体醒目地出场,尽管是以一种丑陋和不洁的方式出场”③。

四

革命历史小说讲述话语的时代的主导意识形态对身体另一向度的铭写就是革命化和神圣化的处理。身体的革命化实际上与身体的国族化有密切的联系,二者都使身体从传统血缘归属(“身体发肤受之父母”)的狭隘格局中走出来,进入现代国族归属的宏大格局,表征着现代性的焦虑和冲动。现代意义上的身体革命化的归旨无非是建立现代民族国家,所以可将身体的革命化视为国族化的手段。基于国族建设这种宏大使命的理性化和神圣化的宏大压力,个人身体的俗性欲望就遭到了压抑和排斥。

“虽然我们都拥有一个身体,而‘我’的存在也源自于我的

---

① 李扬:《50～70年代中国文学经典再解读》,济南:山东教育出版社,2003年,第197页。

② 参见康正果《重申风月宝鉴:性与中国古典文学》,辽宁教育出版社,1998年,第63～64页。

③ 汪民安:《身体、空间与后现代性》,南京:江苏人民出版社,2005年,第9页。

'身体'的事实存在，但这并不代表我们可以，或经常掌握、主控身体的全部发展样貌"[①]。革命现代性叙事执行着革命的身体伦理法则，革命阶级的个体身体的自然欲望被转述为革命欲望，自然欲望受到抑制，敌人的自然欲望则被夸张丑化，因此，身体的自然欲望的阶级归属也就顺理成章了。这样看来，革命阶级的个体是无法"主控"自己身体的发展的，因为这种身体已受到革命意识形态及其所承载的权力限制。存在主义和现象学层次上的身体观念在革命身体面前显然不适，因为革命意识形态的阶级价值取向已基本上将革命阶级的身体先验化了，而且预先规划了身体的存在阈限(包括但不是现实的具体空间)。

> 存在主义和现象学层次上的"我等同于我的身体"的声称，容或可以给予我们一个体悟身体触觉，以及意向性(intentionality)和生活世界建构的关联的思考，但这并不能去除身体的存在必然交杂着许多力量的同时存在，以及身体必须存在于一个特定的时间、空间场域这个事实。[②]

但是这种对身体的规训只能在一定程度上阻止身体对自然欲望的渴求，它无法也不可能消除这种渴求。依据德勒兹，身体是不会安于现状的。"这就是说，身体永远是冲创性的，永远要外溢扩张，永远要冲出自己的领域，身体的特征就是要非空间化、非固定化、非辖域化，身体的本质就是要游牧，就是要在成千上万座无边无际的高原上狂奔"[③]。革命历史小说常常冲破革命意识形态对身体的规训，在革命叙事中也在设法书写身体的自然欲望。这种书写方式通常有两种：其一，在对革命

---

① 黄金麟：《历史、身体、国家——近代中国的身体生成》，北京：新星出版社，2006年，第6页。

② 黄金麟：《历史、身体、国家——近代中国的身体生成》，北京：新星出版社，2006年，第6页。

③ 汪民安：《身体、空间与后现代性》，南京：江苏人民出版社，2005年，第36页。

的身体进行革命欲望书写的同时也不失时机地书写身体的自然欲望，尽管难免有旁逸斜出之感，却也难能可贵。其二，通过对敌人的身体欲望进行丑化性渲染这种非常方式来变相书写正常的身体欲求，因前文已述，此处就不再赘述。

五

小说《青春之歌》中，林道静的身体在冲破家庭的束缚中走出来逐渐成长为革命的身体，革命对其身体的铭写代替了家庭的规训，小说在对其身体经历的书写中并没有忽略身体自然欲望的表达。

坚强的布尔塞维克江华同志向革命同志林道静请求同志关系“更进一步”时，伴随的是难以抑制的身体冲动：

> 道静抬起头，默默地盯着江华。沉了一会儿，她用温柔的安静的声音回答他：“可以，老江。我很喜欢你……”
>
> 江华对她望了一会儿，突然伸出坚实的双臂把她拥抱了。
>
> 夜深了，江华还没有走的意思，道静挨在他的身边说：“还不走呀？都一点钟了，明天再来。”
>
> 江华盯着她，幸福使他的脸孔发着烧。他突然又抱住她，用颤抖的低声在她耳边说：“为什么赶我走？我不走了……”①

在这一刻，林道静想起了曾令她魂牵梦绕的革命者卢嘉川，尽管这位已将肉身和灵魂都已献于革命的梦中情人令她心乱如麻，烦躁不安，甚至还潸然泪下，但她还是迫不及待地回到江华怀抱，不光因为江华坚强的布尔塞维克的政治光辉，也不能排除这个男人的欲望身体。“真的，你——不走啦？……那、那就不用走啦……”她突然害羞地伏在他宽厚的肩膀上，并且

---

① 杨沫：《青春之歌》，北京：作家出版社，1958年，第485～486页。

用力抱住了他的颈脖。[1] 书写到此戛然而止，接下来已是次日清早革命的拯救对象王晓燕的不合时宜的突然到来，良宵苦短的身体想象都留给了空白，基于时代意识形态规约所采取的克制书写反倒因为心照不宣的“布白”而别有意味。

离人重逢，互诉衷肠，卿卿我我之际，革命者的身体欲望并没有被放逐，依然是书写的重要一笔，小说文本使用了表征身体欲望的词语，如“搂”、“倚”、“抱”、“吻”、“扳”、“抚慰”、“握”等[2]。当革命者江华兴致勃勃地向林道静描述神圣的革命的大好形势时，林道静却意不在此：“‘听说了。’道静笑着把自己的脸紧挨在江华的脸上，故意把话岔开去。‘华，你累了吧？请你让我说说心里的话……这么多日子不见你了，你知道人家心里多……什么时候咱们永远——永远不分离才好哪！’”[3]多日不见，在二人世界的私性空间里，儿女情长显然更为现实主义所激赏，在此处作者让私性的身体欲望驱逐了宏大而神圣的革命事业而取得话语权，“个人身体曲线”驱逐了革命“道袍”而居上风，[4]个体的享乐欲望、具体的感性偏好驱逐了革命的实践理性规约而被张扬。身体的渴求和思念使得革命者林道静因聚时太短而生憾；而革命者江华则坦白他并非满脑袋政治，有时也“胡思乱想”，其实就是想女人，这显然是革命之外的渴求，欲望的身体当然不能排除，或简直就是。

下面是小说《敌后武工队》中关于红色恋人魏强与汪霞亲热情景的两处描写：

她再也控制不住自己的感情了！她用噙着泪花的眼

---

① 杨沫：《青春之歌》，北京：作家出版社，1958年，第486页。

② 杨沫：《青春之歌》，北京：作家出版社，1958年，第511～512页。

③ 杨沫：《青春之歌》，北京：作家出版社，1958年，第511页。

④ 此处借鉴了刘小枫有关国家伦理与个体身体的关系论述，但本文已将国家置换为革命。参刘小枫《沉重的肉身——现代性伦理的叙事纬语》，华夏出版社，2004年，第26～30页

> 睛环扫一下宁静的屋子。屋里就是她,还有靠近她坐的魏强。她伸手去接子弹,同时也紧紧攥住了他的手,大胆地揽在自己的胸前,尔后,又挪到嘴边上来亲吻,小声地叨念:“你呀!你真好,真是叫人……”泪水夺眶流出来,滴落在枕头上。[①]

> “对,我们都加小心,我该走了。”魏强赞同地说着,随即将右手伸给汪霞,微笑地点点头。汪霞朝前迈了两步,将魏强暖融融的手儿紧握住,身子也挨近了魏强……[②]

省略号的使用标明作者的书写因意识形态的规约而克制,而文本暗示的则是革命者未必如此严格克制的欲望诉求。

小说《林海雪原》将一位貌若天仙可爱至极的少女白茹放在一群粗豪勇猛与匪徒搏斗的男人中,而且又不失时机地描述她如何人见人爱,如何为小分队带来温爱和情趣的情景,在某种程度上可以说,白茹女性的气息和身体潜在地燃起并抚慰了这群猛士压抑的欲望。作者除了直接不无夸张地描绘白茹的美貌(不光有集中描写,还在行文中见缝插针地提醒,尤其是白茹的酒窝更是动辄就被作者拿来激赏),还通过少剑波的眼睛和诗句反复强化她的美貌:

> 万马军中一小丫,
> 颜似露润月季花。
> 体灵比鸟鸟亦笨,
> 歌声赛琴琴声哑。
> 双目神动似能语,
> 垂髻散涌瀑布发。
> 她是万绿丛中一点红,

① 冯志:《敌后武工队》,北京:解放军文艺社,1963年,第291页。
② 冯志:《敌后武工队》,北京:解放军文艺社,1963年,第331页。

她是晨曦仙女散彩霞。

……[①]

如此天仙，降落到剿匪小分队中，点燃并慰藉的也不过是神奇男人们尤其是他们的神圣领袖少剑波的凡俗身体欲望，难怪当时就有读者将白茹指认为“装饰品”[②]。下面是小说《林海雪原》中一段有关身体及欲望的描述：

> 剑波冒着越下越大的雪朵，走来这里，一进门，看见白茹正在酣睡，屋子暖暖的，白茹的脸是那样的红，闭阖着的眼缝下，睫毛显得格外长。两手抱着剑波的皮包，生怕被人拿去似的。她自己的药包搁在脸旁的滑雪具上，枕着座山雕老婆子的一个大枕头，上面蒙着她自己的白毛巾。头上的红色绒线衬帽已离开了她散乱的头发，只有两条长长兼作小围巾的帽扇挂在她的脖子上。她那美丽的脸腮更加润细，偶尔吮一吮红红的小嘴唇，腮上的酒窝微动中更加美丽。她在睡中也是满脸笑容，她睡得是那样得幸福和安静。两只静白如棉的细嫩的小脚伸在炕沿上。
>
> 剑波的心忽得一热，马上退了出来，脑子里的思欲顿时被这个美丽的小女兵所占领。[③]

李扬认为这段描述带有传统小说中特有的凡俗气息，少剑波对恋人白茹睡觉的注目并非无任何非分之想的柏拉图式的精神凝视，尤其是白茹“两只静白如棉的细嫩的小脚”在革命军人少剑波身上所引发的不可遏止的“思欲”已不再那么单纯，因为在中国古代女人的足部被视为身体上最隐私、最性感的

① 曲波：《林海雪原》，北京：作家出版社，1957年，第341页。

② 参见田禾《女英雄还是装饰品——从“小白鸽”谈到妇女英雄形象地创造》，载《北京日报》，1961年6月10日。

③ 曲波：《林海雪原》，北京：作家出版社，1957年，第334页。

部位。[1]

> 在这一点上,“革命通俗小说”残留着未被完全“擦抹”的原生态的“革命”特有的一份粗鄙性,与此同时,它还凸显出“革命”与另一种“民间”——非文人化的市井文化的联系,或许因为这个原因,“政治与性”才成为解读这一书写了一代人的个人、集体记忆的文本不可忽略的重要维度。[2]

弗洛伊德在其《性欲三论》中,将观看癖视为人的性本能的重要成分,劳拉·穆尔维则据此提出:“看本身就是快感的源泉,正如相反的形态,被看也有一种快感。”[3]可见,少剑波对白茹的难以自持的注视可以解读为他的身体快感的一次运作,“脑子里的思欲顿时被这个美丽的小女兵所占领”,身体的本能欲求通过对另一身体的凝视而燃起和释放,其实李扬言称的“粗鄙性”所指涉的就是对身体欲望的这种书写情况。

另外,其他革命历史小说也都在对神圣的革命身体进行书写的同时不同程度地掺和了对身体自然欲望的书写,尽管都保持着相对的谨慎和克制,如《铁道游击队》中芳林嫂与刘洪的执手相视;《红岩》中刘思扬和孙明霞隔窗默望;《烈火金钢》中大麻子丁尚武与卫生员林丽月下亲吻;《野火春风斗古城》里杨晓冬和银环逃脱了危难后的亲热;《红旗谱》中严运涛与春兰的身体暧昧,严江涛与严萍的身体爱抚;《苦菜花》中纪铁功与赵星梅、冯秀娟与姜永泉的身体关系等等。

革命历史小说对身体的自然欲望的书写实质上是对凡俗

---

① 参见李扬《50～70年代中国文学经典再解读》,济南:山东教育出版社,2003年,第19～20页。

② 李扬:《50～70年代中国文学经典再解读》,济南:山东教育出版社,2003年,第20页。

③ 劳拉·穆尔维:《视觉快感与叙事电影》,见吴琼编:《凝视的快感——电影文本的精神分析》,北京:中国人民大学出版社,2005年,第4页。

欲望的争取和捍卫，是对筑基于现实主义的良知和精神的确认，是对凡俗人性和生活的尊重和珍视。革命历史小说正是以不得已的暧昧和腼腆，为身体的凡俗欲望争取了话语空间，在一定程度上弥补了革命身体的匮乏和羸弱。以阿甘本之见，身体并非是被动的，并非是被权利所任意揉捏的，事实上，也可以成为政治的出发点，成为权利的主动起源之处。革命历史小说对身体自然欲望的书写可以理解为从凡俗立场对既定意识形态（极“左”政治文化）的一种疏离，是对凡俗权利的争取。从这个角度来看，这种身体书写其实也丰富了对阿甘本身体政治的理解。

文学若写人，就无法逃避对人的身体及欲望的书写，因为身体是人存在于世的基础，离开身体，无法真实而有力度地揭示人和人的存在。在革命历史小说对身体的书写中，尽管基于当时主导意识形态的规约，不可避免地存在着明显的二元对立的格式化书写现象，但对革命身体的凡俗欲望的争取和捍卫，也在一定程度上弥补了革命现代性主控下的革命身体的匮乏和羸弱。

第二章　20 世纪五六十年代提纯化的电影改编

从属于“现代性工程”的“新文化工程”对作为最具有影响力和宣传力的艺术品种的电影当然尤为重视，这种政治本位的“新文化工程”将政治场内的游戏规则强有力地推行到包括电影在内的文化艺术场内，导致错位。革命历史小说在 20 世纪五六十年代的电影改编也为时代所注定不可能不受到政治文化场的无法抗拒的强烈规约，不论是就其异常敏感的改编对象还是作为政治工作的改编行为本身都注定了这一时代性宿命。作为意识形态的再生产，革命历史小说的电影改编实质上受到了意识形态的双重制约或支配，在这种再生产过程中势必再次添加意识形态因素，增加意识形态浓度，实际上就是一种对意识形态进行提纯和强化的升级活动。与此紧密相关，较之小说原作，这些电影中情爱生活的成分被大大降低，以至于作为凡俗欲望生活的重要成分的情爱生活因为意识形态压力而紧张和委屈；而卡里斯马典型也进行了旨在超凡入圣的版本升级，当然，这种升级并不是丰富性的提升，而是将小说中典型人物的凡俗成分尽量去除以使之更趋神圣化，致使人物性格更加单纯，实质上是一种理性提升。革命历史小说的这次电影化改编风潮中所显示的上述趋势实质上与当时革命现代性愈益膨胀的趋势密切相关，但令人遗憾的是，这种改编在强化意识形态以建构神圣革命话语的同时却疏远甚至抛弃了作为生存之本的凡俗生活。

第一节　政治化的电影艺术场

电影也是各种权力角逐和争夺的场所。就“十七年”电影而言，政治场内的规则常常置换文艺场内的规则，导致了文艺场内体制的愈加政治化，从而使影片出现了公式化和概念化现象，具有浓厚的政治情结和鲜明的意识形态偏向，结果是演绎了政治，疏离了生活，缺乏趣味性和观赏性，从而也冷落了观众；20世纪五六十年代由革命历史小说改编摄制的电影更是如此。

一

电影因其仿真性、复制性和直观性，具有艺压群芳的魅力，成为最具有号召力的大众文艺形式。基于它对意识形态的传播和影响，电影历来为权力组织所重视。

新中国成立之前，中共中央及其政权组织就对电影事业高度重视，利用电影进行广泛的革命宣传活动，还建立了所属电影制片厂。新中国成立前夕，在接收和建设制片厂的同时，中共中央还加强了电影创作人才的储备培养。1948年8月，在中共中央宣传部向各个野战军政治部所发的《中共中央宣传部为发展电影事业向各野战军政治部抽调干部的指示》中强调：“电影艺术具有最广大的群众性与最普遍的宣传效果，必须加强这一事业，以利于在全国范围内，及在国际上更有力地进行我党即新民主主义革命的建设事业的宣传工作。”[1]这份文件的签发主体是中共中央宣传部，执行部门是各个野战军政治部，而且该文件一再强调的也是电影的宣传功能，就是说在这里电影被特别看重的是它的宣传功能，电影被当做政治教化的

---

① 转引自程季华主编《中国电影发展史》第2卷，北京：中国电影出版社，1998年，第402页。

工具。

新中国成立之后，电影尤其受到重视。设立了复杂的电影管理机构，形成了严密的审查机制，党和国家领导人还经常出面直接参与电影活动，甚至具体到一部电影的拍摄和审查工作，电影《青春之歌》的打造出炉就曾引起当时北京市及中央不少领导的高度关注。一部电影的摄制和审查居然如此受到党和国家的高层领导的关注，可见官方对电影事业的重视程度，当然作为政治任务的献礼片的特殊意义也是决定该片备受重视的因素，但是，其他情况下电影也会受到高度关注，就更值得思索了。

东北电影制片厂摄制的电影《内蒙春光》完成后，1950 年 5 月 7 日，文化部召集北京文艺界人士对该片进行座谈。国家总理周恩来亲临会场并讲话，批评该片违反了“共同纲领”中民族统一战线政策，为加强电影事业的领导，还建议成立一个电影指导委员会。《内蒙春光》经过修改，更名为《内蒙人民的胜利》在全国上映。当然基于当时的历史条件考虑，就民族政策而论，该片的修改无可厚非，而电影备受党和国家的重视情况于此也可见一斑。

《内蒙春光》座谈会之后，电影局成立了影片审查委员会，负责统一审查影片；文化部成立了电影指导委员会，并由周扬、沈雁冰、江青等 10 人组成常委会，讨论电影创作情况。电影指导委员会常委会在成立后大约一年的时间里，否决电影剧本达 40 多个。从这些电影管理机构的设置及其工作，也可见出电影事业的重要位置。

电影引起政治事件和政治运动，也可以从侧面表明电影备受重视的情况，对电影《武训传》的批判就是一例。1951 年 3 月 24 日，国家总理周恩来召集中宣部、文化部和电影界的负责人开会，决定对电影《荣誉属于谁》和《武训传》组织讨论和批判。党和国家最高领导人毛泽东亲自撰写《人民日报》社论《应当重视电影〈武训传〉的讨论》，严厉批评了这部影片《武训传》，从而掀起了全国大规模的针对该片的批判运动，并导致电影界的整风学习。

从以上所述可以见出，官方对电影事业的重视已经到了无以复加的程度了，区区一部电影动辄惊动官方高层，甚至党和国家最高领导人。当然不能排除一些领导从个人角度对电影艺术性的认可甚至置重，但是，这种高度重视主要是从政治意识形态的角度出发的，看重的是电影对公众广泛而深入的影响，从而将电影视为进行主导意识形态宣传和教育的政治工具，而对于电影的艺术性即便不是忽略也是轻描淡写。

而大批电影艺人（包括电影导演、编剧、演员、摄影、美工等各种具体的电影生产人员）、一些电影评论家及个别电影艺人出身的管理者，基于时代的政治本位的文化语境，在重视电影政治意义或意识形态功能的同时总是努力地寻求电影作为艺术的审美因素，尽可能地为电影增加非政治的成分，包括审美的、生活的、娱乐的、甚至商业的因素（当然这些因素往往是难以分离地融合在一起）；但是他们在这种文化权力场中的位置和力量决定了特定时代中他们的未必悲壮的失败。

“新时期”之前的中国内地电影事业的运作基本上是以政治为本位的，无论是管理模式还是制作理念，都是将电影视作政教工具，“文革”期间这一情况可谓登峰造极。过分的政治情结和意识形态偏向，经常导致影片的公式化、概念化现象，结果是演绎了政治，疏离了生活，缺乏趣味性和观赏性，从而也冷落了观众。官方高层似乎意识到了文艺中这种过分政治化所导致的僵局，在提出了“双百”（即“百花齐放、百家争鸣”）方针，引起了文化尤其是文学艺术短暂的活跃和繁荣，但紧跟而来的“反右”运动，以所谓“毒草”和“香花”的敌我战争思维模式对许多曾为文艺建设真诚提出建设性意见的文艺界人士进行了严厉的政治批判和打击，结果在实质上等于否定了“双百”方针，使之徒具标语口号的仪式性功能。

电影也在频繁而又一波三折的文艺和政治纠缠一起的运动中踉跄而行，而这种枯燥单调的文艺政治运动无非是文化权力场域中权力资本的不断运作而已。布尔迪厄说："场是力量关系的场所（不仅仅是那些决定意义的力量），而且也是针对改变这些力量而展开的斗争的场所，因而也是无止境变化的场所。"[①]依此而观，"十七年"电影事业实际上也是一种场，也是不同力量斗争的场所。至于场内不同力量的斗争，布尔迪厄这样进一步表述："在一个场中行动者同体制不断斗争，他们是根据构成这个游戏空间的规律性和规则（以及在特定的紧要关头超越那些规则本身），使用不同程度的力量，并因此有了不同的成功的可能性，来占用在游戏中处于危险境地的特殊产品。"[②]就是说，不同力量、场内的游戏（斗争）规则、相互关系以及斗争目标这些要素都是一定场内的斗争的必要构成因素。作为文化权力场的"十七年"电影事业，既然是不同力量斗争的场所，也当相应地存在着上述组构因素。层次繁多的电影管理机构和连篇累牍的电影政策（文艺政策对作为艺术分支的电影自然也普遍适用）其实就是"体制"因素；那些努力争取电影艺术自主权和自由度（当然是部分性的）的电影艺人（包括一些电影评论家和极个别本属于体制力量的管理者）就是"行动者"；而这里所谓的游戏规则往往是由体制力量制定和掌控，而且常常被体制力量所凌越；斗争的目标无非是对电影事业权力资源的争夺。

二

"双百"风潮及紧随而来的"反右"运动，就电影事业而论，

---

① 包亚明编译：《布尔迪厄访谈录》，上海：上海人民出版社，1997年，第149页。

② 包亚明编译：《布尔迪厄访谈录》，上海：上海人民出版社，1997年，第148页。

其实就是电影事业这种文化权力场内不同力量的交锋。作为行动者的许多电影艺人和极个别管理者针对体制提出了不少意见,一言以蔽之,就是尽可能减少体制力量对电影艺术的过分干预,还电影以艺术权利和自由。正如当年在电影界的“双百”风潮中执帅旗的电影艺术评论家钟惦棐所说:“艺术创作必须保证有最大限度的自由;必须尊重艺术家的风格。”他认为当时国产电影之所以不振就是因为领导体制存在严重问题,而体制力量的过分干预导致了电影艺人艺术自由和能动性的丧失,“目前许多有经验的艺术家不能充分发挥出创作上的潜力,而只能唯唯听命于行政负责人的指挥,尚未进入创作,已经畏首畏尾,如何谈得到电影艺术的创作?”[①]在这种体制力量的过度干预下,逐渐形成了种类繁多的清规戒律,结果电影艺人实际上已经丧失了艺术创作的主体性,实际上在进行电影生产(未必能称得上是创作,往往就是权威话语的复述)的真正主体则是背后的体制力量。

针对当时国产电影不仅数量不多,而且公式化概念化严重的状况,1956 年 11 月,《文汇报》组织了“为什么好的国产电影这么少”的专题讨论,先后刊登 24 篇文章,分析了原因。钟惦棐就所论问题的性质将这些文章大致归为两类:“一是属于电影的组织领导的,即以行政的方式领导创作,以机关的方式领导生产;一是属于电影的思想领导的,这便是中国电影的传统问题,题材偏狭问题与所谓‘导演中心’等问题。”[②]

陈鲤庭较为敏锐地指出了“行政领导为中心”代替传统上“导演中心”的不正常现象:

电影领导上没有很好地掌握这个电影生产组织上的传统的中心环节。他们把编剧、导演、演员以及技师等分

① 钟惦棐:《电影的锣鼓》,载《文艺报》,1956 年第 23 期。

② 钟惦棐:《电影的锣鼓》,载《文艺报》,1956 年第 23 期。

门别类的平均地一把抓，然后从领导制片的种种行政角度来征选剧本，给剧本配导演，给导演配演员，就是为每个新片配备一个新的摄制组，影片拍完这个组合随即解散。不妨说，这是一种以行政领导为中心的生产组织方式。[①]

而这种外行领导内行的反常现象自然会产生不良后果甚至恶果：

> 现在，行政上既不能充分掌握故事电影生产组织上的中心环节，不重视导演等主要创作人员的能动性，自然也就不得不堵塞了一般创作人员的积极性。在这样的情况下，谁要争取主动，就要被某些人员侧目而视，说是这样就“陷领导于被动”。[②]

正是鉴于“行政领导为中心”对电影事业的伤害，作者主张回归传统上的“导演中心”，这其实是在向体制力量争夺电影艺术权力和自由。对于这种现象，孙瑜显然有同感：

> 导演们是迫切需要领导的，但这并不意味着：当一个导演在执行它的艺术创作的时候，必须用行政命令叫他导演不熟悉和不能激发他的创作欲望的公式化概念化的剧本；必须上下左右地层层包围着，干涉它的分镜头、选演员、甚至用多数举手表决的方法来规定导演的艺术处理。[③]

电影事业上存在的一些问题就连批判钟惦棐的文艺官员袁文殊都不得不承认。他认为当时电影工作中确实存在着严重的缺点：“首先是影片的产量太少”，其次是“质量也还不够好”，再者就是在电影的领导工作中也存在着许多缺点和错误。

---

① 陈鲤庭：《导演应该是影片生产的中心环节》，载《文汇报》，1956年11月23日。

② 陈鲤庭：《导演应该是影片生产的中心环节》，载《文汇报》，1956年11月23日。

③ 孙瑜：《尊重电影的艺术传统》，载《文汇报》，1956年1月29日。

其中，他明确指出了教条主义的领导思想对电影艺术造成的不良影响：由于对“为工农兵服务”的方针作了教条主义的理解，“结果造成影片题材十分狭窄，样式单调，不能够满足多方面的观众的要求”；“由于这种教条主义的思想把艺术服务于政治的原则也作了庸俗的理解，因此而去图解政策，演绎政治口号，结果造成影片的概念化、公式主义，缺乏艺术感染力”。[①] 这些在某种意义上也可以视为来自官方的反省。

另外，在对电影工作的讨论中，不少人就电影审查制度中的许多问题都提出了批评和建议，例如，审稿制度的繁琐、电影审查中的长官意志等。

人们从维护电影艺术的自主权力和自由角度对电影工作中存在的问题提出了批评和建议，实际上就是作为行动者对现存（意指当时）的电影场内的体制力量进行斗争，而这种体制已经远离电影作为艺术的视阈，外在的政治权力强行进入了“艺术圈”并改造了艺术规则，从而建立起政治本位的艺术体制，那么这种体制所代表的就是政治权力意志。来自政治权力的管理者实际上就是这种体制的维护者。而来自艺术的行动者提出批评和建议实质上是在试图改变电影场内这种既定体制，以期建立新的体制。借用布尔迪厄的有关“匹配性”的说法，对此可以进行更为明确而有力的阐解，布尔迪厄认为：

> 由位置所组成的场的方法论，是无法同姿态或位置的占据所构成的场相分离的，即无法同行动者的实践与表达的结构化的系统相分离。这两种空间，即客观位置的空间和位置的占据这一空间必须被一起分析，他们必须被当作，像斯宾诺莎说的那样，“同一个句子的两种译法”。然而仍然存在着一种平衡的状况，即位置的空间倾向于控制

① 参见袁文殊《坚持电影为工农兵服务的方针——驳文艺报评论员的“电影的锣鼓”及其他》，载《中国电影》，1957年第1期。

位置占据的空间。[1]

以此而论，当时中国电影场中行动者所处“客观位置的空间”为电影的创作和批评者，是作为艺术的电影的话语拥有者，拥有艺术资本，可他们在现存电影场中并没有占据相应的空间，电影场内规则的制定、电影作品的生产和阐释、电影话语的形成等等都受制于有形和无形的政治权力。就是说，这些行动者依凭艺术资本在现存电影场中所占据的空间（即布尔迪厄所言“位置占据的空间”）与他们所处“位置的空间”不相匹配。说白了，就是在其位不能谋其政的名实不符状态。基于场内斗争的常态性理论，这些行动者自然要“为争夺在这个场中的特殊权威的合法形式而展开竞争”[2]。

当然，如果当时管理者能够就电影工作中存在的诸多问题进行积极反省并及时整改，相信会有力地促进电影事业的繁荣和发展。然而令人遗憾，他们未能也不可能（在当时极“左”思想占据绝对权威位置的历史条件下，除非政治场内的体制已被改变，如“文革”之后的情况）这样做，而是恰恰相反，借助于政治权力对这些良好的建议和意见进行了清算和打击。就是说，在这场电影文化场内的较量中，艺术历史性地输给了政治。

三

政治权力在“双百”之后的“反右”运动中，一如既往地将艺术问题上纲上线而转化为政治问题，轻易地凌越了艺术规则，导致艺术场内的生态严重失衡，作为最具有宣传力量的电影自然更是在劫难逃。政治权力基于对电影场内的现存体制的维护，对试图颠覆这种体制的行动者进行了反颠覆，而且取得了

① 包亚明编译：《布尔迪厄访谈录》，上海：上海人民出版社，1997年，第150～151页。

② 包亚明编译：《布尔迪厄访谈录》，上海：上海人民出版社，1997年，第150页。

胜利(其实只是政治上对现有体制的成功维护)。“政治挂帅”的艺术理念的再度张扬表明来自艺术场外的政治权力越来越轻易地进入艺术场而影响行动者,一直发展到“文革”期间的完全政治化,艺术场完全被政治场所取代(当然这只是总的趋势,并不排除个别时期短暂的例外,如“大跃进”之后的临时性调整)。本该是艺术场内艺术体制对行动者的反斗争,而电影界的“反右”斗争一如其他文化学术场内的斗争,由于政治权力的高度介入已转化为政治打压,文化艺术的游戏规则被毫不迟疑地轻松凌越而过,为政治规则所置换。

“双百”期间曾在电影界执帅旗的钟惦棐一如许多行动者一起被“理所当然”地定为“资产阶级右派”而备受打击:

> 钟惦棐站在资产阶级右派的立场,对我们的社会主义电影事业,处处看不入眼;对于资本主义国家的电影倒佩服得五体投地,一心一意想把我们的电影事业拉上资本主义的绝路上去!他这一套行不通,就使出各种各样的手段,或是打起“电影的锣鼓”猖狂进攻,或是“杀人不见血”地冷嘲热讽,颠倒黑白,挑拨离间,污蔑党对电影事业的领导,进行反党的活动;并且争取青年,拉拢名人,准备登台挂帅打江山!经过电影界同志们十几次会的帮助,他作了三次交待,仍然空空洞洞,躲躲藏藏,对自己的错误罪行恋恋不舍,准备死心塌地做资产阶级右派一个鞠躬尽瘁的小卒子![1]

所谓“十几次会的帮助”其实也就是大会小会的批判、揭发,责令其认罪,结果所认罪状没有达到政治权力的设定程度和效果,便被批判为“空空洞洞”、“躲躲藏藏”、“恋恋不舍”、“死心塌地”。引文中无一处提到艺术,全是政治操演,将艺术场内的事情完全拉到政治场上解决,实质上是游戏规则的错位,当然也

① 张俊祥:《钟惦棐要电影事业走上绝路》,载《文艺报》,1957年第26期。

是对政治权力的租用。

身居政治高位的周扬在中国作协的一次会议上点名批判了钟惦棐：

> 果然在知识界、文艺界，出了不少的右派，其中有些是共产党员，他们扮演了和党外右派里应外合向党进攻的活跃的角色。钟惦棐的《电影的锣鼓》(载1956年12月《文艺报》)是敲得较早的，可以看作右派进攻的一个信号。这篇文章把解放以来的电影事业的成就一笔抹杀，肆意攻击党对文艺工作的领导，企图把电影事业拉回资本主义的老路。[①]

一如他对许多文艺界人士的批判一样，已被政治符号化了的周扬对钟惦棐的批判也是完全政治化的，尽管这位权倾一时的主导意识形态阐释者在同一次讲话中还对“双百”方针进行了完全符合文化艺术规律的阐释：

> 本来，我们提倡学术上不同意见的自由争论和艺术不同风格的自由竞赛，是为了发展社会主义文化。我们将长期地坚定不移地实行这个方针。我们认为，垄断、独占，没有竞赛，没有比较，就不可能引导科学艺术走向繁荣，而只会使它们走向衰退。[②]

紧接着，周扬就从体制维护者的角度对行动者进行“有罪推定”：“他们按照自己的主观愿望把‘百花齐放、百家争鸣’的正确政策加以曲解”，“他们的目的并不在开展什么学术辩论和艺术竞赛，而只是利用这个口号来卷起一场反社会主义的政治浪潮”。[③] 这位身居政治要职的文艺理论家竟能如此驾轻就熟地穿梭游走于政治场与文艺场，不能不令人感慨良多。

---

① 周扬：《文艺战线上的一场大辩论》，载《文艺报》，1958年第5期。
② 周扬：《文艺战线上的一场大辩论》，载《文艺报》，1958年第5期。
③ 周扬：《文艺战线上的一场大辩论》，载《文艺报》，1958年第5期。

而作为文化部部长的沈雁冰在新中国成立10年总结文化艺术成绩时依然对“反右”书写了重重一笔：

> 资产阶级妄想利用这个方针以毒草来冒充香花出现，整风反右派斗争以前我们已经领教过了。在资产阶级没有最后消灭以前，这种情况还会有的。不认识到这一点，或者一味主张百花齐放就可以和毒草和平共处，不加铲除，这是一种右倾的错误观点。但是，不许毒草露头，或者发现了毒草就大惊小怪，以至对“百花齐放、百家争鸣”的方针也怀疑起来，这是不懂社会实际、不懂阶级斗争规律的幼稚想法。我们知道，毒草是客观存在的，是有一定的社会基础的，不让它露头，它仍然会在暗中作恶，而让它长出来了，不但便于锄除，而且可以借此教育群众，提高群众的抗毒能力。①

政治权力一再强调执行“双百”方针就是为了在自由争论和自由竞赛中促进文化艺术的繁荣和发展，这固然很有道理，可是将与现行体制稍有差异的真诚声音立即视为体制的敌人，从而打倒，又如何“双百”？以己为准，其他花皆视为“毒草”而尽摧，最后还是一枝独秀。从引文来看，“双百”方针的兴趣似乎更在于引出“毒草”，从“双百”的效果来看，并未怎样繁荣文化艺术（当然客观上还是短暂地刺激了文艺，但实在难称“繁荣”），却发现了大批的所谓“右派分子”，丰富了阶级斗争，这与“双百”方针的动机究竟存在多大距离？这是一个不能不令人掩卷深思的问题。

上述“反右”举措说到底无非是为了维护现存的文化艺术体制，其运作方式则体现了政治场内的规则对文艺场内规则的置换，也就是政治权力对文化艺术场的粗暴干预，结果导致了

---

① 沈雁冰：《新中国社会主义文化艺术的辉煌成就》，载《文汇报》，1959年10月10日。

文化艺术场内体制的更加政治化，基于各种文化艺术场与政治场的位置同源性以及它们之间的外向关联性，使得引发自文化艺术场的斗争更具有政治效应。

在以布尔迪厄的“场”论来探析“十七年”电影生态时，之所以偏重于对“双百”思潮及“反右”运动的分析，是因为在矛盾与斗争较为激烈的时期更容易看清场的运作，正如生病情况下更易省视身体。之所以没有局限于电影场，是因为基于共同的历史条件，文化艺术各个场之间具有相当的互文性。

四

新中国建立后 30 年内，尽管时代已与战争年代相去甚远，但是革命现代性依然从根本上决定着这个现代民族国家的运行，来自战前解放区的革命知识谱系和思维方式却依然深刻而广泛地影响着人们的现实生活，战争思维模式成为主导意识形态的支柱，而来自解放区的文艺思想也理所当然地成为指导和管理文艺事业的根本思想，凭借着政治权力不容置疑地决定着文艺的生存状态和发展方向。在这种情况下，文艺继续充当着服务于政治、服务于工农兵的政治工具。与之相关，作为最具有影响力和宣传力的电影更是在所难免地为政治收编，从而导致“十七年”电影带上浓厚的意识形态色彩（在这方面，“文革”期间的电影更是登峰造极）。

在新中国成立前夕的 1948 年 10 月 26 日，中共中央宣传部在向东北局宣传部发出的《关于电影工作的指示》中强调指出：“阶级社会中的电影宣传，是一种阶级斗争的工具，而不是别的什么东西。”[1]这份指示已明文确立了电影宣传国家意识形态并教育和引导人们的精神生活的工具地位，也在一定意义上为新中国电影的生存发展奠定了基础，此后的新中国电影基

---

① 转引自胡菊彬《新中国电影意识形态史》(1949～1976)，北京：中国广播电影出版社，1995 年，第 4 页。

本上在沿着这一理路发展。新中国电影的意识形态倾向非常强烈，可以说，新中国电影史就其本质而言就是一部意识形态史。

对电影《武训传》的批判是对新中国电影事业造成深远影响的一场文艺运动，在这场文艺运动中，政治权力直接而深入地参与了本该是文艺场内的事情，使得文艺因被政治强行干涉而失去自由权力。电影《武训传》是一部以清朝末年武训(1838～1896)的生平事迹为内容的传记片，以真人真事作为基础，描写了武训一生忍辱负重、矢志“行乞兴学”的传奇经历。该片放映后，受到广泛的高度赞扬，并被列为1950年评奖当选的10部影片之一。但是如前文所提，党和国家最高领导人毛泽东在1951年5月20日的《人民日报》上发表了亲自撰写的社论《应当重视电影〈武训传〉的讨论》，对该片进行了严厉的批判。社论指出：

> 《武训传》所提出的问题带有根本的性质。像武训那样的人，处在清朝末年中国人民反对外国侵略者和反对国内反动封建统治者的伟大斗争的时代，根本不去触动封建经济基础及其上层建筑的一根毫毛，反而狂热地宣传封建文化的地位，就对反动的封建统治者竭尽奴颜婢膝的能事，这种丑恶的行为，难道是我们所应当歌颂的吗？……承认或者容忍这种歌颂就是承认或者容忍污蔑农民革命斗争，诬蔑中国历史，诬蔑中国民族的反动宣传为正当宣传。[①]

这篇社论还认为：对于武训和电影《武训传》的歌颂如此之多，不但“说明了我国文化界的思想混乱到了何种程度”，而且表明了“资产阶级的反动思想侵入了战斗的共产党”。于是，一场以

---

① 毛泽东：《应当重视电影〈武训传〉的讨论》，载《人民日报》，1951年5月20日。

批判电影《武训传》开始的空前的政治运动在诞生不久的新中国轰轰烈烈地展开了。

姑且不论针对电影《武训传》的政治批判的观点如何，但就这种批判的方式而论，已远非作为艺术的电影场的事情了。政治权力面前，电影艺术场的规则已不复存在，艺术在实践威力强大的政治面前只能失语。对电影《武训传》的批判，使得新中国电影真真切切地感受到了政治的巨大法力，也使得新中国电影与政治结下了密不可分的姻缘。

对《武训传》的批判及其后大大小小的文艺整风运动，对新中国电影事业产生了很大的负面影响，不少著名的电影艺人都被迫检查思想并深刻反省，创作完全处于停顿状态，影响了电影事业的正常而健康的发展。直到1956年“双百”方针的提出，才在一定程度上促使文化艺术出现短暂的起色，电影界自然也一度活跃，但接踵而来的“反右”运动又对“双百”方针进行政治化的扭曲利用，实际上相当于否定。再接着仍是接连不断的政治运动直接干扰着电影事业的发展，诸如“拔白旗”、“反右”、“大跃进”、批判资产阶级、修正主义人性论和人道主义、“两个批示”等等直到“文革”，无不将电影认同于政治，而将艺术自身规律放逐。

政治统领一切，“政治挂帅”成为不可动摇的时代范式。时任文化部部长的沈雁冰在总结建国10年来的文艺收获时曾坦言：

> 为了保卫和贯彻文学艺术工作中党的领导，我们在一切文学艺术工作中强调了“政治挂帅”，要求我们的文化艺术必须明确地坚定地为无产阶级的政治服务，必须正确地反映和积极促进社会主义的经济、政治的发展，必须对反

党、反社会主义的资产阶级思想展开斗争。[1]

一度主管电影事业的电影局局长王阑西曾强调指出："在电影事业中必须政治挂帅，为工农兵服务，为社会主义建设服务；坚决反对脱离政治、脱离群众、为电影而电影的倾向；坚决反对影片中的资产阶级思想，以及迁就落后趣味的观点"；并批评了"认为只有内行，才能办电影的不正确思想"。[2] 实质上是轻视或者干脆说是排斥艺术，唯政治是尊。电影界权威在评论国庆 10 年献礼片时认为这批电影和过去的作品比较起来，突出了"政治挂帅、政治标准第一"这个特征，并批判了"国内外反动派和对社会主义事业心怀不满的人"，还列举了"罪状"："他们不满意中国电影的最大的一条理由就是太硬，思想性太强，太强调艺术为政治服务。他们善于选择各种不同时机，扮演各种不同角色，寻找各种不同的借口，来集中'攻其一点'，——这就是我们一直坚持下来的电影必须政治挂帅、必须由党来领导的这一个原则。"[3]袁文殊在批判钟惦棐之前（甚至批判的同时）也曾指出电影的管理和领导上的问题和弊病，"有些人一说话就是思想意识、阶级立场，满口大道理，令人无从置辩，其用心虽好，却不符合艺术规律，而且说这些话的人又往往都是具有一定身份的负责同志，问题复杂，真是一言难尽"，结果导致创作者"不求有功，但求无过"，而作品则"四平八稳，千篇一律"地图解政治条文。[4]

上述这些言论都直接或间接地反映了新中国电影场内政治化的体制所产生的结果：过分的政治性驱逐了艺术规律，电

---

① 沈雁冰：《新中国社会主义文化艺术的辉煌成就》，载《文汇报》，1959 年 10 月 10 日。

② 《王阑西就电影工作如何贯彻总路线向本报记者发表谈话》，载《文汇报》，1958 年 6 月 3 日。

③ 夏衍：《电影艺术的丰收》，载《文艺报》，1959 年第 18 期。

④ 参见袁文殊《废除电影创作中的清规戒律》，载《中国电影》，1956 年第 1 期。

影已成为主导意识形态工具。在这种语境中，革命历史小说的电影改编就难以避免地染上了浓重的意识形态色彩。

第二节 意识形态的再生产和强化

文学的电影改编是对“想象中的现实”的再想象，对意识形态生产的再生产。革命历史小说的电影改编也为时代所注定，不可能不受到政治文化场的无法抗拒的规约，不论是就其异常敏感的改编对象还是作为政治工作的改编行为本身，都注定了这一时代性宿命。相比原作的创作来说，这些革命历史小说的电影改编受到了更严格的意识形态规约，创作的自由空间更小了，而它们作为意识形态的再生产，实质上受到了意识形态的双重制约或支配，势必在对“想象性关系”进行再想象的过程中再次添加意识形态因素，增加意识形态浓度，实际上就是一种提纯和强化的升级活动。

一

如果说文学，诚如伊格尔顿所说，是一种意识形态的生产，那么与文学密切相关且最具影响力和宣传力的电影则更是意识形态的生产，或者换句话说，较之文学，电影在意识形态生产方面更是有过之而无不及；而对于文学的电影改编来说，就多了一层，就其对文学的依存和超越而论，不妨视为意识形态的再生产。

伊格尔顿认为，作为意识形态话语生产的文学，“是把某种生产出来的表象带入想象对象的生产”[①]。伊格尔顿这种说法与阿尔都塞所言称的“想象性关系”极为神似，如前所述，周宪

① Newton, K. M. (ed): *20th - century Literary Theory*, London: Mcmillan, p.249. 转引自周宪《超越文学——文学的文化哲学思考》，上海：三联书店，1997 年，第 270 页。

曾使用“意指”理论对此进行了修正性阐释：

> 这里，重要的不是像传统文学理论所关注的文学内容或所指，也不像形式主义和结构主义强调的形式或能指，而是一种意指方式(signification)，即通过审美的或诗意的操作方式对意识形态的操演。当然，我并不同意说，文学文本并未揭示或表现了现实世界，像形式主义所主张的那样，或像伊格尔顿所断言的，狄更斯小说并未展现出维多利亚时期的英国。问题应该做这样的理解，作为意识形态生产的文学，既表现了作家所生活的时代的那种“想象中的现实”，同时又揭示了构成这种“现实”的“想象性关系”，即意识形态。①

就上下文可以看出，此处周宪所论显然是就普遍性而言，其中“作家所生活的时代”只是为行文方便，仅就表述或可去除，并不影响实质。书写历史的文学当然也是“想象中的现实”，不过是想象中的历史现实而已，对历史的书写其实也就是作家所生活的时代对历史现实的想象，这与新历史主义的观点倒是未必不谋而合地相合了。这样看来，使用上述理论来阐释中国当代革命历史小说的电影改编现象是可以令人接受的。

就上述理论稍作延伸和发挥就可以这么说，文学的电影改编就是对“想象中的现实”的再想象，对意识形态生产的再生产。就是说，对文学的电影改编不可避免地要打上时代的烙印，而这种烙印往往是强烈而鲜明的，且这种烙印正是特定时代的社会政治文化的表征。在这种意义上可以说，“改编是一种社会的文化的实践”②。周宪在分析“文学是意识形态的生产”时指出了该命题的两个基本含义，“其一是表明文学的生产

---

① 周宪：《超越文学——文学的文化哲学思考》，上海：三联书店，1997年，第271页。

② 莫尼克·卡尔科—马塞尔、让娜—玛丽·克莱尔：《电影与文学改编》，刘芳译，北京：文化艺术出版社，2005年，第123页。

本身要受到社会意识形态的制约或支配,其二是表明文学活动本身又在生产着意识形态"[1]。这种分析对于更具有影响力和宣传力的电影来说更为合适,就是说电影也在社会意识形态的制约和支配下生产着意识形态,而作为意识形态再生产的文学的电影改编实质上就受到意识形态的二重制约和支配。

由改编而生的电影作品与原文学作品的关系是复杂的,不会也不可能仅仅照搬原作,它们的关系应该是这样的:

> 从文学作品到电影作品的改编不是局限于对于原文故事的或多或少的忠诚度,也不是对其内容简单的重复,而是改编本身,一次文学创作活动。在这个尺度内,它把原作分裂又融合,甚至它还加入了一些其他的要素,因此它把原作的深奥本质大大地作了必要的修改。那些指导了变化不定的改编的追求、探索说明:每一次运行都是相同的,确定的修改说明了一种利益。[2]

在文学的电影改编过程中,不论对原作如何修改,其最终归旨还是"利益",当然这种利益是复杂的,可以包括经济的、政治的、文化的、社会生活的等等,甚至似乎无关利害的审美活动(一种锐意而行的审美何尝又无关利害)。而在政治肆意泛化而无孔不入的"政治挂帅"的时代,这种改编的利益除了政治利益之外,其他的利益空间都已所剩无几了,20世纪五六十年代对革命历史小说的电影改编就属于这种情况。

二

革命历史小说的创作与其电影改编就语境而言,基本上具有同构性,但也并不能否认总体上政治气氛的逐渐浓烈。逐渐

---

① 周宪:《超越文学——文学的文化哲学思考》,上海:三联书店,1997年,第271页。

② 莫尼克·卡尔科一马塞尔、让娜一玛丽·克莱尔:《电影与文学改编》,刘芳译,北京:文化艺术出版社,2005年,第122页。

浓烈的政治气氛对两者的影响是不同的，总体上看，后者所受到的影响要大于前者，原因较为复杂，但最根本上还是创作自由度的不同。

像《青春之歌》、《林海雪原》、《红旗谱》、《铁道游击队》等较有影响的几部小说构思和写作的时间都较早，有的是新中国刚刚成立时就已开始，甚至有的在新中国成立前就已准备，相对宽松的政治环境为他们提供了一定的创作自由。而且就写作过程而言，尽管不能排除政治以“组织”或“领导”的名义的介入（通常被表述为“关心”和“支持”）而产生的影响，但具体的文学创作过程主要还是个人的事情。就是说，相对电影而言，在文学作品出版之前，政治的介入并不十分强烈，这种情况从这些作品出版时和出版后的一再修改也可以得到印证，这是政治对文学创作过程的影响不力进行后期弥补。

而电影的生产则是集体性的，而且从审稿到审片都比较容易受到规约，尤其在那个“政治挂帅”的年代，在这方面，影片《青春之歌》的改编和摄制就是例证。小说《青春之歌》的改编人选和电影的摄制单位都是经过国家主管电影的领导通过行政方式解决的，至于拍摄和审查更是受到了高度重视。时任北京市委第一书记的彭真对该片的拍摄极为重视，亲自作出指示：一定要把《青春之歌》拍好，并且要用最好的胶片拍。不仅如此，彭真还指示陈克寒、邓拓、杨述等市委领导，注意抓这部片子，强调这是政治任务。在影片接受审查时，却遇到了迥然不同的反应。最早来到北京电影制片厂审查的陈伯达对该片提出了否定意见，认为影片有小资产阶级情调。陈伯达当时的身份是中央政治局候补委员、中宣部副部长，是中央主管意识形态的领导，所以他的这种意见令北京电影制片厂上上下下颇为紧张。稍隔不久，北京市委主要领导彭真、刘仁、邓拓、陈克寒等，前来集体审查《青春之歌》，一致对影片给予了赞扬，并批准它作为新中国成立 10 年大庆的献礼片上映，这样北京电影制片厂才又转忧为喜。紧接着,中央政治局委员、国务院副总理陈毅在审查该片时,也给予了高度评价。甚至连周恩来总理都不仅亲自调看该片,而且亲切接见了厂长汪洋以及杨沫、崔嵬、陈怀凯、谢芳等主创人员。对一部影片的否定和批判需要党和国家领导,甚至最高领导的权力介入,如毛泽东对影片《武训传》的否定和批判;而对一部影片的肯定和保护往往也需要党和国家高层领导的介入,如对影片《青春之歌》的处理。由此可见,当时电影的生产很容易受到来自外部的(尤其是政治的)规约,较之革命历史小说,对它们的电影改编更易受到外部规约。

在政治文化无孔不入的时代,电影艺术场必须依附于政治场才能获得存在的合法性,作为最具有影响力和宣传性的媒介艺术的电影,在这一点上远甚于其他文化艺术。在这种政治本位的文化场内,游戏规则势必是政治化的,艺术的规则被挤压、被边缘化,甚至被放逐。布尔迪厄说:"我们也许可以把场看作是一个实施场的效应的空间,因此发生在任何穿越这个空间的客体上的事,都不能仅仅用该客体的内在特性来解释。"[①]在以政治为中心的文化场内屈居角落的电影艺术是无法自我确证的,无法依存于其作为艺术的内在特性,只有且必须接受主导意识形态的政治化洗礼才能存在。革命历史小说的电影改编也为时代所注定,不可能不受到政治文化场的无法抗拒的严格规约,不论是就其异常敏感的改编对象还是作为政治工作的改编行为,其本身都注定了这一时代性宿命。

这些革命历史小说在面世后都曾引起过程度不同的反响,或多或少地受到过批评,而且这些批评基本上是从主导意识形态角度进行的政治性批评,小说的修改也与这些批评大有关系。如小说《青春之歌》出版后就曾在国内外引起过强烈反响,

① 包亚明编译:《布尔迪厄访谈录》,上海:上海人民出版社,1997年,第148页。

其中包括不少尖锐批评，尤以郭开的批评最为典型。郭开从三个方面对这部小说作了批评：“书里充满了小资产阶级情调，作者是站在小资产阶级立场上，把自己的作品当作小资产阶级的自我表现来进行创作的”；“没有很好地描写工农群众，没有描写知识分子和工农的结合”；“没有认真地实际地描写知识分子改造的过程，没有揭示人物灵魂深处的变化”。[①] 可以看出，这种批评完全是借助于主导意识形态威权而进行的政治性批评。另外，还有如刘茵[②]和张虹[③]等人的批评，尽管是就爱情而论，但也充满了浓重的意识形态气味。杨沫显然还是慎重考虑了这些意见，在小说的再版中进行了大力修改，除了机械地增加主人公林道静在农村活动的七章和在北大组织领导学生进行革命活动的三章外，还对文中其他被读者批评的地方进行迎合性修改。对于诸如此类的意识形态气味浓重的批评，小说的电影改编也不能不慎重考虑，因为在“政治挂帅”的年代，凡涉及政治的东西，稍有不慎将遗患无穷，无数事例足以证明。

既然如上所述，相比原作的创作来说，对这些革命历史小说的电影改编受到了更为严格的意识形态规约，创作的自由空间更小了，而它们作为意识形态的再生产，实质上受到了意识形态的双重制约和支配，势必在对“想象性关系”进行再想象的过程中将再次添加意识形态因素，增加意识形态浓度，实际上就是一种提纯和强化的升级活动，当然这种意识形态只能是主导意识形态，也就是所谓的“时代精神”。

三

有人曾这样指出：

---

① 郭开：《略谈对林道静的描写中的缺点——评杨沫的小说〈青春之歌〉》，载《中国青年》，1959年第2期。

② 参见刘茵文章《反批评和批评》，载《文艺报》，1959年第4期。

③ 参见张虹文章《林道静是值得学习的榜样吗?》，载《中国青年》，1959年第4期。

由于新中国大多数电影在很大程度上受到国家政策的干预和变化莫测的形势的左右，因此有明显的政治倾向性，讲求宣传实效和教育功能。正是新中国十七年电影中强大的政治意识形态话语，使得电影的文化属性和娱乐功能这些重要因素在价值结构中受到削弱，甚至欲望和快感，这些依附在中国旧有的电影，以及国外好莱坞为代表的电影传统中的东西被剔除。[①]

在对革命历史小说进行电影化改编的过程中，基于内在清醒的政治意识和外在意识形态压力，创作者们往往进行纯化处理，使革命书写更具神圣性，从而刻意强化和突出了主导意识形态因素。

杨沫在叙述对其小说《青春之歌》进行电影改编的情况时曾这样说："所以叫青年同志们应当爱什么人，恨什么人，应当走什么样的道路，我在改编剧本时是十分注意这个问题的。"[②]当然小说原作也有此意，不过在电影中被强化了。

只有亲身经过了，或者叫青年同志们又看见了过去人们的痛苦生活和先进的革命者英勇无畏的斗争，他们才会体会到今天幸福生活来之不易，也才会更珍惜今天的幸福生活。基于这种想法，电影剧本在这方面比起小说来不是削弱而是企图有所增强。而在拍摄过程中，由于导演和演员同志们的加工创造，影片比小说有所丰富。[③]

这正是杨沫依据主导意识形态的规约而为这次改编锁定的目标：政治意识形态教育。于是，在电影《青春之歌》中就不

---

① 陆弘石：《中国电影：描述与阐释》，北京：中国电影出版社，2002年，第306页。

② 杨沫：《林道静的道路——杂谈电影〈青春之歌〉的改编》，载《中国青年》，1959年第21期。

③ 杨沫：《林道静的道路——杂谈电影〈青春之歌〉的改编》，载《中国青年》，1959年第21期。

再能够解读出一个女人和几个男人的这种与革命历程同构的凡俗情爱故事(如李扬对小说《青春之歌》的解读)，只剩下一位革命女青年在经历一次被革命意识形态指认为政治上错误的婚姻之后，如何走向政治成熟的革命故事。于是年夜里，正当“找不到出路”的林道静苦闷彷徨时，卢嘉川以党的使者身份出现了，他要拯救这位迷失于凡俗生活中的热血青年，拯救途径是引导其走出家庭小圈子而走上革命道路。他告诉林道静，一个人只有投身到集体的斗争中，只有把个人的命运和人民大众的命运结合在一起，才能找到真正的出路。杨沫认为这种思想认识，在小说原作中尽管也有，但远不如电影中深刻，被编剧和导演强化了。[①]

杨沫还就导演崔嵬对该片的执导作出这样的评价：

> 导演的艺术思想和生活经历，弥补了剧本不足之处，并且有所丰富。在小说和改编本中时代色彩都写得不大够，但导演利用电影的手法，把时代背景和生活气氛烘托出来，并有助于人物的刻画。像林道静读书的几个特写镜头，一下子就把人物的内心世界表现出来了。类似这些镜头很多，它能够使影片的思想深化，弥补了改编本的不足，并且突出了小说的主题思想。导演强调的地方是影片政治思想方面最重要的地方，这个主要地方抓住了，再加以巧妙地运用电影的特点把政治思想用艺术形象表现出来，因之使影片获得较好的成绩，这是导演的功劳，这是遵循了毛泽东文艺思想指导的胜利。[②]

杨沫这段话的中心无非是说电影《青春之歌》不论是相较小说还是剧本而言，都深化了思想，也就是突出和强化了“政治

---

① 参见杨沫《林道静的道路——杂谈电影〈青春之歌〉的改编》，载《中国青年》，1959年第21期。

② 《杨沫同志在〈青春之歌〉演员的表演艺术座谈会上的发言》，载《电影艺术》，1960年4月号。

思想”，至于所谓“时代背景和生活气氛”无非是为这种“政治思想”而服务的。从影片本身也能看得出，它并无意于这种“时代背景和生活气氛”的可信与否，而在于是否有助于预设的“政治思想”的展现。一个离家出逃的女子与一个大学生公然同居，料理家务的同时沉浸于革命理论书籍中，这并不具有时代普遍性，很难表征“时代背景和生活气氛”。而且若就细节而论，一个中学水平的女子在阅读深刻的革命理论时尚能面带微笑（甚至在电影的文学剧本中还曾出现林道静喜悦地哼着歌曲阅读深刻的革命书籍的细节），就不能不勉为其难。之所以会出现这种不太合适的现象甚至漏洞，正是因为影片编导甚至演员，为了突出“政治思想”而刻意制作了“时代背景和生活气氛”，导致概念化、符号化现象的出现。杨沫在其发言中特别指出，影片之所以成功，“这是遵循了毛泽东文艺思想指导的胜利”，实际上是对时代的主导意识形态的高度认同和强调。

希治在其文《谈电影剧本〈青春之歌〉的改编》中认为：“影片《青春之歌》的主题思想所以如此鲜明突出，如此深入人心，导演的艺术创作上的特色，所以闪射出夺人的光彩，这都是由于导演遵循着毛主席的指示，一切从思想性出发，从政治性出发所获致的美好的结果。”[①]他还在文中引述导演崔嵬的说法来证实了影片对于政治意义和思想性的强调：

> 崔嵬同志在一篇文章中写道：“在《青春之歌》拍摄过程中，我们遵循着毛主席的指示，坚持艺术为政治服务的原则，着重突出了这部影片的政治意义和思想性，对一些情节作了新的安排，我们强调了林道静在党的教育下思想转变的过程，写出她和余永泽的分裂，不是生活细节的矛盾，而是立场和思想分歧的必然结果。”[②]

① 希治：《谈电影剧本〈青春之歌〉的改编》，载《百花》，1960年4月号。

② 希治：《谈电影剧本〈青春之歌〉的改编》，载《百花》，1960年4月号。

导演崔嵬本人在谈创作电影《青春之歌》的体会时说：

> 对于小说《青春之歌》的讨论，正是在我们的电影开拍前展开的。许多文章在肯定了《青春之歌》是一部有一定教育意义的优秀作品和批判郭开不正确的观点的同时，也指出了小说的一些缺点和不足的地方。这对我们很有利，帮助我们提高了认识，使我们取得了借鉴。因此，作者在修改文学剧本，以及我们导演进行再创造的时候，明确地解决了小说里所存在的一些值得商榷的问题。[①]

崔嵬明确承认了关于小说《青春之歌》的讨论对电影创作的影响。在当时的讨论中，对这部小说的肯定评价着眼于它的思想教育意义，而对它的否定也着眼于小说的政治思想方面，尤其是郭开的批判。尽管崔嵬在话语中否定了郭开的评价，但就影片而论，实际上还是尽量避免了郭开所指出的问题。这样一来，影片更加符合了主导意识形态的要求，更突出并强化了政治思想性。

电影《红旗谱》对同名小说的改编也强化了与主导意识形态相一致的政治思想性。周述会认为，改编者是紧紧地围绕着锁井镇的阶级斗争，特别是朱老忠的斗争活动这一中心线索来决定自己对原著情节的取舍的。[②] 对小说《红旗谱》的电影改编以革命话语为中心，尤其突出了党的领导作用。

> 从影片的结果来看，在改编者的艺术构思中，如何鲜明地体现党在农村中的初期活动，及其初步实现对广大农民的领导，是作为一个中心环节予以考虑的。因为，党的领导在影片中能否较成功地加以表现，无论对深刻地揭示农民革命斗争及其历史经验的主题，也无论对鲜明地刻画

① 崔嵬：《〈青春之歌〉创作中的几点体会》，见《青春之歌——从小说到电影》，北京：中国电影出版社，1962 年，第 253 页。

② 周述会：《漫谈电影〈红旗谱〉的改编》，载《电影创作》，1962 年第 3 期。

> 体现这一主题的中心人物，都具有决定性的意义。党的领导在原著中是比较薄弱的一环，改编者为弥补这个缺陷所作的努力是明显的，虽然这种努力还有值得商榷的地方，但所取得的效果仍然是令人满意的。[①]

这与“讲述话语的时代”的主导意识形态对执政党的神圣化确认和传颂是一致的，改编者显然刻意着眼于主导意识形态所期许的政教功能和意义，发挥了电影“为无产阶级政治服务”的工具效用。

据电影《红日》的导演汤晓丹介绍，对小说《红日》的电影改编适逢《毛泽东选集》第四卷出版，也正是它给了创作人员最锐利、最有力的思想武器；正是依此思想武器，影片在保持和丰富原小说精华的基础上进行了概括和提炼，“突出了毛主席军事思想的伟大指导作用”[②]。

> 因此我们把《红日》的主题确定为：“在毛主席军事思想指导下，发扬革命英雄主义的精神，积极主动歼灭阶级敌人，把革命进行到底。”我们将通过影片歌颂那些敢于斗争、敢于胜利、坚决革命到底的人；歌颂人民解放军这支钢铁队伍的集体主义精神；歌颂毛泽东思想的伟大胜利。同时，我们也要站在无产阶级彻底革命派的立场，揭露敌人阴险毒辣的反革命罪行，揭露敌人外强中干的纸老虎本质。[③]

从这段句句都在使用流行政治语言的引述可知，影片《红日》被定位为革命赞美诗与声讨书的模式，基本上成了当时政治条文的图解，对政治思想的突出和强调已远远超过小说原

① 周述会：《漫谈电影〈红旗谱〉的改编》，载《电影创作》，1962年第3期。

② 汤晓丹：《在学习毛泽东著作中准备〈红日〉拍摄》，载《电影艺术》，1960年第12期。

③ 汤晓丹：《在学习毛泽东著作中准备〈红日〉拍摄》，载《电影艺术》，1960年第12期。

作。如果说小说原作在硝烟和战火的罅隙中尚存凡俗生活的气息，那么在这部影片中革命的神圣逻辑已将这份气息基本驱散。

影片《林海雪原》加强了党和群众在剿匪战斗中的作用，特别将虎胆英雄杨子荣的传奇行为归结为党性作用。影片《铁道游击队》弱化了小说原作中侠肝义胆的莽汉气息，而强化了他们的革命身份及其行为的政治意义。影片《苦菜花》将小说原作中依稀可见的私性仇怨提升为革命知识谱系中的阶级深仇大恨。这些由革命历史小说改编而来的电影都不约而同地依据主导意识形态的规约对政治思想性进行强化，从而使影片在对“想象中的现实”进行再想象的过程中，在意识形态的再生产过程中，提升了意识形态的地位。

四

经由革命历史小说改编的电影，作为意识形态的再生产，再次经受了时代主导意识形态的制约，限于“讲述话语的时代”的政治思想的规训，也限于因最具有影响力和宣传性而导致的电影场内尤其过分的政治化，这些电影都对小说原作进行了意识形态强化，更加突出了政治思想性。但令人不无遗憾的是，它们在彰显革命神圣性的同时，也因此而远离了现实生活的凡俗气息。

这批电影对意识形态的提升和强化，往往通过各种方式进行，见缝插针地添加意识形态因素以提高意识形态含量，删减与主导意识形态不易融合的凡俗成分，将主导意识形态普泛化，即把正常看来没有或并不明显具有意识形态的凡俗成分经过处理而意识形态化，等等。总之，是通过各种方式对意识形态进行强化和提纯。

电影《苦菜花》将小说原作中“母亲”冯大娘与革命战士纪铁功之间非亲非故的关系改造为母子关系。该片中有场戏描写儿子纪铁功为革命牺牲后冯大娘的情感反应，饰演冯大娘的演员曲云在拍戏时不能自已地泪如泉涌，认为儿子死了，作为农村老太太的冯大娘应该痛苦，而导演则认为这样不对，不典型，应该化悲痛为力量去打倒日本帝国主义。[①] 曲云显然是从凡俗现实生活出发去体会一个正常农村老太太在儿子不幸死去时的切实悲痛心情，而导演则摒弃了这种表象化描述，履行“政治挂帅”的意识形态规约，对这种凡俗情感进行意识形态转化。作为演员的曲云在导演和同志们的帮助下，通过阅读革命书籍，终于“弄通”了。

在这种心情下，我重读剧本，重新阅读毛主席著作，用毛主席的阶级分析方法，来分析研究母亲的阶级地位(包括政治的、经济的)以及她在那个时代具体斗争中所必然产生的反应。我又读了《昆嵛山的火焰》，那些宁死不屈的光辉形象照亮了我底心，使我领悟到：许多英雄人物在经受严峻考验时，表现出来的样子各有所异，但有一个共同点：坚信革命事业必将胜利。这是主调，它在英雄的心中占有压倒优势的地位。作为革命的母亲，我也必然是这样的！这一点弄通了，问题才迎刃而解。因而，在我向星梅说：“他为穷人得救舍命，值得！”就比较深沉有力了，不是陷入悲痛而不能自拔。[②]

也正是基于这种政治觉悟，影片中赵星梅“就义”时，曲云就能够忍住悲伤，不再流泪，“化仇恨为力量”了。于是影片中这位地地道道的农村老太太就理性地喊出了民族和阶级的呼声：“打倒日本帝国主义。”

曲云还对饰演冯大娘的上述心理过程，进行自我批评性的

---

① 曲云：《从生活到创作——我演〈苦菜花〉中的母亲的几点体会》，载《电影艺术》，1965 年第 6 期。

② 曲云：《从生活到创作——我演〈苦菜花〉中的母亲的几点体会》，载《电影艺术》，1965 年第 6 期。

反省：

> 我最初，却只限于自然主义地表现生活的“真实”，迷恋于那些表面现象。事后想想，忽然明白：在任何创作中，如果立场不对头，政治不挂帅，即便你有再多的生活，也是难免犯错误的，因为你会反映那些实际上并不真实的“真实”，加以渲染，结果便歪曲了真实。[①]

此番话语蕴含着时代主导意识形态的规约力量。依照此约，贴近生活的真实是自然主义的真实，是对生活的错误认识，而真正的真实则是政治挂帅的产物。一位普通的中国演员对时代主导意识形态的复述倒与异域他国的著名学者伊格尔顿后来的有关“想象性现实”的理论惊人相似。

而小说《苦菜花》则不如影片的意识形态气味浓重，依然为凡俗生活和情感的存在留出了一定空间。在小说中，尽管冯大娘与纪铁功非亲非故，但对于这样一位优秀年轻人的惨烈死亡，她还是伤心落泪。这还是符合人之常情的，抛开阶级情感不论，毕竟冯大娘跟纪铁功的恋人赵星梅（也是女儿冯秀娟的朋友）的关系亲密，难免同情、惋惜。而对于自己小女儿嫚子的受刑而惨死，小说中对冯大娘的描述是：“发疯”、“呼喊”、“一次次昏厥”、“牙关发颤”等极度情感爆发，[②]应该说，这是对正常人性的书写。

影片中，冯大娘亲手开枪打死汉奸特务王柬芝这一出戏也是增添进去的。为了响应“拿起枪消灭拿枪的敌人”的革命意识形态的号召，影片让一位从未拿过枪的农村老太太在遭受敌人极刑摧残而未痊愈的情况下，于不期而遇中沉着老练地一枪打死一个隐藏极深的富有战斗经验的汉奸、特务、人民公敌王

---

① 曲云：《从生活到创作——我演〈苦菜花〉中的母亲的几点体会》，载《电影艺术》，1965年第6期。

② 冯德英：《苦菜花》，北京：人民文学出版社，1959年，第242～243页。

柬芝，令人不能不惊异于创作者在对“想象中的现实”进行再想象时想象力的丰富。这样一来，本为凡俗的农村老太太的冯大娘无论如何也不再凡俗，而摇身一变为革命意识形态的符号和载体。演员曲云也描述了她在扮演冯大娘完成击毙王柬芝这场戏时的体悟和感触：

> 通过一遍遍的排练，我逐渐体会到母亲当时的心理状态：她已经不是影片开头的哪个敢怒不敢言的又有些信命的妇女了；面对着王柬芝这个披着人皮的恶狼地主，母亲想到的，不只是他家和自己家世世代代的剥削关系和私仇，更理解了他是全村的仇人，是所有受苦农民的阶级敌人，是汉奸、特务。因此，她这种仇恨的感情是深而广的。[①]

有了这种深刻认识和阶级感情作为依托，面对王柬芝这个“花招十足”、“狡猾万状”的阶级和民族敌人，“她是那样镇静，甚至是无限蔑视”；于是在王柬芝企图夺门而逃时，“母亲不动声色地扣动了扳机，于是母亲这个人物的‘点睛’之笔完成了，只有拿起枪来才能消灭拿枪的敌人这个深刻的寓意完全表达出来了”。[②]

就这样，为迎合时代的政治要求，在以革命意识形态对冯大娘进行神圣化塑造的同时也将她的凡俗生活给删除了。这种远离凡俗生活的处理无非是为了以电影这种在当时最具影响力和宣传力的媒介进行政治思想教育。焦庄户民兵连就被媒体报道说看了电影《苦菜花》后深受阶级教育且促进了实践工作。据此报道：焦庄户的民兵连在看完电影的第二天就组织了讨论（这也是当时风行全国的政治思想教育方式之一），结果，民兵们练兵的劲头更大了，女民兵焦淑霞头天打靶只打了

① 曲云：《从生活到创作——我演〈苦菜花〉中的母亲的几点体会》，载《电影艺术》，1965年第6期。

② 曲云：《从生活到创作——我演〈苦菜花〉中的母亲的几点体会》，载《电影艺术》，1965年第6期。

五环，看过电影的第二天就打了二十环，就是因为受到了冯大娘一枪击毙王柬芝的精神感染和教育，作为毛泽东时代的青年民兵，立志要做无产阶级革命事业的接班人，在思想上更好地武装了起来。[①] 且不论这份报道的真实与否，从这种形式本身足以说明电影被委派了政治思想教育的重要任务，成为政教工具，至于审美、人性、生活等等都统统要给政治让道，这正是当时主导意识形态对电影的定位。

电影《红旗谱》在提升意识形态含量的同时也在相当程度上摒弃了小说原作丰富多彩的生活情趣，周述会当时就指出了这种情况：

> 当然，也有交织在这些重大情节中的某些附属线索和枝蔓被删去了，如为春兰和大贵提亲、老驴头杀猪、冯兰池向朱老星逼债以及张嘉庆与严知孝的线索等。由此可以看出，改编者是紧紧地围绕着锁井镇的阶级斗争，特别是朱老忠的斗争活动这一中心线索来决定自己对原著情节的取舍的。[②]

电影《青春之歌》将小说原作中为时人争议的革命者之间的凡俗情爱故事挥刀斩去（至于林道静和余永泽的婚恋故事则被书写成革命者走上革命道路之前的迷惘和失足，以供反衬革命之用），只余下神圣的革命故事，从而使得巴赫金意义上的“复调小说”变成了单纯的革命演绎。电影《在烈火中永生》将小说《红岩》中仅存的凡俗气息都清除殆尽，只有对于革命意志和斗争激情的展示。电影《林海雪原》对小说原作中“才子佳人”的风月故事只字未提，着眼于虎胆英雄杨子荣的革命英勇行为时还念念不忘党和人民群众的神圣力量。电影《铁道游击

---

① 参见电影艺术记者《焦庄户民兵畅谈影片〈苦菜花〉》，载《电影艺术》，1965年第6期。

② 周述会：《漫谈电影〈红旗谱〉的改编》，载《电影创作》，1962年第3期。

队》弱化了小说原作中侠肝义胆的莽汉气息，尤其通过对政委李正作用的放大，强化了他们的革命身份及其行为的政治意义。小说《野火春风斗古城》的凡俗情爱生活在同名电影中的故意潜隐和符号化处理，使得革命意识形态更加畅通无阻。如此等等。这些由革命历史小说改编而来的电影无一不在强化和提纯意识形态的同时疏远甚至抛弃了凡俗生活。

第三节 情爱生活的委屈

作为意识形态的再生产，与革命历史小说原作相较，由革命历史小说改编制作的电影中情爱生活的成分被大大降低，而且意识形态指数更高；在这一状况下，作为凡俗欲望生活的重要成分的情爱生活因为意识形态压力而紧张和委屈。

一

对意识形态的强化使得情爱生活的处理成为对革命历史小说进行电影改编时特别敏感的问题。较之小说原作，这些电影在主导意识形态强有力的制约下进行意识形态再生产时对情爱生活的处理大为不同，其归旨就是在所谓“尊重原作”的基础上强化政治意识形态。

在那个“政治挂帅”的时代，一切皆从政治出发成为时代风尚，政治成为存在的合法性依据。儿女情长的情爱生活被视为私性的、个人的凡俗生活，与当时主导意识形态所张扬和推崇的力图神圣化的公共生活迥然相异。如前文所言，那个政治气氛逐渐紧张的时代带有明显的禁欲主义倾向，尤其是对私人化世俗生活欲望的排斥，已基本形成为当时的社会风尚和审美取向。美国学者莫里斯·迈斯纳在分析毛泽东未来观中的乌托邦性质时曾经指出：“毛泽东的社会主义道德特别注重斗争、自我牺牲、自我否定的禁欲主义价值观念。”[1]在这种社会风尚和审美取向的影响和控制下，甚为敏感的情爱生活逐渐变得稀缺和匮乏起来，在文艺作品中也是如此。但是，在“十七年”文艺作品中，情爱生活并非“禁区”，尤其在革命历史小说中，情爱生活依然大量存在着。“小说之足以动情者，无若男女之情”[2]，基于这种文艺常识和惯性思维，作家们还是在革命书写的主旋律中以各种方式塞进了大量的情爱生活成分。在相对稍稍宽松的政治语境中，情爱生活可以写，这一点已被普遍认同，即使在对作品关于情爱的书写进行批评时，通常都会强调并不否定书写情爱生活，问题是如何写，如何能够以神圣化的革命话语对凡俗情爱生活进行意识形态编码。不少革命历史小说对情爱生活的处理并未完全如愿，因此招致批评甚至批判，这也是这些小说在进行电影改编时特别敏感的地方。

较之革命历史小说原作，电影中情爱生活的成分被大大减少，而且意识形态指数更高；在这一状况下，作为凡俗欲望生活的重要成分的情爱生活因为意识形态压力而紧张和委屈。

二

杨沫小说《青春之歌》出版后曾引起剧烈的反响，其中不乏批评的声音，而针对这部小说中情爱生活的书写持批评态度的也大有人在，这也是影响对小说进行电影改编的重要因素。

郭开针对《青春之歌》的批评比较典型，且影响较大（其批评本身又迅速引起争议）。郭开从三个方面对这部小说作了批评，其中第一个方面就涉及了主人公的情爱生活书写，认为林道静答应了余永泽的情爱要求是“小资产阶级温情主义”的表

---

① 莫里斯·迈斯纳：《毛主义未来观中的乌托邦成分和非理想化成分》，见萧延中等编：《外国学者评毛泽东》第3卷，北京：中国工人出版社，1997年，第109页。

② 林纾：《不如归·序》，北京：商务印书馆，1908年。

现，而作者却没有站在无产阶级立场上进行批判。[1]

可以看出，郭开这种批评完全是借助于主导意识形态威权而进行的政治性批评。尽管杨沫这部小说以情爱喻指革命，并将情爱生活与革命同构重合，就总体而言，在相当程度上是对神圣革命进行演绎，但并不能因此而否认在具体的书写中对凡俗生活的偶然尊重（即使是无意为之）。在余永泽与林道静的情爱生活书写上，杨沫所依据的是生活逻辑而不是郭开所遗憾的神圣革命的逻辑。一个不谙世事的十几岁的女孩子，孤身逃离家庭，投亲不遇又险遭毒手，走投无路之际跳海自杀，幸为"骑士兼诗人"的北大学生余永泽搭救并安置生活，感激、感动、感染，甚至爱慕，再甚至意乱情迷都属人性之自然，当无可厚非。进而林道静孤身奔波于北平街头寻找工作却处处碰壁，并险遭暗算，此番万般无奈境况之下，救命恩人兼情人的含泪相求和激情诱惑对于这位初涉世事的女孩子来说确实难以进行斩钉截铁的革命性拒斥。从凡俗生活的角度来看，倒是林道静的最终接受颇具人间烟火味，也正是这种为郭开所批判的"小资产阶级温情主义"使得林道静血肉尚存，而不是一出场就是用特殊材料做成的王成（电影《英雄儿女》中人物）式的符号化人物。

在同一篇文章中，郭开还批评了林道静在曾经的爱人余永泽的窥视中游行的尴尬（这时林道静因游行被打而嘴脸青肿鼻孔流血）：

> 这有什么见不得人呢？我们进行革命的示威游行，正是为了让他们看见革命的力量，我们才走上街头，不然我们向谁示威呢？和反动派的警宪搏斗中负伤流血，这是我们战斗的痕迹，看着这些血迹，我们应该变得更坚强。只

---

① 参见郭开《略谈对林道静的描写中的缺点——评杨沫的小说〈青春之歌〉》，载《中国青年》，1959年第2期。

有那些小资产阶级意识浓厚的人，才会在自己的爱人面前表现得那样气急败坏。这分明是林道静虚荣心理的流露。[1]

姑且不去探讨林道静到底因为何故而如此，愤怒也罢，尴尬也罢，至少可以说明此时的林道静依然在意于这位曾经的爱人，以凡俗之见，夫妻一场春梦无痕实属不易。

刘茵针对小说《青春之歌》中的情爱书写也进行了批评，认为，杨沫在对林道静和其他党的负责人的描写中，特别是有关爱情的描写上，流露了一种不健康的思想感情。就林道静而言，“她一面希望和余永泽‘凑合下来’，一面又默默地爱着卢嘉川；一面爱着卢嘉川，一面又对江华产生了异样的感情。她总是摆脱不开一些个人的问题，总是把对一些革命者的敬与个人的爱混杂在一起，这的确有损于这个人物形象的光辉”。就卢嘉川来说，“在宣传革命真理的时候，却对一个‘美丽’‘活泼’‘热情’的有夫之妇发生爱情。这是不道德的，也有损于人物形象的完整”。而针对作品人物的批评最后还是归结到了人物的创造者杨沫身上，“《青春之歌》的作者对于如上所述的小资产阶级的爱情，一直是赞赏的、同情的。作者的这种态度，通过作品中许多正面的党的领导干部都体现了出来”。这样一来，结论就出来了，“作者是以小资产阶级的观点和情感来处理小资产阶级的爱情关系的”[2]。

钟望也在其文中针对林道静的情爱观念提出了批评，认为林道静第二次在监狱里所写的怀念卢嘉川的诗[3]，就流露了这种罗曼蒂克的小资产阶级情调。[4] 钟望显然是从无产阶级神

---

① 郭开：《略谈对林道静的描写中的缺点——评杨沫的小说〈青春之歌〉》，载《中国青年》，1959年第2期。

② 参见刘茵《反批评和批评》，载《文艺报》，1959年第4期。

③ 该诗参见杨沫《青春之歌》，北京：作家出版社，1958年，第368～369页。

④ 参见钟望《我对林道静的看法》，载《文艺报》，1959年第3期。

圣革命的逻辑出发，将风花雪月的缠绵，哪怕是聊以自慰的幻景都一笔抹杀了。无产阶级革命需要的是排山倒海式的澎湃激情，而不是儿女情长，哪怕是爱情也只能依据于革命激情方能获得合法性。尽管这首诗里并非没有革命话语，甚至革命气息颇为浓厚，如，“告诉我那勇敢的、艰苦的战斗事迹”，而爱情味道倒显不足；但是“没有倾谈”、“没有默许”、“永远不再分离”等所营造的浪漫格调与无产阶级革命的单纯战斗和献身思维相较，就显得过于复杂了。

林道静在入党的第二天，江华找她谈工作，准备把她调到机关去，林道静忽然感到一种莫名其妙的“爱情的饥渴”，钟望认为这是不对的，理应兴奋地准备以全部精力从事这种新的革命工作。针对林道静对已献身革命的精神恋人卢嘉川的思念和缠绵（精神性的），钟望也提出了批评，认为这种对人物感情的描写，充满了小资产阶级的情调，不但不能通过这种对于爱情的描写唤起人们的昂扬斗志，来激励起人们为了纪念死者，更加勇敢地走向革命的道路，却损害了林道静这个形象，从而也损害了作品的思想性。① 就是说，即使是对死去的恋人的思念都应该是充满战斗激情的，革命需要的是战斗激情。

张虹从道德着眼，对于林道静情爱生活的责难则更为尖锐，他认为：“林道静两次结婚，都是随随便便与人同居了事，感情好就合，感情不好就散，不受一点道德约束。在书里她曾经先后和四个人发生爱情，而这种爱情关系也有些暧昧不清。”②

三

电影《青春之歌》的编剧杨沫和导演崔嵬等都在意识形态再生产的过程中，认真对待了各种批评，并融贯到电影的创作中，以便对意识形态进行强化处理。

① 参见钟望《我对林道静的看法》，载《文艺报》，1959年第3期。
② 张虹：《林道静是值得学习的榜样吗？》，载《中国青年》，1959年第4期。

编剧杨沫曾在事后不止一次地谈起读者的意见对于改编的影响：

> 《青春之歌》这部小说是有很多缺点的，在电影剧本中如何弥补小说中的缺点，而使出现在观众面前的影片尽可能完美些，曾使我苦苦思考并和导演同志反复商讨过。机会巧遇，正当那时，有的刊物展开了这部小说的讨论。这些讨论的文章对我们改编剧本有了不少的启发和帮助。[①]

在另一篇杂谈中，她又强调指出这种影响，“当《中国青年》和《文艺报》讨论《青春之歌》的时候，也正是我改编电影剧本的时候，因此能够及时广泛地吸收了各方面有益的意见”[②]。

导演之一的崔嵬认为，小说原作中卢嘉川与林道静相互之间宣泄了一些不健康的情绪，而这种“不正常”的关系会大大削弱作为共产党员的卢嘉川的形象。革命者卢嘉川对于革命的帮扶对象林道静不应该存在任何私心杂念，而应该纯洁无私地帮助她进步，将其逐步教育培养成一名无产阶级战士。正是基于这种考虑，电影就把小说中二人之间的纠葛挥刀斩去了。[③]

鉴于针对小说原作中情爱生活书写的各种批评，鉴于强化革命意识形态的需要，编剧和导演在意识形态再生产的过程中，对小说原作进行了提纯化处理，将不利于革命意识形态传扬、不利于人物形象塑造的凡俗情爱成分尽可能删除。小说原作《青春之歌》中江华与林道静之间的情爱关系在电影中已被完全清除，只剩下纯粹的革命同志关系，而卢嘉川与林道静之间的暧昧关系已基本隐去。尽管观众仍能从电影中林道静那几句声情并茂的“卢兄”的称唤中以及在好友王晓燕面前颂诗

---

① 杨沫：《改编〈青春之歌〉的几句话》，载《新观察》，1959年第19期。

② 杨沫：《林道静的道路——杂谈电影〈青春之歌〉的改编》，载《中国青年》，1959年第21期。

③ 参见崔嵬《〈青春之歌〉的改编和导演创作》，载《电影创作》，1959年第12期。

怀念卢嘉川的行为中习惯性地解读出林道静对卢嘉川的爱慕和思恋，但导演却有不同的解释："至于林道静从定县逃回北平，在王晓燕面前念诗怀念卢嘉川，那是在另一种情况下的另一回事了。因为这时候林道静早已和余永泽'各奔前程'了。她有权利怀念自己敬爱的启蒙教师。"[①]虽然导演崔嵬的解释语焉不详且闪烁其词，但还是基本能够断定他们在试图将卢嘉川定位为不安于小家庭生活的林道静的启蒙导师，二人关系似乎不关风月，尽管因情感外泄易于误导观众。

在小说原作中，林道静和余永泽的情爱生活是作为重笔书写的，尽管是作为时代女性逃离家庭束缚追求个性自由解放而最终失败的象征性事件，但其中的凡俗儿女情长却不无生活基础，男欢女爱的眷恋和两情相悦的渴念倒也真切动人。而到了电影中，急功近利的政治诉求使得革命逻辑过于武断地挤占了生活本来面貌。基于政治理念先行的时代原则，林道静和余永泽的情爱生活被先验地设定为革命者遇到革命真理之前的误入歧途，于是一场本该由生活演化而来的性格悲剧被机械地置换为敌我判然的政治分野和错位。于是，余永泽所有的浓情挚爱都充满爱情阴谋和陷阱的嫌疑；于是，小说原作中林道静对余永泽的"我非常非常地爱你"[②]的情真意切的表白被抹去了；于是，电影中林道静"忍气地"邀请余永泽一起参加纪念"三·一八"游行示威活动，而不再是小说中"忘情地拉住"他来要求；于是，对二人同居生活展示的基本上是立场的差异和争执；于是，二人的分手更为直截了当，不再是像小说中那样让林道静留下一张情意绵绵的字条后凄然离去。林道静对余永泽这种拖泥带水的凡俗情感显然与革命意识形态的脱俗化倾向不合，

---

① 崔嵬：《〈青春之歌〉的改编和导演创作》，载《电影创作》，1959年第12期。

② 杨沫：《青春之歌》，北京：作家出版社，1958年，第48页。

自然受到批评，这可以从杨沫的辩解文字中看得出来。[1] 电影中二人分手后的干净利落取代了小说原作中的藕断丝连，电影中林道静再没有故地重游[2]时的迷离与怅惘，也没有游行示威时对余永泽目光的在乎。这样一来，为了照顾林道静这位后来的革命者的光辉形象，影片小心翼翼地处理她和革命异端余永泽的情爱生活，使得本该酣畅淋漓的情爱畏首畏尾，实在委屈。

四

曲波小说《林海雪原》也曾引起强烈反响，其中对小说中白茹与少剑波之间爱情的书写多有诟病。

侯金镜在基本肯定这部小说的基础上指出了一些缺点，其中关于白茹与少剑波之间的爱情书写就是一大缺点。侯金镜在这方面的看法可以归结为以下几点：(一)小说对白茹的书写所占篇幅太多；(二)白茹精神境界的狭窄和庸俗与小分队的其他英雄战士很不协调；(三)白茹的设置及其与少剑波的恋情影响了少剑波的英雄形象；(四)作者把主观的幻想和并不健康的感情趣味硬加在作品里，从而脱离了现实生活。[3]

针对这份爱情的批评较为典型的还有田禾的批评。田禾认为，小说对白茹的爱情的描写不仅在篇幅上超过了对其革命工作的描写，而且让革命服从于爱情，从而颠倒了二者关系。更为严重的是："他们这种'爱情'是这样的低下庸俗，它和整个

① 杨沫：《谈谈林道静的形象》，载《人民文学》，1959年第7期。

② 小说原作中林道静从定县逃回北平，深夜漂泊于街头时曾"不知怎地竟又走到沙滩那座她曾经和余永泽一起住过的房子前"，"她望着那两扇黑黑的紧闭着的街门，惶惑地想道：'他是否还住在这儿呢？……'一种说不上来的感情，使得她对着这座小小的街门凝望起来了。——她的眼光在黑夜中仿佛要穿透墙壁直视到她和他曾经住过的房间里"。参见杨沫《青春之歌》，第306页。

③ 参见侯金镜《一部引人入胜的长篇小说——读〈林海雪原〉》，载《文艺报》，1958年第3期。

小说的革命英雄主义和革命乐观主义基调是那样背道而驰。”[1]就是说，所谓的“女英雄”白茹已沦为少剑波个人英雄主义的“装饰品”。

上述针对小说《林海雪原》中爱情书写的批评基本上代表了当时读者的认知和看法。对于这种容易引起并已经引起批评的爱情书写在影片《林海雪原》中就得到了彻底整治。影片中“小白鸽”白茹尽管依然快活得像只小鸟跳来跳去，但都是在忙着革命工作，整部影片丝毫没有展现她与少剑波的爱情关系，哪怕是一个令人浮想联翩的眼神也没有，就是说该片已将尽管曾招非议却也不无凡俗情趣的爱情彻底清除。当然这也与该片的定位有相当关系，该片的副题《智取威虎山》已表明它主要定位于杨子荣只身深入匪巢卧底的虎胆行为，就是以杨子荣取代小说原作中少剑波的主角位置；但是这种主角的转换却为塑造少剑波的形象留有一定的空间。影片将这些空间利用来突出少剑波的英明领导和出色指挥，唯独只字未提爱情，哪怕是一个暧昧的词语，这就不是主角转换所能全部解释的了，显然是别有用心。这种用心之所在正是意识形态再生产过程中对革命意识形态的提纯和强化。这样一来，情爱生活已委屈至极，甚至连委屈的权利都已被取消。

五

吴强小说《红日》在对枪林弹雨的战争书写的间隙依然兴致盎然地描述了情爱生活，而且占了不少篇幅，涉及上至首长下到普通走卒的多种情爱生活的书写。当然，这部小说的情爱书写也不可避免地受到过批评。

何其芳认为，小说《红日》中的情爱生活没有写出新的品质和新的风格，尤其是沈振新与黎青的情爱生活，原因是黎青这

---

① 田禾：《女英雄还是装饰品——从“小白鸽”谈到妇女英雄形象的创造》，载《北京日报》，1961年6月10日。

样的人物和感情实在陈旧。[①] 何其芳此话之意无非是说这种情爱书写与尚力崇公激情澎湃的革命偏好不相协调。冯牧的观点与此相同，认为小说中"平静而纤细的爱情的声音"与"响彻在全军上下的那种钢铁般的战斗的声音"不相协调，"过多的个人的缠绵之情"成为雄伟动听的交响乐之中的"几声刺耳的不和谐音"。[②] 刘金从女性塑造的角度提出了批评，认为作者偏重于这些女性的爱情生活，对她们的儿女情长写得过多，而斗争较少，致使她们几乎成为附属品。[③] 石言的看法与此相似，认为小说甜味多了，而辣气少了。[④] 连作者吴强本人在反省自己对《红日》的写作时都认为自己爱情成分写多了。[⑤]

上述批评和反省基本上是立足于革命意识形态的审视和考量，由小说改编的电影《红日》在意识形态再生产过程中就对这些曾引起批评的情爱部分进行了慎重处理。小说中的几位女性在电影中只留下两位，姚月琴和阿菊，并非战争让女人走开了，而是基于对革命意识形态的强化需要。于是，军长沈振新与黎青哪怕"陈旧"的爱情温暖都被取消了，不再有任何儿女情长的羁绊，尽可一心一意地专事于革命战争；而小说中曾经甜蜜幸福的恋人梁波与华静则被同时删除。机要员姚月琴尽管仍被留下，但也不过是因为革命工作需要，也不再享有恋人的身份，因为连其在小说中的心上人军部参谋胡克都没有出现。电影中仅存的爱情就是杨军和阿菊的情缘了，但这种被过分意识形态化的爱情实在成色不高。阿菊跟杨军所说的几句话无非是公共性的革命话语，就是参军；待到阿菊真参了军后，

---

① 参见何其芳《我看到了我们的艺术水平的提高》，载《文学研究》，1958年第2期。

② 冯牧：《革命的战歌，英雄的颂歌——略论〈红日〉的成就及其弱点》，载《文艺报》，1958年第21期。

③ 参见刘金《〈红日〉试析》，上海：上海文艺出版社，1962年，第68页。

④ 参见石言《"红日"的人物》，载《解放军文艺》，1958年第7期。

⑤ 参见吴强《写作〈红日〉的几点感受》，载《文艺报》，1958年第19期。

杨军对阿菊私下的叮嘱是:“到卫生队要好好工作,现在不是老百姓了。”革命话语占据私性空间,从而驱逐了私性话语,儿女情长的凡俗气息在雄壮的革命炮火中卑怯地随风而逝。

六

小说《野火春风斗古城》中的情爱书写也可算较重的一笔。党的地下革命工作者银环与同事高自萍关系不能不说十分暧昧,尽管并非共产党员的高自萍被指认为“把自己装扮成满腔热情的‘革命者’”的“极端的个人主义者”[①]。也就是说,高自萍革命动机不纯,带有相当的投机性质,着眼点在于收获银环的爱情,即使叛变革命后依然未改初衷,对银环始终情有独钟(对于高自萍,作者依然采取了革命历史小说中常用的对叛徒的模式化书写策略,即叛变之前就不无征兆)。而银环对于高自萍也并非完全无动于衷,带有半推半就的暧昧和幽怨,尽管作者一再遮掩,但也过于勉强,这也正是这部小说在当时为人诟病的重要原因之一,不少人因此对银环的小资产阶级温情作派进行怒其不争的抱怨式批评。被党派来领导地下革命工作的杨晓冬革命和爱情双获丰收,尽管爱情只能凭借革命的外衣暗度陈仓,但也在革命话语包装下暗中蓬勃;银环更是在遇到革命领导时也觅到了作为崇拜对象的情人,从而摆脱了小说刻意为其营造的迷茫。

电影《野火春风斗古城》已基本上清除了银环对于高自萍本来情有可原的暧昧,将其与高自萍的革命工作关系进行单向的纯化处理,尽管保留了高自萍对银环一厢情愿的爱情迹象,但也渐趋隐晦,而且明显是为了突出高自萍的卑劣,丑化其灵魂。如果说在小说中,高自萍与银环之间的暧昧情感关系还具有推进叙事的功能的话,那么在电影中,高自萍对银环的单向

---

① 方明:《野火烧不尽,春风吹又生——读〈野火春风斗古城〉》,载《文艺报》,1959年第1期。

追求已与叙事关系甚微，只是为了塑造人物形象以尽渲染之功效。这样一来，爱情实质上充当了革命化叙事的牺牲品。电影中杨晓冬与银环的爱情书写也是慎之又慎，完全抛弃了小说中的明说，而采取暗示的手法。银环在与杨母谈话时的隐晦测探及灯火灼手的细节流露，杨母被捕后赠送戒指时的煞费心机，最后杨晓冬与银环离别时再次赠送戒指时的神秘和良苦用心，以及银环的恋恋不舍，都尽量采用了暗示的方式将革命者的儿女情长处理得压抑而紧张，反倒比在敌群中的地下革命工作还沉重和疲倦，在刻意突出党的优秀儿女革命工作的纯正以强化革命意识形态的同时，也使得革命者的情爱生活紧张和怯懦。

小说中革命者金环同时与武工队梁队长和赵大夫保持情爱关系，连金环自己在遗书中都已承认，尽管作者为维护这位女革命者的光辉形象，不无勉强地将这种三角情爱关系通过金环之口说成是为了革命工作的顺利开展，这也是小说受到批评的重要因素之一。到了电影中，赵大夫干脆就被删除，而金环与梁队长之间的关系已很难看出暧昧的迹象了，至于她对梁队长的训斥性的指责也很难理解为暧昧关系，完全可以理解为革命工作上的干练和利落。这位风风火火的革命者已演变为来历不明的革命女侠，没有父母，没有丈夫，没有孩子（而这些在小说中则有详尽交代），她对杨晓冬的自我介绍也只有“我叫金环”四个字，似乎她的存在除了“金环”这个私性符号就是革命者的公共事业了，那么这位女性的存在究竟如何确定就不能不令人困惑。可以说，电影中金环的塑造不但具备而且甚于“文革”样板文艺中的寡女（单身女人）模式，《沙家浜》中阿庆嫂起码还能让我们联想起冥冥之中的一个叫阿庆的男人在表征着这位颇似江湖女侠的茶馆女老板的私性归属，但这里的金环实在像是天外来客。如果说电影对革命意识形态的刻意强化对杨晓冬和银环还网开一面，为私性情感留下少许空间，那么对金环和梁队长则剥夺了任何凡俗空间，更遑论儿女情长，只剩下神圣的革命工作。

另外像电影《铁道游击队》、《苦菜花》等由革命历史小说改编而来的电影，也都尽可能地减少情爱生活的成分，尽可能不事张扬，力图使残存的情爱生活尽可能隐晦，试图弱化情爱生活的诱惑力，结果往往事与愿违，这种备受挤压的情爱描写却备受观众注目和青睐，在那个情爱匮乏的年代散发出独特的温馨，慰藉着人们苦涩的心田。如小说《铁道游击队》总是念念不忘大队长刘洪与寡妇芳林嫂之间的依恋和眷念，紧锣密鼓的叙事间隙中总是不断强调他们的温情暖意；而电影中只是通过几个今天看来未必炽烈的眼神和战友的几句意在调笑的俏皮话以及影片结尾处对“英雄救美”的革命化模仿（披上了革命斗争的神圣外衣）来隐晦描写他们之间的爱情，尽管如此，却还是令人备感温馨和甜美，因为在那个特定时代，电影中的情爱展示实在是来之不易。在小说《苦菜花》中，妇救会长冯秀娟与区委书记姜永泉不但恋爱而且还结婚生子，而在电影《苦菜花》中二人之间的儿女恋情就只有冯秀娟的一个失意表情和送双布鞋的暗示了，实在是委屈不堪。小说《红岩》中刘思扬与孙明霞、华为与成瑶之间的爱情尽管不无单调之嫌，但到底还是留存了一丝凡俗生活气息，而到了电影《在烈火中永生》中都被简化到实在难以辨认的程度；刘思扬与孙明霞已毫无爱情关系，成瑶的戏份被完全删除，电影对华为和孙明霞之间关系的暗示无非就是孙明霞埋怨组织在她和华为之间工作分配上的不公（华为被派到华蓥山参加武装斗争而她却被留下来），爱情的踪迹实在难觅；江雪琴与老彭之间的夫妻关系展示也不过就是夫妻在难得的偶聚中激情澎湃地共赏革命地下刊物《挺进报》的蜡版样稿。

在这些电影中出现的情爱生活无一不是依托革命话语而存在，这样使得情爱已基本上与神圣的革命融为一体，以革命意识形态为其情爱书写之依据，凡俗情爱已被转化为神圣的革命情爱。既已如此，那么为什么这些电影不能放开手脚去展示情爱，而是畏首畏尾将情爱处理得这样委屈呢？这种似乎匪夷所思的现象反映出那个时代的潜意识中还是将情爱生活视为凡俗的、与神圣的革命无法等同的事情。也就是说，较之革命，情爱依然等而下之。

第四节　卡里斯马典型的版本升级

作为一种修辞术的卡里斯马典型可视为特定社会文化的一个风向标，表征着特定社会文化的情态和意蕴。相较而论，革命历史小说所建构的卡里斯马典型与“现代性工程”对卡里斯马典型不断朝向神圣化向度升级的要求之间总是存在一定的距离，因此这些卡里斯马典型难免受到不同程度的批评和责难，而被批评和责难的东西往往是卡里斯马典型的凡俗成分，这些也是对这批小说进行电影改编时备受重视的东西。较之小说原作，20 世纪五六十年代由革命历史小说改编摄制的电影对卡里斯马典型进行了更趋超凡入圣的版本升级，从而使得这些电影的意识形态气息更浓。

一

一如“典型”，“卡里斯马”(charisma)这一术语也来自西方。据王一川介绍[①]，该词源出《新约·格林多后书》，属宗教语汇，意为神圣之天赋，借指依凭神助之超常人物。德国社会学家马克斯·韦伯对其含义进行了全面扩充，用来指社会各行各业中具有原创性和神圣感召力的人物的特殊品质。美国社会学家希尔斯又对这一语汇的含义和用法作进一步引申处理，卡里斯马已不仅仅用来指人物，而且宽泛地包括社会中一系列行

① 参见王一川《卡里斯马典型与文化之镜——近四十年中国艺术主潮的修辞学阐释》(一)，载《文艺争鸣》，1991 年第 1 期。

为模式、角色、制度、象征符号和实际物体等，只要能表现出原创性和神圣感召力等超凡特征，都可以说具有卡里斯马气质。这样一来，卡里斯马权威实质上就成为特定文化的中心价值体系的内在支柱。由于希尔斯，“卡里斯马”就从一个政治学、社会学术语而扩展为文化研究概念。美籍华人学者林毓生率先将“卡里斯马”这一术语用于对20世纪中国文化的研究，发现20世纪中国文化的“危机”与“真正的‘卡里斯马’的权威过分贫瘠有密切的关系”[①]。王一川进一步将卡里斯马运用于文学美学研究，尤其是对20世纪中国小说的典型的研究卓有成效，令人耳目一新，深受启迪。

王一川对卡里斯马典型作过这样的描述性界定：“卡里斯马典型是艺术符号系统创造的、位于人物结构中心的、与神圣历史动力源相接触的、富于原创性和感召力的人物。”[②]在列举了卡里斯马典型的特征之后，王一川指出以卡里斯马典型取代正面中心英雄的理由：“首先，‘正面’一词过于确定、狭窄和浅泛，无法适应对象的丰富性、历史深度或难以捉摸特点，不如以卡里斯马一词中的神圣性和原创性予以取代。”“同时，这个词在习惯上被用来特指社会主义时代的价值指标”，“缺乏应有的普遍性”。“其次，‘英雄’一词能传达出基础、超常或超凡意味，但无法明确表达感召力内涵”。“最后，更重要的是，正面中心英雄典型概念及相应的阐释途径，无法阐明这种典型在特定文化语境中的特殊作用”[③]。正是鉴于此，本节拟借用卡里斯马典型作为视点来考量从革命历史小说到由此改编的电影在人物塑造上的变化。

① 林毓生：《中国传统的创造性转化》，北京：三联书店，1988年，第75页。

② 王一川：《中国现代卡里斯马典型——二十世纪小说人物的修辞论阐释》，昆明：云南人民出版社，1994年，第12页。

③ 王一川：《中国现代卡里斯马典型——二十世纪小说人物的修辞论阐释》，昆明：云南人民出版社，1994年，第15页。

以王一川之见，“卡里斯马典型作为修辞现象，正是出于特定文化语境中的表达需要而组织和调整话语的产物”[①]。这样看来，卡里斯马典型实质上就是特定历史状况下文化的一种修辞术，卡里斯马典型则可视为特定社会文化的一个风向标，显示着特定社会文化的情态和意蕴，而文化总是特定历史境遇中的文化，表征着特定社会历史的态势。如此一来，通过对一定时代的卡里斯马典型的考察来反观该时代的文化情状进而反观该时代的社会历史则不失为一种令人欣然的尝试，反之亦然。

二

中华民族100多年来的“现代性工程”至今还在探索中展进，而“新文化工程”作为其重要组成部分在新中国成立后延至“文革”结束基本上沿着延安路向蹒跚而行。这项带有相当民粹主义色彩的文化工程立足于工农兵，崇尚简单、质朴，并将阶级革命性作为其不可动摇的内在本质且不断加以强化。通过对这种新文化的研究，孟繁华指出：“新文化所要求的文学艺术和试图塑造的新生活，是一个不断要求净化、纯粹、透明的文学艺术和生活，只有这样的文学艺术和它反映的生活才是社会主义的。”[②]那么这种新文化对文学艺术“净化、纯粹、透明”的规格化要求实质上与对“卡里斯马典型”的规约是互文性的。对卡里斯马典型的塑造是“表达需要而组织和调整话语的产物”；作为一种社会文化修辞术，在这个特定的文化语境中，卡里斯马典型也表征着蕴含“现代性焦虑”的时代对“现代性工程”的建构主体直接或间接的规约和期许。在这个特定的时代，尽管对

---

① 王一川：《中国现代卡里斯马典型——二十世纪小说人物的修辞论阐释》，昆明：云南人民出版社，1994年，第26页。

② 孟繁华：《中国20世纪文艺学学术史》第3部，上海：上海文艺出版社，2001年，第29页。

如何塑造典型尤其是作为正面中心人物的卡里斯马典型的争议从未真正停止过，但主流趋势是走向简单化、理念化、符号化。

周扬作为毛泽东文艺思想的权威阐释者和传播者，自延安时代以来，尤其是新中国成立后相当长的时段里，代表着权力意志在说话，不时地代为发布政令性的文艺指示，在相当程度上充当着传声筒的角色。基于这种状况，对这位文艺高官的话语的审视便基本上可以窥探出主导意识形态对于文艺的制约和期许，对卡里斯马典型的规格化要求也蕴含其中。

周扬在1949年第一次文代会上所作的报告《新的人民的文艺》中，底气十足地肯定了解放区文艺作品对各种英雄模范人物的塑造；十分难能可贵的是，他不仅指出“英雄从来不是天生的，而在斗争中锻炼出来的”，而且指明了英雄人物成长的道路：“在共产党的领导和教育以及群众中的批评帮助之下，许多有缺点的人把缺点克服了，本来是落后分子的，终于克服了自己的落后意识，成为一个新的英雄人物。”①不难看出，这种对成长英雄历时性的宽容的前提和条件是英雄的最终完美，并不意味着对英雄共时层面的丰富性的容忍。新中国成立后，周扬更是理直气壮地代表权力说话。1951年在《坚决贯彻毛泽东文艺路线》的讲演中，周扬指出：“我们的文艺作品必须表现出新的人民的这种新的品质，表现共产党员的英雄形象，以他们的英勇事迹和模范行为，来教育广大群众和青年。这是目前文艺创作上头等重要的任务。”②对英雄典型的政教功能的过分强调（“头等重要的任务”）导致的是对审美功能的漠视以及与现实生活的脱离，从而使英雄典型渐趋理念化、理想化和单一化。同年在剧本《长征》座谈会上，周扬直言对塑造革命英雄“必须

① 周扬：《周扬文集》第1卷，北京：人民文学出版社，1985年，第516～517页。

② 周扬：《周扬文集》第1卷，北京：人民文学出版社，1985年，第59页。

表现革命人物的英雄气魄”,“表现英雄人物坚强的,乐观的,勇敢的精神”;而“对牺牲、悲惨、感伤的一面,应当适当地避免”。这种政令性规范实质上就消解了英雄人物个性的丰富性和复杂性,淡化甚至忽视人性、人情、人味,“易于把英雄人物描写引上扁平化、雷同化的道路”[①]。1952年周扬在其文《毛泽东同志〈在延安文艺座谈会上的讲话〉》中,进一步提高了革命英雄理念的标准。在该文中,他完全以毛泽东在《纪念白求恩》一文中所提出的共产主义新人的标准来要求文艺作品“真实地、生动地写出”如此规格的工农兵英雄人物,“对人们起共产主义教育作用”。[②]

在第二次文代会上,周扬在其报告中继续发号施令:“我们的作家为了要突出地表现英雄人物的光辉品质,有意识地忽略他的一些不重要的缺点,使他在作品中成为群众所向往的理想人物,这是可以的而且是必要的。我们的现实主义者必须同时是革命的理想主义者。”[③]乍看起来,这里现实主义依然被视为革命理想主义的基础,至少也是与革命的理想主义相提并论的,但实质上只是理论层面的话语建构,真正贯彻到文艺实践层面时,过分的理想主义往往又把现实主义放逐了,这就是所谓革命的现实主义与革命的浪漫主义的“结合”。在这种文艺规范下,英雄人物已被高度神圣化、完美化了,也为后来的“文革”文艺奠定了基础。在这个报告中,周扬还对当时关于创造新英雄人物的讨论中倾向于现实的意见给予了上纲上线的批评,借助于权力打压了许多有益于深化和丰富新英雄人物典型的可贵探索。

尽管“双百”期间,周扬紧随形势的变化,对英雄人物典型

---

① 朱德发等著:《中国文学英雄叙事论稿》,济南:山东教育出版社,2006年,第41页。

② 周扬:《周扬文集》第2卷,北京:人民文学出版社,1985年,第151页。

③ 周扬:《周扬文集》第1卷,北京:人民文学出版社,1985年,第252页。

的理念有所放宽，但随后而来的"反右"运动又使周扬立即改变腔调，强化了对英雄人物典型的神圣化倾向。此后，随着政治形势的总体趋势的逐渐恶化（当然并不排除个别时段的短暂的良性调整），周扬也逐渐将英雄人物典型的理念的版本逐渐升级，趋势是理想化、完美化、神圣化。

作为当时官方文艺政策的风向标的周扬对英雄人物典型的阐释和指令，实际上就代表着主导意识形态对卡里斯马典型的要求和期许。笔者在此之所以不吝笔墨地就"十七年"时期的文艺政策及文艺指令中关于英雄人物典型的认识和阐释进行描述，旨在为当时革命历史小说中卡里斯马典型的具体建构提供参照物。对文艺中典型形象的这种逐渐神圣化的要求实际上与毛泽东的社会道德理想规划和期许是相关的，孟繁华认为，"这种净化、纯粹、透明的文艺生产要求，其思想来源是毛泽东的道德理想"，"那名重一时的'老三篇'——《为人民服务》、《纪念白求恩》、《愚公移山》，洋溢着毛泽东对道德理想的诗意向往和赞颂的激情"[①]。这是作为社会文化修辞的卡里斯马典型与文化语境的关联，而这一关联也进一步折射出特定社会历史的情状。

王一川认为，自20世纪初以来的卡里斯马典型的发展在20世纪50年代找到了定型形态——"社会主义新人"，而这一"新人"也正是"新文化工程"在乐观主义试验语境中对历史主体的期许。[②] 那么，什么人能够作为"新人"充当这一历史主体呢？"自然是翻身作主人的工农兵和革命知识分子。这四类人物是昔日打江山的主体，也理所当然地成为建江山的主体"。基于这种"新人"的定位，"因而'新人'典型的故事既可以发生

---

① 孟繁华：《中国20世纪文艺学学术史》第3部，上海：上海文艺出版社，2001年，第28页。

② 参见王一川《中国现代卡里斯马典型——二十世纪小说人物的修辞论阐释》，昆明：云南人民出版社，1994年，第163～164页。

在建设年代，也可以发生在战争年代”。[1]革命历史小说正是通过对革命战争年代卡里斯马典型的话语建构来阐释作为历史主体的“新人”。

这些革命历史小说所建构的卡里斯马典型与“新文化工程”对卡里斯马典型不断朝向神圣化向度升级的要求之间总是存在一定的距离，因此这些卡里斯马典型难免受到不同程度的批评和责难，而被批评和责难的东西往往是卡里斯马典型的凡俗成分，这些也是对这批小说进行电影改编时备受重视的东西。通过对革命历史小说及由此改编的电影中卡里斯马典型的分别审视和考量，便可发现，这里存在着一个卡里斯马典型的版本升级问题。这种升级并不是丰富性的提升，而是人物性格的更加单纯化；版本升级的路向就是将小说中典型人物的凡俗成分尽量去除以使其更加神圣化，实质上是一种理性提升，这种情况与前文所述意识形态的强化趋势是一致并相互关联的。

三

同梁斌小说《红旗谱》一样，杨沫小说《青春之歌》可视为巴赫金意义上的“成长小说”。与传统小说最大不同的是，作为现代小说的“成长小说”将“时间”纳入小说对人及世界的思维和体验。如果说传统小说主要属于空间艺术的话，那么“成长小说”则可视为一种时间艺术。巴赫金对传统小说中主人公活动的“空间性”这样描述：

> 在大多数长篇小说题材的各种变体中，小说的情节、布局以及整个内部结构，都从属于一个先决条件，那就是主人公形象的稳定不变性、他的统一体的静态性。主人公

---

① 王一川：《中国现代卡里斯马典型——二十世纪小说人物的修辞论阐释》，昆明：云南人民出版社，1994年，第165页。

在小说的公式里是一个常数；而所有其他因素，如空间环境、社会地位、命运，简言之，主人公生活和命运的全部因素，都可能是变数。①

而由于"时间"的进入，"成长小说"中的主人公就不再是静态的统一体，其形象不再保持稳定不变，而是成为动态的统一体。就是说，不光人物之外的其他因素称为"变数"，最为重要的和根本的是主人公本身（性格、形象、心理等等因素）也成为变数，用李扬的话说就是"主人公本身的变化具有了情节意义"②。巴赫金对于"成长小说"界定的核心依据就是"时间性"："时间进入人的内部，进入人物形象本身，极大地改变了人物命运及生活中一切因素所具有的意义。这一小说类型从最普遍意义上说，可称为人的成长小说。"③

当然，巴赫金所说的"成长"并非仅仅意指心理学意义上长大成人，还包括人对"历史时间"的认知和把握，因此人的"成长"也表征着历史本质的成长过程。

作为"成长小说"的《红旗谱》和《青春之歌》等基于对主人公时间纬度的重视，为塑造主人公的丰富性和复杂性提供了基础和依据，自然也就丰富了卡里斯马典型。当然这种对卡里斯马典型的所谓"丰富"只是相对而言，无非是部分性地保留了人物的凡俗成分，即非政治化非革命化的成分。但是这些令人备感亲切的凡俗成分在相应的电影中都在一定程度上受到了压制。

小说《青春之歌》将主题定位为小资产阶级知识分子一步

---

① 钱中文主编：《巴赫金全集》第3卷，石家庄：河北教育出版社，1998年，第229页。

② 李扬：《50～70年代中文学经典再解读》，济南：山东教育出版社，2003年，第40页。

③ 钱中文主编：《巴赫金全集》第3卷，石家庄：河北教育出版社，1998年，第230页。

步走上无产阶级革命道路的成长历程书写。主人公林道静由非卡里斯马逐渐成长为卡里斯马的追随者次卡里斯马，继而再成长为卡里斯马的道路应该说具有有一定的代表性，符合事物的正常发展规律。将时间纳入主人公林道静的存在之维，已经不单是主人公的事情，还反映了作者观察世界的现实性视角和体验世界的历时性方式。

具有一定代表性的郭开对小说《青春之歌》提出了严厉批评，其中很重要一点就是郭开对于林道静在北戴河那一段的小资做派大为不爽，显然其骨子里是以静态的眼光来看待林道静的。一个出身于曾经阔绰却刚刚败落的家庭又读了一点“洋书”的花季少女，喜欢大海检点贝壳等行为应该无可厚非，因为这时她处于非卡里斯马或前卡里斯马状态。电影《青春之歌》就尽可能回避了对这种小资做派的过分书写，而是直接进入革命话语系统，一开场就让主人公林道静因受万恶家庭和社会的逼迫走投无路而自杀未遂，突出了政治性和革命内涵，而淡化了个体的丰富性存在。

小说《青春之歌》让主人公林道静在成长的每一重要阶段都发生恋情，于是一部革命意义上的政治成长小说与儿女情长的恋情小说就统一了起来，险象环生的革命历程与风花雪月的爱情故事融合在一起。可以说，这种“复调”式书写正是小说成功之处，风花雪月的青春恋情是小说惹眼之处，也是小说冒险之处。也正是因此而使卡里斯马典型避免了过分干瘪，而小说也正因此受到了不少批评和责难。如上节所述，郭开、刘茵、张虹等人都立于无产阶级革命立场对小说中的儿女情长书写提出过不同程度的批评。就是说，在他们看来，小说的风月书写在一定程度上对卡里斯马典型的光辉形象会产生负面影响。

电影《青春之歌》就尽量淡化了小说原作的凡俗儿女情长，对卡里斯马典型进行版本升级。电影中林道静与作为卡里斯马帮手的卢嘉川的恋情已经淡化得几乎不存风月成分，仅有的暧昧无非就是林道静在王晓燕面前颂诗怀念卢嘉川，这里更强调林道静对于一位启蒙导师和精神之父的诗意化的政治怀念，如若不是小说的先在诱导，实在模糊得让人难以辨认其中爱情的成色。况且即便存在关于林、卢爱情的暗示，也并未像批评者在评论小说时所指责的那样，影响卡里斯马典型的光辉形象。关于电影《青春之歌》对于林、卢之恋的处理，导演崔嵬曾这样作出解释：

> 我们对原作有两点较大的意见。一点是卢嘉川和林道静的关系问题，小说里写他们或隐或显地互相爱慕着，相互宣泄了一些不健康的情绪，卢嘉川曾经"暗暗地喜欢上了这个女孩子"，林道静对卢嘉川也超越了崇敬自己引路人的感情。所以戴愉在地下区委对卢嘉川的攻击，不是没有根据的。这种"不正常"的关系，会大大削弱一个共产党员的形象。卢嘉川对林道静，应当毫无私心，毫无其他动机地在帮助她进步，在逐步影响和教育她成为一个无产阶级的战士。这样，卢嘉川光明磊落的行为，将会使余永泽显得更加卑鄙和自私！基于以上的理解，我们把小说里所描写的他们中间的"纠葛"，一刀斩去了。至于林道静从定县逃回北平，在王晓燕面前念诗怀念卢嘉川，那是在另一种情况下的另一回事了。因为这时候林道静早已和余永泽"各奔前程"了。她有权利怀念自己敬爱的启蒙导师。①

按照崔嵬的解释，电影中林、卢关系似乎是纯粹的革命同志关系，林道静颂诗怀念的是自己"敬爱的启蒙导师"；但这种解释明显存在问题，如若林道静仅仅是将卢嘉川作为"敬爱的启蒙导师"来怀念的话，为什么还要强调此时林道静早已和余

---

① 崔嵬：《〈青春之歌〉的改编和导演创作》，载《电影创作》，1959年第12期。

永泽“各奔前程”呢？难道若非如是就没有怀念自己“敬爱的启蒙导师”的权利吗？这种解释实在难免有“此地无银”之嫌。这种漏洞反倒更确证了影片的主创者为提升卡里斯马典型的光辉形象而竭力免俗的良苦用心。这样一来，既预存了作为成长中的卡里斯马典型林道静的光辉资本，也维护了作为卡里斯马帮手的卢嘉川的神圣形象，按照革命逻辑，作为“导师”级的帮手理所当然要富于比其帮扶的卡里斯马更高更优良的素质。

小说原作中林道静与另一卡里斯马帮手江华的革命风月故事可算“革命加爱情”这一套路中令人欣慰的段落了，革命、恋情、身体难得齐全地全部登场。但到了电影中，二人之间的关系经过政治意识形态的严格过滤就只剩下纯而又纯的神圣的革命同志关系了。较之小说原作，这两位卡里斯马典型失去了恋情和身体的凡俗享受却荣获了革命的神圣光辉。

电影《青春之歌》保留了小说原作中林道静与余永泽的爱情戏份，但是却作了更富意识形态化的处理。如上节所言，电影《青春之歌》中，急功近利的政治诉求让革命逻辑过于武断地挤占了本来生活。基于政治理念先行的时代原则，林道静和余永泽的情爱生活被先验地设定为革命者遇到革命真理之前的误入歧途，于是一场本该由生活演化而来的性格悲剧被机械地置换为敌我判然的政治分野和错位，而小说中一息尚存的伦理冲突也被清除殆尽。电影中二人的分手不再如小说原作中那样拖泥带水，流连于凡俗情感，而是突出卡里斯马典型林道静的超凡素质，毅然决然，不为凡俗情感所羁绊。电影对二人分手的善后处理也是干净利落，干脆剥夺了余永泽的出场权利，不再像小说那样将二人的关系书写得藕断丝连、迷离而怅惘、幽怨而感伤。因为小说中这种处理方式显然不符合主导意识形态对卡里斯马典型的要求。如上文所述，周扬代表权力要求塑造革命英雄必须表现人物坚强乐观勇敢的精神，应当避免悲惨感伤的一面。

电影《青春之歌》在意识形态再生产的过程中对卡里斯马典型的革命的超俗一面进行了强化，使得卡里斯马典型更加革命化、神圣化，但是也从而使得这种人物因缺乏血肉而更加理念化、符号化。就林道静而言，电影急于完善对这位成长中的卡里斯马典型的仓促塑造，不仅因掩饰凡俗成分而使其更加理念化和符号化，而且也因过分预支了成熟卡里斯马的素质，过分受制于卡里斯马典型结果的影响，就不能不在一定程度上冲淡了卡里斯马典型成长的重要性，使得主人公形象的动态性展示受到了一定阻碍，从而也弱化了小说原作中的"时间性"意义。

四

梁斌小说《红旗谱》也将主人公朱老忠作为成长型卡里斯马典型来塑造的，于是朱老忠身上的许多非卡里斯马素质，也就是革命语境中人物的非革命成分，便获得了一定的书写空间。更为重要的是，作者贴近生活的现实主义态度也使得作品人物形象具有较为浓厚的生活气息，保持相当的血肉成分，中心人物朱老忠的塑造也是如此。而在由此改编的电影中，基于意识形态的强化，中心人物朱老忠的塑造就大为不同了。急功近利的意识形态再生产使朱老忠的成长显得机械而仓促，过分谨慎于主人公的革命光辉形象，使得朱老忠这位成长中的卡里斯马典型政治性过浓，一定程度上弱化了其身上的凡俗生活气息。

小说中朱老忠在外闯荡25年后一朝还乡，当然有报仇雪恨的动机，但也不可否认其浓厚的乡土情结和归根意识，就是说对故土的思恋和归根情怀也是朱老忠携妻带子重返故园的重要原因。

基于革命意识形态对农民天生革命性的指认，小说不断强调朱老忠回归故里的动机是报仇雪恨。本来朱老忠在外历经艰辛，摸爬滚打多年，也已娶妻生子，混成一家子人了，“可是，他一想起家乡，心上就像辘轳一样，搅动不安。说：‘回去！回到家乡去！他拿铜铡铡我三截，也得回去报这份血仇’”[①]。中国传统文化中的为父报仇以尽孝的家族文化意识令远离故土的朱老忠难以解脱，所以最终重返故土。

但是另一方面，小说也出现了与上述报仇动机相左的书写，小说对朱老忠重返故土见到幼年时候的朋友们后的心理状态这样描写：

> 朱老忠在一边看着，他想：“不回老家吧，想家乡。总觉得只要回到家乡，吃糠咽菜也比流落在外乡好。可是一回到家乡呢，见到幼年时候的老朋友们，过着‘烟心’的日子，又觉得挺难过。”心里说：“知道是这个样子，倒不如老死在关外，眼不见为净，也就算了！”转念又想到：“在关东有在关东的困难，天下老鸦一般黑！闯吧，出水才看两腿泥！”[②]

正是浓重的乡土情结和归根意识才使得朱老忠“总觉得只要回到家乡，吃糠咽菜也比流落在外乡好”，回到故乡看到朋友们贫困潦倒，朱老忠竟然认为“倒不如老死在关外”。这些描写又在一定程度上颠覆或消解了朱老忠回乡的复仇动机，从而也在一定程度上稀释了这位农民卡里斯马典型先天的革命性，这在强化意识形态的同名电影中是尽量回避的。

小说中当朱老忠得知冯兰池依然霸道，竟气愤得失态；严志和提起冯兰池，“引起朱老忠满腔愁绪”。这就意味着，如果冯兰池不再依旧霸道，或许朱老忠不再气愤；如果别人不提起，朱老忠也可能已淡忘血仇。“一想到锁井镇上有个冯老兰在等着他，二十多年的仇恨，在心中翻腾起来”，但是朱老忠心里又

---

① 梁斌：《红旗谱》，北京：中国青年出版社，1957年，第16页。

② 梁斌：《红旗谱》，北京：中国青年出版社，1957年，第58页。

说:“从南闯到北,从北走到南,躲遍天下,也躲不开他们。”依据革命意识形态,具有先天革命性的农民是不应该逃避敌人的。“可是,他并不后悔,一心要回到祖祖辈辈居住的老家去”。如果朱老忠回乡是为寻仇,听说仇人仍在,照理说应该庆幸才对,根本就不存在什么后悔不后悔的。而朱老忠的复仇方案就更与革命意识形态迥然不同了:“‘我要回去,擦亮眼睛看着他,等着他。他发了家,我也看着。他败了家,我也看着。我等不上他,我儿子等得上他。我儿子等不上他,我孙子等得上他。总有看到他败家的那一天,出水才看两腿泥!’”[1]看来,朱老忠苦心经营的复仇大梦不过是回归故里期望看到仇敌败家的那一天,也就是以刚毅和坚忍目睹仇家自生自灭;而朱老忠返乡后确实也并未作出什么实质性的复仇行为,反倒处处被动,连儿子被抓了丁(因仇家指使)也只好忍耐,所谓的豪言壮语“出水才看两腿泥”也不过成了朱老忠自我安慰也安慰亲朋好友的无奈托词。这种不免消极的复仇方案与革命话语的积极斗争精神显然不同,这也是同名电影所力图避免的成分。

由此可以看出,小说《红旗谱》在强调卡里斯马典型朱老忠复仇(斗争)精神的同时又进行消解,造成了文本的裂缝。换种说法就是,在小说的显文本层面卡里斯马典型朱老忠具有浓烈的斗争精神,而在潜文本层面朱老忠依据的不过是传统农民的无意识、忍辱负重的生存诉求。就是说,隶属于阶级斗争的复仇诉求并不是朱老忠生存在世的第一要义,而活着才是根本。小说中非阶级斗争性质的乡村礼俗成规在实质性地支配着人们的行动。冯兰池委托李德才经严运涛找朱家商议购鸟之事,尽管未果,这些环节本身就体现了乡村的礼俗成规在生活中的支配性作用远甚于阶级理念。严志和为筹钱搭救运涛,依然主动求救于阶级敌人冯兰池;老驴头回绝冯兰池谋娶女儿春兰的

① 梁斌:《红旗谱》,北京:中国青年出版社,1957年,第30页。

请求的理由是辈分不合，而非阶级仇恨。可见，支配乡民行为的并非革命逻辑，而是乡规民俗。这些对于革命的卡里斯马典型塑造显然不利，却为电影化处理提供了运作空间。

小说在对卡里斯马典型朱老忠的塑造上之所以出现矛盾和裂缝，实质上就在于作者徘徊于凡俗生活意识和神圣革命逻辑之间而难以定位，从而导致朱老忠这个人物形象尽管较为丰富却革命光辉不够。在由小说改编的同名电影中就不同了，基于意识形态的强化，电影基本上遵循了革命逻辑，从而使朱老忠这位卡里斯马典型尽管丰富性大为逊色，却因革命神性而更显高大。

电影中，朱老忠回归故土的动机已被提纯为伺机复仇，生活性减弱，斗争性增强，不再闪烁其词。回乡路经阶级敌人冯兰池门前，朱老忠主动挑衅，当着冯兰池的面，几响车鞭甩出了斗争的信号，由被动应付变为主动出击。这位卡里斯马典型的革命斗争性跃然而现，尽管朱老忠本人只有在经过卡里斯马帮手贾湘农这位共产党的使者的教育才逐渐认识到了革命的意义，但这并不能否定革命意识形态对朱老忠这位农民卡里斯马典型先验革命性的预设。电影中增加的这个情节受到了好评，有人认为这种创新对于刻画朱老忠性格，非常重要，“这一鲜明的动作非常强烈地揭示出朱老忠那种敢于斗争的英雄性格”[①]。

皮·马歇雷认为，重要的不是看作品说出了什么，而是看它没有说出什么，正是通过作品中意味深长的隐匿、沉默或间歇，最易确凿地感受到意识形态的存在。[②] 就来自文学作品的电影而论，不妨改用皮·马歇雷这一说法，电影增加的东西固

---

① 杨天喜、白景晟：《漫谈〈红旗谱〉的银幕形象》，载《电影艺术》，1961年第4期。

② 参见皮·马歇雷：《文学分析——结构主义的坟墓》，见陆梅林编《西方马克思主义美学文选》，桂林：漓江出版社，1988年，第632页；又见伊格尔顿《马克思主义与文学批评》，北京：人民文学出版社，1980年，第39页。

然重要，而去除或隐匿的东西同样重要。较之小说原作，电影《红旗谱》也明显去除了很多东西，甚至是小说中的重要成分。

首先，与中心人物朱老忠无甚关系的不少情节被删除了，如为春兰和大贵提亲、老驴头杀猪、冯兰池向朱老星逼债、严萍与严江涛及冯登龙的三角恋情关系，以及张嘉庆与严知孝的线索等等，可见，电影主要着眼于锁井镇上的阶级斗争尤其是朱老忠的阶级斗争。

再就是与朱老忠有关的一些成分也被删除了。朱老忠初归故里耳闻目睹亲朋好友的艰难困苦生活后的凄然神伤被隐匿了，而代之以欢乐昂扬的格调，使得英雄人物不再感伤。“脯红鸟风波”中隐匿了斡旋商议的部分，使乡规礼俗黯然失色。卡里斯马典型朱老忠最亲密的阶级亲友严志和之子严运涛为革命而身陷牢狱，而朱老忠竟也参与了撮合严运涛的未婚妻春兰与其子朱大贵成亲事宜；尽管贴近现实生活，但无论是就革命道义而论，还是就乡规礼俗而论，都实在有碍于朱老忠的卡里斯马光辉形象的建构，所以在电影中也被清除了。

小说《红旗谱》中还有一些重在体现人性、人情的成分[①]也被电影删除了。夫妻之爱、父子之亲、朋友之情等都体现了人情之美和人性之善，这些软性成分在突出阶级斗争的革命叙事中就显得不够刚强而缺乏硬度了，因此在旨在强化革命意识形态的同名电影中也就识趣地退场了。就塑造革命的卡里斯马典型而言，这些也被视为不利于突出卡里斯马典型光辉形象的因素。当时就有人指出这一现象：“因此我们看到的多是他严肃深沉、刚强粗犷的一面，而在他内心深处蕴藏着的夫妻之间、父子之间和朋友之间的深厚的阶级爱，则很少作过渲染。”[②]例

① 关于小说《红旗谱》中有关人性、人情的书写可参见1961年第1期和第2期的《文艺报》所载许之乔《〈红旗谱〉中人民大众的人性美和人情美》一文。

② 周述会：《漫谈电影〈红旗谱〉的改编》，载《电影创作》，1962年第3期。

如，当初贵他娘嫁给朱老忠时，早就说好不能离开她的家乡，可朱老忠偏偏出尔反尔，“死乞白赖，苦苦央求”；“贵他娘一时心思绵软，才折变了家产，跟他回乡”。[①] 这种对夫妻之爱的生活化书写确实充满了凡俗生活情趣，有利于丰富卡里斯马典型形象，但在主导意识形态看来却不利于塑造革命的卡里斯马典型的光辉形象，只有删除。

基于上述可知，就卡里斯马典型朱老忠形象塑造而论，较之小说，电影《红旗谱》中增加的是在主导意识形态看来有助于革命的卡里斯马典型光辉形象塑造的成分，基本上是神圣的革命因素；而删减的则是不利成分，基本上是凡俗的生活因素。这样一来，电影中朱老忠这位革命卡里斯马典型就因此可能高大，但未必丰满，正如当时有人指出的那样：“银幕上的朱老忠和他的文学形象的精神面貌基本上是吻合的。不过，比起小说来，这个人物的血肉还显得不够丰满，精神面貌过于单纯，性格特征缺乏深度，使人感觉到不够满足。”[②]

五

上文以林道静和朱老忠为例，分别比较了这两位革命的卡里斯马典型在小说中和由小说改编的电影中的形象的差异，探测出电影中卡里斯马典型形象更为高大而光辉却不如小说中丰满的现象，并作以解析，在其他由革命历史小说改编摄制的电影中的卡里斯马典型塑造上也存在着类似现象。

小说《林海雪原》为时人纷纷诟病之处大致有三：其一，对卡里斯马典型的个人英雄主义的恣情书写致使党的领导和群众的基础作用被严重弱化；其二，对才子佳人式恋情的津津乐道并非革命需要，这种粉红色的儿女情长与革命的壮美风格不符；其三，对传奇性的张扬可能会转移读者视线，未必有利于革

① 梁斌：《红旗谱》，北京：中国青年出版社，1957年，第101页。

② 周述会：《漫谈电影〈红旗谱〉的改编》，载《电影创作》，1962年第3期。

命意识形态的播散。尽管小说《林海雪原》的传奇性曾引起争议,但如果传奇性运用得很好,能够有助于卡里斯马典型革命形象的塑造也会被主导意识形态以“革命的浪漫主义”标准而欣然接受,所以传奇性未必不利于卡里斯马典型的塑造,故此就卡里斯马典型塑造而言,传奇性并非一个关键问题,在此不妨悬置。

电影《林海雪原》又名《智取威虎山》,所以主要塑造的是虎胆英雄杨子荣这位卡里斯马典型,但也为少剑波的形象塑造留下了很多空间。电影中杨子荣并不是一位成长英雄,出场便高大光辉,并不需要帮手的培育。这样一来,本应处于帮手位置的少剑波便成为另一位卡里斯马典型,而且作为小分队的领导,理应成为比杨子荣还要高大光辉的卡里斯马典型。为了方便比较,不妨选择在小说和电影都作为卡里斯马典型塑造的少剑波作为研究对象来做解析。

基于对革命意识形态的强化,也基于与之关联的对卡里斯马典型更趋神圣化的提升,电影《林海雪原》强化了党的领导和集体的力量,以避免个人英雄主义的过分膨胀。当杨子荣请求孤身深入到威虎山匪巢做卧底时,少剑波不再像小说中那样个人拍板定夺,而是主张开个“诸葛亮会”,让同志们都动动脑筋,想想主意。电影中新增的这一细节显然有利于体现集体的力量,从而也规避了卡里斯马典型的个人英雄主义。当杨子荣亟待首长少剑波给他的冒险充当卧底的计划一个肯定性答复时,少剑波坚持要经过支委会研究才能执行;电影这一新增细节显然意在体现党的领导。

更引人关注的是,电影《林海雪原》将小说中以浓墨重彩所描绘的才子佳人式的儿女恋情彻底斩除。尽管电影依旧保留了青春如故的“小白鸽”白茹,尽管“小白鸽”依然在一群豪爽英武的男人中间跳来跳去,但与首长少剑波之间已实在看不出任何恋爱迹象,完全被提纯为小分队的一名队员,只不过是唯一的女性队员。这样一来，少剑波这位卡里斯马典型就实现了版本升级，不再有风月柔情的羁绊，只有单纯的革命斗争，形象因此而更加高大光辉，但小说中那些因凡俗恋情而张显的丰富人性也在电影中丧失了。

小说《红日》可以说塑造了卡里斯马群像，从军长到普通战士都斗志昂扬，英勇善战，而且最为难能可贵的是不失柔情，战场与情场兼顾。作为一军之长的沈振新在战争间隙里尚且可以和爱妻黎青执手相看，更遑论其他(尽管已作革命化处理，但也自有几分儿女情趣)。何其芳、冯牧等人纷纷对这些情爱书写提出批评[①]，就连作者吴强本人深感不安，认为自己爱情成分写多了，并作出反省[②]。电影《红日》就对这些内容进行了谨慎处理，只保留了姚月琴和阿菊两个女性角色及阿菊与杨军之间的仪式化的爱情。于是，较之小说，电影《红日》甜味少了，而辣气多了。[③] 黎青被删除，借革命话语吟咏风月的梁波和华静均已消逝，小说中姚月琴的心上人军部参谋胡克也被删除，军旅女人姚月琴连恋人的身份都不再享有，更何谈爱情？其女人身份也无非为普通一兵所置换。仅存下来的阿菊与杨军的爱情宛若劫后余生的幽兰，本当弥足珍贵，然而经过革命化的彻底改造也仅存仪式了，儿女情长为革命话语所取代，凡俗情爱成分实在不多。

经过这样一番大刀阔斧的革命化处理，革命军人们只能专心致志于革命战争而别无他求，正如团长刘胜所说，战士们听到枪声便心里发痒。所谓的思想问题无非就是为自己家乡骄

① 参见何其芳《我看到了我们的艺术水平的提高》，载《文学研究》，1958年第2期；冯牧《革命的战歌，英雄的颂歌——略论〈红日〉的成就及其弱点》，载《文艺报》，1958年第21期。

② 参见吴强《写作〈红日〉的几点感受》，载《文艺报》，1958年第19期。

③ 石言曾撰文评论小说《红日》“甜味多了，而辣气少了”，参见石言《“红日”的人物》，载《解放军文艺》，1958年第7期。本文此处仿用这一说法来评论电影《红日》。

傲啊，或者是认为参战机会太少不过瘾而怨天恨命。于是，作为中心卡里斯马典型的军长沈振新从出场到结束都是毫无变化的一身正气一脸严肃，形象确实高大光辉令人景仰，与小说中在爱妻面前尚有几分凡俗人性的“丈夫”沈振新相较，实在难以可亲可爱。换句话说，尽管这位革命的卡里斯马典型就那么挺拔着，却干瘪得令人遗憾。

乍看起来，刘胜是带有成长性质的卡里斯马典型，但是稍加审视便不难发现，刘胜的成长并不具有实质性意义，可以说是一种“伪成长”，因为刘胜的不成熟无非体现为斗争性过剩，这其实正是为革命意识形态所激赏的。与其说刘胜的这种状态是需要改正的缺点，倒不如说是值得发扬的优点，因此刘胜并不需要成长。但是以革命意识形态来看，小说中刘胜的凡俗亲情意识会影响革命卡里斯马典型的神性光辉，因此需要改正。小说中，刘胜牺牲之前，作者除了使用当时革命小说惯用的仪式化书写之外，最后还是忍不住加进一句凡俗的亲情表白：“不要……告诉……我的老妈妈！……免得她……难过！”[①]应该说，这句浓厚的凡俗亲情话语与革命话语是有距离的，会影响革命卡里斯马典型的光辉形象，因此在电影中就被删除了，只剩下纯粹的革命话语：“登上孟良崮，活捉张灵甫！”及“小邓子，革命到底！”如前文所述，因为按照革命逻辑，作为革命母亲的刘胜老妈妈，理应为儿子的牺牲感到光荣、自豪和幸福，怎么会“难过”呢？因为儿子为革命牺牲是无限光荣的，不是死亡，而是永生，这是令人无限自豪和幸福的。这一革命常识，作为解放军团长的刘胜肯定是清楚的，理当不如此。故此，电影中就删去了这句亲情话语，使得卡里斯马典型形象更加光辉，却也因此少了凡俗人情人性味道。

电影《苦菜花》为了突出飞速成长的卡里斯马典型冯大娘

① 吴强：《红日》，北京：人民文学出版社，1958年，第497页。

这位革命老妈妈的神性光辉，突破小说原作中的生活逻辑限制，竟让冯大娘这位从未拿过枪的农村老太太在遭受敌人极刑摧残而未痊愈的情况下，于不期而遇中沉着老练地一枪打死一个隐藏极深且富有战斗经验的汉奸、特务、人民公敌王柬芝，这在小说中是没有的，令人不能不惊异于创作者在对“想象中的现实”进行再想象时想象力的丰富。这样一来，本为凡俗的农村老太太的冯大娘无论如何也不再凡俗，其卡里斯马的光辉形象因为这种超越生活的浪漫化提升而具有了革命神性。另外，这部电影为了塑造卡里斯马典型冯大娘的光辉形象，还让这位农村老太太平静地接受儿子（电影将纪铁功改为冯大娘的亲儿子）牺牲的噩耗，在儿子未婚妻赵星梅被敌人残害时，这位农村老太太竟然喊出了“打倒日本帝国主义”的民族呼声。

在小说《苦菜花》中妇救会长冯秀娟与区委书记姜永泉不但恋爱而且还结婚生子，以革命意识形态来看，这种凡俗不堪的因素实在上不了充满神性的革命的台面，从而影响了革命的卡里斯马典型的塑造，于是，电影《苦菜花》中二人之间的儿女恋情就只有冯秀娟的一个醋意表情和送双布鞋的暗示了。

较之小说原作，其他几部由革命历史小说改编的电影为了提高卡里斯马典型的革命神性品级，也尽可能删减小说中于此不利的成分，结果使得卡里斯马典型的革命形象更趋高大光辉，却因缺乏凡俗血肉而失之单调。

第三章 革命历史小说的电视剧改编

基于红色资源的权力依托和社会需求，基于市场本位和消费指向的资本宿命，文化工业向尘封许久的革命历史小说也伸出了金灿灿的巨掌，将此作为资源与商业资本结盟，通过市场运作，试图将其转化成为布尔迪厄意义上的文化资本。面对崭新的时代氛围和迥然不同的接受心态，在这次对革命历史小说所进行的电视剧改编风潮中，投资商遵循市场规律，依据文化工业生产法则对“红色经典”进行了旨在消费的生产和运作。相较而论，这次改编风潮中存在着明显的俗化倾向，革命历史小说原作中艰难存在的与神圣革命话语不无出入的那些凡俗成分反倒备受青睐，被挖掘出来并给予渲染和强化，除此之外，还无中生有地新添了不少这类因素。这次改编的基本路向就是人性化和生活化，而且二者密切相关，常可互相置换，共同指向凡俗而不失崇高却不再神圣的人。这种情况在卡里斯马系统的整构上体现明显；经过这种整构，卡里斯马系统焕然一新，呈现出生活化和人性化的态势。这种指向凡俗的改编实质上是基于世俗生活的合法化而对特定意识形态话语的历史性反省和重构，当然也是对那种被建构的历史感（对于革命话语中的人及其活动）基于世俗人道主义的“祛魅”和消解，根本上还是对革命现代性的历史性反思，且不论其动机如何。

第一节　今非昔比的社会文化语境

如前文所述，近几年来，曾经被改编摄制成电影的那批革命历史小说又蔚然成风地被改编制作为电视连续剧，而这次改编风潮的一个最为明显的特点就是相较原作的俗化。这批电视剧的生产者之所以要对原作进行俗化处理，无非是语境使然，这就不能不对当下语境和极“左”时代的文化语境进行比较性阐析。

一

本书所及革命历史小说基本上写于20世纪50年代及20世纪60年代初，尽管历史已进入新中国成立后的和平年代，但由于“左倾”思想偏执性的影响，支配那个时代的依然是由革命现代性膨胀而生的激进的革命文化。李泽厚曾对这种状况作过描述：

> 由于强调政治挂帅、阶级觉悟，强调“用阶级和阶级斗争的观点，用阶级分析的方法去看待一切、分析一切”，而“阶级和阶级斗争、阶级分析”又主要是“无产阶级”与“资产阶级”的“你死我活”的两军对战，于是弥漫在政治、经济而特别是意识形态领域，无论从文艺到哲学，还是从日常生活到思想、情感、灵魂，都日益为这种“两军对战”的模式所规范和统治。①

陈思和对此颇有同感，认为新中国成立后人们在文化心理上依然延续着战争时代的痕迹。② 革命现代性作为灵魂依然

---

① 李泽厚：《试谈马克思主义在中国》，见《中国现代思想史论》，合肥：安徽文艺出版社，1994年，第189页。

② 参见陈思和《中国当代文学史教程》，上海：复旦大学出版社，1999年，第6页。

深刻地制导着新中国这个现代民族国家的运行，于是，在这种以阶级和阶级斗争衡量一切的时代，人只能是被政治异化的阶级的类人，具有相当的符号性，而非鲜活的质感的生命个体。军事上简单而僵化的敌我二元切分的思维定势推演到政治上就是简单而僵化的阶级对立性思维模式，再机械地推演到社会生活中就是同样简单而僵化的善恶二元截然切分的道德伦理思维模式。“道德的观念、标准、义愤日益成了现时代的政治内容。政治变成了道德，道德变成了政治”[①]。

> 也由于高度中央集权的计划经济，和各方面日益加强的一元化领导体制，使行政权力通过共产党组织支配一切和干预一切，从社会生产、分配、消费到私人生活和私人事务（如工作、迁徙、婚姻、恋爱等等）。于是，一切依附于政治，从属于政治，政治的地位、权力、等级成为社会最重要最强有力的标准和尺度。于是，在实际生活中，人们感到作为社会动力的似乎也不是经济，而是政治了。这样，共产主义新人也不再首先是经济发展的产物，而主要成了道德高尚、意识“纯洁”亦即“政治觉悟高”的圣贤。[②]

在这种思维模式下，鲜活的具有生命质感的人被遮掩了，只有完美无缺的神或一无是处的鬼。尽管这个时代也曾发生过关于人道主义的激烈论争，但借助于政治权力的威压，结果机械的阶级性还是绝对性地取代了人性而纵横驰骋。在这个弥漫着偏执性政治情结的时代里，关怀和呵护个体生命的人道主义是无容身之处的，尽管人道主义依然被提及并被付诸实践，但已是加了限定词，比如为时代容许甚至提倡的“革命的人道主义”，“人道主义”已因“革命”而完全改观，中心词已被限定

① 李泽厚：《试谈马克思主义在中国》，见《中国现代思想史论》，合肥：安徽文艺出版社，1994年，第191页。

② 李泽厚：《试谈马克思主义在中国》，见《中国现代思想史论》，合肥：安徽文艺出版社，1994年，第193页。

词置换，实质上是“人道”变异，“革命”常青。这种情况与马克思主义的中国区域的传播者革命先驱李大钊的宏大设计大为不同：

> 我们主张以人道主义改造人的精神，同时以社会主义改造经济组织。不改造经济组织，单求改造人类精神，必致没有效果。不改造人类精神，单求改造经济组织，也怕不能成功。我们主张物心两面的改造，灵肉一致的改造。[①]

这位中国的鼻祖级的马克思主义者在阶级斗争的同时不但没有否认人道主义，反而以人道主义来“救正”“马氏学说”，认为“伦理的感化，人道的运动，应该加倍努力，以图铲除人类在前史中所受的恶习染，所养的恶习质”[②]。且不论李大钊对马克思主义是否存在误解[③]，至少他对人道主义的认同甚至青睐应该是可以肯定的。设若泉下有知，这位为捍卫马克思主义信仰而献身的革命先驱想必会为其后继者们对人道主义的否定和清洗而深感遗憾。

对于这种语境中的文艺状况，前文已通过对革命历史小说以及由此改编的电影的分析进行了阐述。尽管不能否定当时的革命历史小说通过对凡俗成分的守护有意或无意地展示了生活的丰富性和人物的复杂性，体现了对阶级性之外的人性的审视和关切，但也不过是在荒凉的沙漠中残存的些许富有生命意涵的绿色而已，颇有物稀而贵之感。当然对凡俗生活的认同和亲近未必就一定与人道主义重合，但在那个贬斥凡俗生活的

---

① 李大钊：《我的马克思主义观》，见《李大钊选集》，北京：人民出版社，1959年，第194页。

② 李大钊：《我的马克思主义观》，见《李大钊选集》，北京：人民出版社，1959年，第194页。

③ 这种误解还是较为明显的，李大钊没有能够看到马克思主义中的人道主义成分，当然相较后来者在20世纪80年代才看到马克思主义中的人道主义思想来说，实在不应苛求这位中国的马克思主义鼻祖。

政治神圣化的特定时代,文艺对凡俗生活和凡俗人性的难能可贵的书写,与人道主义对个体的丰富生命的关切就存在许多相合之处。人道主义将人视为"人",而不是远离凡俗生活的"神"或"物"("奴仆"),以人为出发点和归宿点,将人视为一切活动的中心。而当时的革命历史小说在一定程度上突破特定政治意识形态所期许的愈演愈烈的神圣化演绎(其实神圣化的只是符号,鲜活的生命个体恰恰在这种显性神圣化的书写中暗中被矮化成了符号的奴仆),对凡俗生活和凡俗人物进行了谨小慎微的书写,尽管柔弱和苍白,但也对凡俗生活中的感性生命个体给予了难能可贵的关切和来之不易的一点尊重,一定程度上体现了人道主义情怀。即便是对民间结构的隐性使用也或多或少服务于对文本人物的俗性书写,还或多或少存在着对读者的俗性尊重,甚至还可以干脆说,这种形式的俗化本身就有某种向俗的意识形态倾向,詹姆逊就认为形式本身就体现着意识形态。[①]

二

可以说,中国的20世纪80年代是一个精神大解放的时代,人们对长期繁盛的革命现代性进行了反思,启蒙现代性再度得到重视。"于是,神的崩溃便从各方面发出人的呐喊。人的价值、人的尊严、人性复归、人道主义,成为新时期开始的时代最强音"[②]。对那个时代有着深切体验的李泽厚在描述那个令人激动和兴奋的年代时依然抑制不住激动和兴奋:

> 一切都令人想起五四时代。人的启蒙,人的觉醒,人道主义,人性复归……都围绕着感性血肉的个体从作为理

---

① Jamson, F., *The Political Unconscious*, London: Methaun, 1981, p. 79.

② 李泽厚:《试谈马克思主义在中国》,见《中国现代思想史论》,合肥:安徽文艺出版社,1994年,第201页。

性异化的神的践踏蹂躏下要求解放出来的主体旋转。“人啊，人”的呐喊遍及了各个领域各个方面。这是什么意思呢？相当朦胧；但有一点又异常清楚明白：一个造神造英雄来统治自己的时代过去了，回到五四时期的感伤、崇敬、迷茫、叹惜和欢乐。但这已是经历了六十年惨痛之后的复归。历史尽管绕圆圈，但也不完全重复。几代人应该没有白活，几代人所付出的沉重代价使它比五四要深刻、沉重、绚丽、丰满。[①]

在此李泽厚以“五四”时代作为参照，将20世纪80年代的思想解放提升到了一个空前的历史高度。现在看来，应该说这种评述不无情绪化痕迹，与那一代人的生命历程和心态不无关系，在漫长的极“左”政治压抑中，劫后余生的人们站在新的历史地平线上总免不了激动和兴奋，这也是能够理解的。

刘再复在20世纪80年代的人道主义大讨论中起到了无论如何也无法忽视的作用，甚至对中国后来的人学思想和文艺活动都不无影响。性格组合论和文学主体论是刘再复的两大理论支柱，而这两大理论支柱的基石就是人性论和人道主义，由其所引发的理论论争，实质上是20世纪80年代继周扬之后第二次产生较大影响的关于人性论、人道主义文艺观的大讨论。贯穿于刘再复新时期文艺思想的一个基本观点就是文学研究应以人为中心。性格组合论正是通过对文学史上成功形象性格复杂性的勾描，来展示人的丰富而深邃的内心世界，结果动摇了以一元论和阶级论为基础的典型论长期占据的文论霸权地位，从而超越了几十年来纵横驰骋的庸俗社会学的机械和褊狭。悲天悯人的人道主义情怀促使刘再复热切关注着人物的感性生命，而并不是在性格中苦心寻觅时代尤其是政治生

① 李泽厚：《二十世纪中国（大陆）文艺一瞥》，见《中国现代思想史论》，合肥：安徽文艺出版社，1994年，第255页。

活的投影。[①]

刘再复并未止于文艺,而是通过对文艺中“性格”的探讨进入人学问题,尽管此举受到了学理性质疑[②]。受马斯洛心理学及对马克思主义新解读的影响,刘再复在其文学主体性理论中,将巅峰体验的前提设定为爱,其动机依然是现实的人本学研究。同样,刘再复受到了学理性质疑。[③] 不管如何,刘再复竭力超越阶级性一元论而“把人当作人”的良苦用心确实是值得重视和尊敬的,而实质上也确实起到了震撼和醒世效果。

经过一番努力和较量,人道主义思想在20世纪最后20年的中国已经站稳了脚跟,尤其是在文艺界,到世纪交替的时候,人道主义已经成为一个无须争论的正值命题。[④] 在一定意义上可以说,这是中国在建构“现代性工程”的过程中又一次对启蒙现代性的青睐。稍加省思便不难发现,20世纪80年代人道主义的胜出,在很大程度上得益于时代的逆转,正如其较量对手在先前的胜利一样,它也有意无意地借助了政治权势的超级威力。这样看来,与其说人道主义在学理上取得了胜利,不如说是其政治选择的时来运转。

> 童话般优美的金粉彩饰,纷纷剥落;雪塑出的固执信念,在智慧阳光下,逐渐消融。唯有遍体鳞伤的人依然存在,在情感的戈壁中……独行。人——这流变历史中的永恒之物,终于从纷纭繁复的事件、欲望、冲突里显现出其在

---

① 参见庄锡华《80年代人性人道主义的两次讨论》,载《文艺争鸣》,2001年第5期。

② 夏中义就曾以文学和现实层面的差异质疑刘再复的理论合法性。参见夏中义《新潮学案》(上海:三联书店,1996年)第一章。

③ 不少学者认为刘再复所津津乐道的“对象主体”本身并不是真值性命题,因为从哲学意义上说,既是对象,就不应再是主体。但如今看来未尝不可,以哈贝马斯的主体间性理论重审,便可释然。

④ 参见庄锡华《80年代人性人道主义的两次讨论》,载《文艺争鸣》,2001年第5期。

文学对现实社会的观照中的卓然独立地位。①

这是从文学的视角对20世纪80年代不无诗意和憧憬的描绘。然而，进入20世纪90年代以来的以市场为导向的消费化时代的文艺又是怎样一种状态呢？作为“这流变历史中的永恒之物”的人，能否在文学和艺术中真正荣获“卓然独立地位”？

三

把20世纪90年代至今的时段说成中国的社会、政治、经济、文化的一个巨大的转型期，已不会引起太大的争议，且基本上成为共识。这种巨大的转型得力于“改革开放”的深入推进和发展，而这种推进和发展导致的重要结果就是市场经济的进一步繁荣和深化，以及消费意识和观念的深入人心，进而在此基础上，以消费为导向的大众文化迅猛发展起来，社会文化心理也在发生着巨大的变化。

“改革开放”是中共在十一届三中全会上就已经确定的大政方针，但真正的深化和发展则是1992年邓小平南方考察之后。说这次南方考察具有划时代的意义并不夸张，正是此举为保障中国的改革开放政策的连续性提出了权威性论断，并给予合法性确证。

作为基本国策的“改革开放”的深入推进和发展，在相当程度上导致了中国思想文化界世俗意识和现实性增强。“人们暂且搁置了对具有形而上特征的宏大迂阔的思想的关注，从不切实际的政治改革幻想中走出，更加理性地回归现实，直接的后果就是人们思想意识中现实的思考明显增强”②。而世俗意识和现实性的增强使得日常生活逐渐合法化。“90年代以来，随

① 宋耀良：《十年文学主潮》，上海：上海文艺出版社，1988年，第109～110页。

② 朱德发等著：《现代中国文学英雄叙事论稿》，济南：山东教育出版社，2006年，第514页。

着财富经济本位的确立,传统价值观的颠覆,精英文化让位于大众文化,日常生活的合法化,以一种凯旋式的自我肯定得以确立”[①]。这种世俗意识和现实性的增强以及日常生活的合法化都为大众文化的迅猛发展提供了文化语境上的可能性,且与大众文化成互动态势。

“大众文化”可以称为20世纪90年代至今的一个关键词了,从大众文化对这个古老国度影响的广度和深度来看,从它对这个伟大民族的文化性格所进行的凤凰涅槃式的重塑来看,从它对十几亿人民的社会文化心理的改造来看,说大众文化的爆炸式发展是中国社会自新文化运动以来的第三次文化革命并非夸大其词。当然,强调大众文化在20世纪90年代以来的汪洋恣肆,并不是说大众文化只出现在这一区间内,其实,20世纪80年代伴随着邓丽君温婉绮靡的轻歌浅唱和香港影视的武打吆喝,港台的流行文化产品就已经“随风潜入夜”,悄然登陆中国内地后便如燎原星火,迅速传遍大江南北,尽管迫于文化环境的暧昧未敢放肆,而是保持见机行事的乖巧。当然令人恍然忆起的还有,新中国成立前作为“十里洋场”的上海滩的流行文化也不能否认它是一种大众文化,因与本文所论偏远,省去不提。

在很大程度上,大众文化因其向俗性品格得以在这个古老国度的日渐世俗化的当下如鱼得水,但也在很大程度上因此而被格外关注(关注方式诸多,如欢迎、疑惑、诟病等等)。陶东风和金元浦说:“百年来审美风尚再次明显地‘转了个弯儿’。它世俗化了,生活化了,享乐化了。大众消费的世俗趣味第一次成为审美文化的主导趣味。”[②]此言一针见血地指出了大众文

① 朱德发等著:《现代中国文学英雄叙事论稿》,济南:山东教育出版社,2006年,第514页。

② 陶东风、金元浦:《从碎片走向建设——中国当代审美文化二人谈》,载《文艺研究》,1994年第5期。

化的向俗性品格以及它对审美风尚的重大而深远的影响。在某种意义上可以说，大众文化突破了过去那种高高在上盛气凌人的精英文化与严肃有余偏执于教化的官方体制文化的有意无意的合围，争得了令人不得不刮目相看的位置，实质上也体现了文化的世俗化走向（也许是阶段性的），为“告别革命”的人们提供了世俗性神话。“我们把大众文化视为文化的世俗化、合理化和大众化的结果，把它视为上帝退位后的世俗性神话，它承载了人们自由、繁荣之梦想，体现了人们实现这一梦想的合理化方式，并演变为一种社会性格”①。市场意识的无孔不入和商业逻辑的恣肆张扬，使得文化被资本征服，依凭资本（无法容忍者谩骂其“充满铜臭”）底气，文化工业也向自命清高的艺术伸出了金灿灿的巨掌，于是在这个大众文化横行于世的世俗时代，中国的审美文化因挡不住文化工业的诱惑而被俘获，甚至识相者主动投怀送抱的现象也并非少见。对文化工业恨之入骨的阿多诺不无愤怒地指出：“文化工业的全部实践就在于把赤裸裸的盈利动机投放到各种文化形式上。”②这样一来，文化艺术就被纳入了受资本操纵的工业生产体系中，其指归自然在于利润。于是，文化产品像其他工业品一样被批量生产出来投放到市场流通后再进入实际消费领域接受消费。

> 更重要的是，这种文化不再把作品的美学价值和精神价值作为理想，而是把商品的交换价值和使用价值当作了重要的、有时甚至是最重要的目的。商品化的形式在文化、艺术、无意识等等领域无处不在。于是，文化作为一种消费品从文化圈里走出来，雅文化和俗文化的界限被打破，艺术品成为供大众消遣的一种手段，甚至理论也变成了一种哗众取宠的商品。商业策略、广告效应代替了对人

① 胡大平：《崇高的暧昧》，南京：江苏人民出版社，2002年，第33～34页。
② 阿多诺：《文化工业再思考》，见《文化研究》第一辑，天津：天津社会科学出版社，2000年，第199页。

文关怀、心灵升华的执着。[①]

从引文可知，在文化工业的视野中，文化无所谓雅俗之别，关键是使用价值和交换价值的多少。

经过对不同历史阶段语境的比照性审视可知，20 世纪 90 年代至今这一区间的语境已同革命历史小说出世时的语境存在天壤之别，市场经济时代和那个高度政治化的时代已不可同日而语；但 20 世纪 80 年代却馈赠后世以人道主义情怀，尽管作为正值性命题的人道主义延续到这个以俗性见著的市场经济时代可能存在被消费的危险，这也为阐析革命历史小说的电视剧改编现象增添了复杂性和挑战性。

第二节　生产的消费性指向

投资商机警地看到了“红色经典”中的权力依托和社会需求，基于文化工业市场本位和消费指向的资本宿命，将其作为资源与商业资本结盟，通过市场运作，试图将其转化成为布尔迪厄意义上的文化资本。面对崭新的时代氛围和迥然不同的接受心态，制片商遵循市场规律，依据文化工业生产法则对“红色经典”进行旨在消费的生产和运作，采取了“人性化”和“生活化”的基本路向；而官方则针对这次改编风潮中的过火行为给予了及时规正。

一

2000 年，万科影视公司别出心裁，为这个千禧年郑重推出一道大菜，即中国版电视剧《钢铁是怎样炼成的》，结果是一炮走红，既因赢得很高的收视率而赚个盆满钵满，又幸得从官方

① 黄会林主编：《当代中国大众文化研究・导论》，北京：北京师范大学出版社，1998 年，第 5 页。

到民间的难得的较为一致的激赏（当然也不否认极个别否定声音的存在，但因过于微弱无法产生影响，大可不必计较），实现了经济效益和社会效益的双丰收，甚至可以说实现了官方、文化商人、大众的多赢。此后，由革命历史题材的小说、电影等文艺作品（绝大部分是毛泽东时代的革命文艺作品）改编的电视剧跟风而起一拥而上，迅速将这股改编风潮推向顶点，并掀起关于所谓“红色经典”的热烈讨论，而且这股风潮目前尚未结束，仍有持续之势。这批所谓革命历史题材的红色电视剧之所以能够引起广涉官方、大众甚至知识精英的关注和热烈讨论，说穿了，关键就是它们对原作的俗化[①]处理，正是这种因时而化的处理与这批红色文艺资源所牵涉的政治权力的碰撞，才使得这种改编已上升为文化事件，具有超越改编行为本身的意义。

基于文化工业以市场为本位、以消费为指向的资本宿命，文化工业将目光投向红色资源也就不足为奇了，只要有市场需求，只要能煽起消费欲望，从“资源”这种意义上说，任何资源都是同质的。奇就奇在文化工业竟将巨手伸向尘封已久但依然负载着政治权力的红色资源。难道向来唯利是图的文化工业突然改变本质要为天地立道而去弘扬主旋律光大革命传统？难道阿多诺对文化工业的批评错了？

答案是文化工业并未改变其资本运作本质，即赚取利润；阿多诺的批评依然有效。陶东风认为：“在‘红色经典’改编所体现的文化、经济、政治、伦理、市场、大众、消费等元素在影响世界的奇妙融合中，消费主义与商业的逻辑无疑起了主导或统帅的作用。”[②]市场经济的深入发展及商品意识的无孔不入，像

① 笔者在此使用“俗化”而不使用“庸俗化”或“恶俗化”等词语，目的在于尽可能相对客观、中性。

② 陶东风：《红色经典：在官方与市场的夹缝中求生存》（下），载《中国比较文学》，2004年第4期。

一把双刃剑，在为人们带来物质繁荣的同时也带来了负面影响，人文危机、信仰弃置、价值沦丧、道德滑坡、灵魂堕落、躲避崇高等等令人忧心忡忡。失望之中，人们（当然只是一部分人，而且大多是那个时代的过来人）似乎忘记过去那个时代曾经带给人们的伤痛，在四顾茫然中竟对那个已被历史尘封的时代生发出些许怀念，本来复杂的历史体验经过时间的汰洗似乎只剩下纯净的乌托邦幻梦，似乎通过对激情燃烧岁月的自恋性回忆可以弥补当下"礼崩乐坏"的缺憾。于是，《红太阳》歌曲飘荡于大街小巷，伟大革命领袖的像章为人青睐，那个时代的革命题材文学作品被再版重印，彼时的革命题材电影也被制作成光碟到处叫卖，"红色经典"再度传扬。在这里，怀旧的情况比较复杂，真正参与过革命战争且能感受革命豪情的人现在已为数不多，且应属高龄，那么怀旧主体基本上是现在的中老年人。这批中老年人所怀想的激情年代其实也就是新中国成立后的高度政治化的年代，而革命历史小说所书写的世界对他们来说也不过就是话语镜像，作为"红色经典"电视剧的主体观众，他们怀念的与其说是战争年代的崇高和激情，不如说他们在怀念自己在别无选择地接受这些旨在教化的虚拟历史时的虔诚。陈思和认为，对所谓红色经典的这种迷恋其实是"我们这个年纪的人"的"自恋情结"[①]。所以，所谓"那个年代"主要指向新中国成立后的高度政治化时代。当然，在"红色经典"电视剧的观众构成中，也有不少年轻人，这批观众基本上怀着猎奇心理去消费革命资源的。

基于这种对市场的测度和期许，文化工业对红色资源下手了。电视剧《钢铁是怎样炼成的》旗开得胜，一炮走红，官方、媒体、观众皆大欢喜，但最为兴奋的当然是投资商。随后，跟风而起，遍地开花，万里江山一片红，各种资本纷纷投向红色资源，

① 参见陈思和《我不赞成"红色经典"的提法》，载《南方周末》，2004 年 5 月 6 日。

尤其是对革命历史小说的电视剧改编风潮大盛，仅从2002年到2004年短短两年时间，就有近40部“红色经典”电视剧列入规划批准立项，共约850集。众多的投资商无不希望在并非潜力无限的市场上分得一杯羹，追求“效益最大化”的民间资本无心也无法真正成就舆论鼓吹的“道德的回归”、“理想主义的复活”这样的宏图大业。不论是怀旧，还是猎奇，都只能陷于文化工业的消费主义逻辑中，文化工业能够提供给市场的无非就是消费品而已。对于猎奇心理的迎合所体现的消费性自不待说，即便对于似乎高雅的怀旧心理的投合又何尝不是消费主义的。作为革命历史文本出现的“红色经典”电视剧也正如詹姆逊所言，并非企图“为我们的未来开拓一个具有集体意识的视域”，只不过是商品社会的一种消费口味而已；即便是动用一批精致的影像符号再现昔日的美妙时光，但是，这种方式“始终无法捕捉到真正的文化经验中社会现实的历史性”[①]。就是说，即使这种带有追寻精神家园性质的怀旧情绪，也不过被投资者视为投资的潜力因素。谢玺璋持此看法，认为：“投资商所以看重经典名著，可能有种种原因。从社会需求的角度讲，上个世纪90年代以来弥漫在社会各个角落的怀旧因素，为其提供了潜在的消费市场。”[②]依据资本的运转法则，依据商品的消费主义逻辑，依据文化工业的生产规律，都能推断出民营资本对红色资源的开发动机只能归结为利润的驱使，尽管投资商未必直言而常常闪烁其词，似乎耻于言利。在这样一个市场经济时代，民间资本赚取利润其实也无可厚非，哪怕是投资文化艺术，甚至是涉足红色资源的开发。在这个商品经济时代，文艺作品逐渐偏重于消费意识形态，而不同于高度政治化时代文艺对政治意识形态

---

① 詹姆逊：《后现代主义，或晚期资本主义的文化逻辑》，见张旭东主编：《晚期资本主义的文化逻辑》，陈清侨译，北京：三联书店，1997年，第456～457页。

② 谢玺璋：《有多少经典可以重拍?》，载《新闻周刊》，2004年4月12日。

的偏重。

有一点尚需澄清，尽管笔者认为投资商涉足“红色经典”旨在赢利，但仅是就其主观动机而论，并不能因此而否定客观上为社会为观众带来的超越消费品的影响。对此，宜冷静审慎，只要听说商业、民营资本就愤怒不已也不是市场经济时代应有的正常心态，未免有仇富抑商之嫌。其实，即便是官方行为也未必不考虑与时俱进、因时而化的问题，也有一个市场效益的问题。君不见，作为官方“喉舌”的中央电视台都可以在最为重要的第一套节目中的黄金时段向全国人民播放过去无论如何也容忍不了的武侠剧《笑傲江湖》和境外流行剧《大长今》，足见消费主义的力量之强大。

二

作为民间营利机构的投资商纷纷将资本投向红色资源，突然齐刷刷地对革命历史题材的文艺作品倾注了巨大的热情，其中显示的强烈的政治诉求与其商业禀赋和市场根性实在相去甚远。审慎研究之后方知，原来内藏玄机，除了对市场的正常期许之外，还有一个相当重要的原因，就是对红色资源所依然承载的权力的租用。民营企业万科影视公司投资对名著《钢铁是怎样炼成的》进行电视剧改编而推动了“红色经典”改编风潮，其负责人在针对记者为何要高频率地投资拍摄“红色”题材作品这一问题所作的答语尽管闪烁其词，却还是对天机有所泄漏：

> 万科影视公司是个企业，我们的作品必须要让广大观众接受。同时，作为一个制作公司，万科是没有媒体支持的，如果自己的作品不被电视台接受，那么它就要关门了。从经营的角度讲，我们在策划的时候就会考虑能不能播出，能不能在黄金档播出，能不能在任何电视台都能播出这些问题。选择名著的风险就会非常小，因为它们已经积

累了几代读者，读者的认知度高，参与度也高。观众对名著改编是有期待感的，这就对制片商意味着在发行时可以节省较多的宣传费用，而像《钢铁是怎样炼成的》这样的名著属于主旋律作品，受到的限制会少。[①]

唐小林对这段颇为暧昧的话语进行了机敏而审慎的分析，颇有新见，给人启迪：

实质是说，作为企业的制作公司，从经营的角度来说，投资主旋律作品，拍摄和播出的限制少，投资的风险非常小，广大观众接受。而《钢铁是怎样炼成的》这样的名著就是主旋律。这样，革命历史题材的作品——红色经典与主旋律就挂上了钩。

主旋律是今天的强势话语，因为它与政治权力结盟。主旋律作品，在今天不仅拥有无形的政治法权和社会法权，而且拥有和分享着一份其他的文化产品所不具有的特殊资源：政治权力资源。当这份权力资源与商业资本结盟，进入市场运作，不仅会立刻转化为权力文化资本，而且会迅速增值，产生特殊形态的权力寻租，给投资者带来预料或意想不到的收益。这恐怕是今天众多民间文化机构瞄准主旋律，并锲而不舍的真正原因，也是众多民间文化机构大举进入红色经典改编的真正原因：寻求文化权力寻租。[②]

就是说，投资商之所以将资本巨手伸向红色资源，伸向“红色经典”，并非基于强烈的政治诉求，就“红色经典”而言，除了“因为它们已经积累了几代读者，读者的认知度高，参与度也高”之外，关键之处在于相中了这些“红色经典”至今还能承载的神圣权力。正是对这种神圣权力的租用，使得改编“红色经

---

① http://cn.news.yahoo.com/040428/120/220zh.html。

② 唐小林：《消费时代的“红色经典”》，载《花城》，2005年第1期。

典”的行为具有了“弘扬主旋律”的义举色彩，而主旋律所具有的“无形的政治法权和社会法权”便会使“拍摄和播出的限制少，投资的风险非常小”。

所谓的“红色经典”，尤其是产生于“政治挂帅”时代的革命历史小说，其实是权威政治话语的一种定制性生产，表征着国家政治权力的一种成功运作。这种话语生产有其被国家政治权力所期许和制定的生产动机：对革命历史的神圣性和现代民族国家的合法性进行求证、确认和强化，“为民族和个体提供自信心和精神支柱”[①]。可以说，在当时这些革命历史题材作品的建构过程中，国家政治权力进行了深度介入而致使它们得以成为权力文化资源。

但是，通过历时的考察可以发现，这些革命历史题材作品尤其是生产于“十七年”时期的革命历史小说所承载的权力并不是一成不变的，“文革”时期就对它们的权力进行了剥夺。给这个古老民族和国度带来无尽灾难的“文革”因失败而臭名昭著，导致了“文革”文艺的声名狼藉，而与之血脉相连的“十七年”文艺也不同程度地受到连累。人们在否定(这种否定其实主要是建基于政治性否定之上的，难免带有一定的政治情绪色彩)“文革”文艺时也忍不住对“十七年”文艺投去不无疑惑的复杂目光。针对“十七年”文艺尤其是对革命历史小说的有别于官方化的认识基本采用的是“再解读”的方式，而且路数相对较为边缘，往往于边缘处求索、发掘曾被主流话语所遮蔽的某些元素，也正因此而新见迭出，不难看出这种“再解读”行为所具有的阐释学意味和福柯有关后结构理论的影响，陈思和、黄子平、唐小兵、李扬、蓝爱国等学者在这方面颇有建树，发人深省。

经过这样一番“再解读”的洗礼，学界对于“十七年”文学的认识似乎逐渐丰富而深化，不过也不能不对这种文学的传统定

---

① 唐小林：《消费时代的“红色经典”》，载《花城》，2005 年第 1 期。

位有所影响，“十七年”文学因过分的政治规约而导致的缺陷逐渐得以展露。更为关键的是，“文革”后，基于现行政治权力对先前激进思维模式的反省以及对于新型运营模式的良性选择，使得官方在否定“文革”文艺时，对产生于激进政治环境中的“十七年”文艺资源的定位保持一定的张力，并未否认这些文艺资源所具有的时代性缺陷[1]；而正因为这些难以避免的时代性缺陷，“十七年”文艺所享有的政治权力在新的时代里不能不部分性流失。尽管如此，“红色经典”还是享有着依托于政治的部分权力，这些文艺资源在开发时所涉及的政治目标和功能为其与今天的主旋律相勾连留存了学理基础。唐小林对此这样解释：

> 尽管，今天我们已经进入了一个多种政治因素、经济成分和多元价值取向并存的消费社会，但作为支撑现代民族国家政体的基本价值形态并未根本改变。它或者存在于政治法权和社会法权中，或者存在于“过来人”的意识深处和“怀旧情绪”中，还可能至今是一些“老左派”的精神核心，等等，不一而足。这似乎勿须再去证明。这样，那些革命历史题材作品，即红色经典中的权力因素就有可能进入今天的社会继续发挥作用。[2]

投资商机警地看到了“红色经典”中的这种权力，将其作为资源与商业资本结盟，通过市场运作，试图将其转化成为布尔迪厄意义上的文化资本。唐小林正是借助于布尔迪厄的“文化资本”概念，将这种被政治体制化了的、为权力所垄断了的那部分特殊的文化资本称为“权力文化资本”[3]，是对布尔迪厄所列的文化资本的三种存在方式的奇特混杂。不能不承认唐小林

① 可参见官方编订或审核通过的一些当代文学史教材。

② 唐小林：《消费时代的“红色经典”》，载《花城》，2005 年第 1 期。

③ 唐小林：《消费时代的“红色经典”》，载《花城》，2005 年第 1 期。

这一发挥确有见地，而且也不得不承认这种特殊的资本非常复杂，甚至也有布尔迪厄所说的“社会资本”的意味，但不管如何，它起码应是一种与政治权力有关的资本。既是资本，它就应该有一种如布尔迪厄所说的“被铭写在事物客观性之中的力量”[①]，而投资商对红色资源所力图租用的其实正是这种力量。

三

卢卡奇曾说，一旦商品形式在一个社会取得了支配地位，它就会“渗透到社会生活的所有方面，并按照自己的形象来改造这些方面”[②]。自大众文化在二战之后大兴于资本主义社会以来，应该说商品形式终于找到了一个有效的大规模地侵入文化领域的办法，同时对这个领域“按照自己的形象”进行相当彻底的改造。

将产生于高度政治化时代的红色资源翻腾到如今的消费大众面前，时代已经发生了近乎翻天覆地的变化，如何运作才能让今天的大众接受？这是对似已久远的革命历史小说进行电视剧加工时不能不考虑的问题。

这些年来以娱乐为本位、以消费为目标的大众文化的泛滥式发展，逐渐培育了人们对文艺以娱乐和消费为主的接受心理结构。中国社会生活已走出那个政治一体化时代的神圣乌托邦幻梦，朝向世俗化生活化方向日渐发展，以当下生存现实为基础的凡俗生活给了人们以切实的温暖，抚慰了曾经的伤痛。人性和人道主义经过20世纪80年代的激活已经成为毋庸置疑的正值性命题，在日渐世俗化的社会氛围中实质上已经演化为保罗·库尔茨所张扬的世俗人道主义。以保罗·库尔茨之见，世俗人道主义强调实际和人类经验，“致力于分享家庭生

---

① 包亚明编译：《布尔迪厄访谈录》，上海：上海人民出版社，1997年，第190页。

② 卢卡契：《历史与阶级意识》，北京：商务印书馆，1992年，第145页。

活、爱情、工作和事业的欢乐”[1]，对躯体的欲望、肉体的享乐、愉快及热情的骚动和沸腾颇为看重。[2]

面对这种时代氛围和接受心态，制片商遵循市场规律，依据文化工业生产法则进行生产和运作。在剧作之外，充分利用媒体炒作造势，方式颇多，想象力也够丰富，目标无非是广告宣传，有扑朔迷离的明星八卦、真真假假的口水官司、欲擒故纵欲休还说（非“欲说还休”）的剧情透露，还有各种拍摄背后的“内幕”诱惑、拍摄花絮的先期撩拨等等。这是戏外做戏。

就剧作的改编情况来看，基本路向就是“生活化”和“人性化”，当然具体情况则丰富多彩。

人物造型尤其是反面女性貌相已大大突破甚至颠覆了原来的模式，电视剧《林海雪原》中的蝴蝶迷已不再奇丑，恰恰相反，却是风姿妖娆的美女；电视剧《苦菜花》中的淑花更是端庄典雅。其他反面女性的貌相也都不再被妖魔化，而是将其视为“人”，使其人性化。

对人物性格的人性化和生活化处理也是这次改编风潮中的重要部分。经过一番处理之后，原正面人物尤其是革命英雄已具有较为丰富的人性，既有革命豪情志，也有人间烟火味。电视剧《林海雪原》[3]中的杨子荣唱酸曲、给战友使绊子、每遇闲暇就想有个家。王进版电视剧《青春之歌》[4]中革命者江华因为愧对老婆孩子而痛哭流涕，革命者林红为了生孩子做女人宁愿

---

① 保罗·库尔茨：《保卫世俗人道主义》，上海：东方出版社，1996年，第29页。

② 参见保罗·库尔茨《保卫世俗人道主义》，上海：东方出版社，1996年，第172页。

③ 凡本文所涉电视剧《林海雪原》均指由王德忱编剧、李文岐导演（2004年）的电视连续剧《林海雪原》。

④ 这里指的是由陈建功和李功达编剧、王进导演的电视连续剧《青春之歌》（1996年），为了与由李炜和张健编剧、张晓光导演的电视连续剧《青春之歌》（2006年）区别开来，本文特将前者称为“王进版《青春之歌》”，称后者为“张晓光版《青春之歌》”。

与江华离婚(在该剧中革命者江华和林红被改编成为离了婚的夫妻)。在大为收敛(后文对此将有相关阐析)的张晓光版电视剧《青春之歌》中，林道静坦言其被押时很恐惧；江华言称第一次参加战斗时紧张得连枪都差点拿不住；革命老人"姑母"(在该剧中其实是江华的母亲)则直言共产党员也是人，也会害怕；林道静等革命者对于余永泽立志学术的做法给予了理解和宽容；林道静对作为阶级敌人的地主家孩子依恋不舍；余永泽遇害让早已与之分道扬镳的林道静深受刺激，在凭吊余永泽时坦言其有愧与之。电视剧《红旗谱》[1]中朱老忠动辄骂人却对老婆百般柔情。电视剧《野火春风斗古城》[2]中杨晓冬因痛失母亲而当众失态。电视剧《红岩》[3]中江雪琴坦言丈夫牺牲对自己造成了致命性打击。电视剧《铁道游击队》[4]中刘洪打骂革命同志等等。对这些人物的俗性方面的展示丰富了人物性格，使人物更趋生活化、人性化，将他们从高不可攀的神坛拉回人间。对原反面人物也进行了人性化改写，试图以人性淡化阶级性和革命神性。电视剧《林海雪原》中匪首座山雕善待"养子"(无中生有的创新)，颇重情义，"养子"不认这位老爹，这位匪首便黯然神伤老泪纵横，足见父慈心切。王进版《青春之歌》中，疯狂镇压革命运动的警察局局长胡梦安却也温文尔雅，尤其对林道静可谓一往情深痴心可鉴；余永泽忠贞于爱情，致死不改对林道静的痴情，而且一身正气，誓死守节；校长王彦文苦心办学，一心向善。即使在张晓光版《青春之歌》中，余永泽也并不丑恶，倒

---

① 凡本文所涉电视剧《红旗谱》均指由桂雨清编剧、胡春桐导演(2004年)的电视连续剧《红旗谱》。

② 凡本文所涉电视剧《野火春风斗古城》均指由徐兵等人编剧、延奕名导演(2005年)的电视连续剧《野火春风斗古城》。

③ 凡本文所涉电视剧《红岩》均指由冉成森和余纪编剧、何群导演(1999年)的电视连续剧《红岩》。

④ 凡本文所涉电视剧《铁道游击队》均指由李世明等人编剧、王新民总导演(2005年)的电视连续剧《铁道游击队》。

是矢志不渝一心向学，且在与林道静分手后依然顾念旧情，最后因坚守良知而丧命；反面人物戴愉叛变革命之后也曾对王晓燕动过真情。电视剧《苦菜花》[1]中王柬之也曾是爱国志士，曾义救使女，也是不幸婚姻的受害者。电视剧《敌后武工队》[2]中，马鸣对革命同志汪霞一往情深，之所以"叛变"（其实未必称得上是叛变革命，只是违心地写份悔过书，革命工作依然积极）也完全是为了心上人。电视剧《铁道游击队》中，高敬斋也曾为其不忠不孝不仁不义而备受良心折磨，甚至连日本鬼子金山也有几分仗义，多了几分人性。电视剧《红岩》中，甫志高之所以背叛革命在很大程度上是出于对娇妻的挚爱和身体的生理性恐惧，等等。

当然，人性化的最大手笔就是在这些电视剧中尽可能地增加情爱戏份，根本用意无非是迎合市场。王进版《青春之歌》中，余永泽与林道静的爱情戏至死犹存；林道静与卢嘉川、赵毓青对林道静、胡梦安对林道静、罗大方与白莉萍、徐宁与崔玉秀、戴愉与王晓艳、林红与江华等等，爱情遍地开花，俯拾皆是。就是在张晓光版《青春之歌》中，林道静与余永泽之间被青春偶像化的小资爱情也是该剧的重头戏且成为一大看点。电视剧《林海雪原》中增加了大量的爱情戏：少剑波与白茹的情感戏被渲染，杨子荣陷入三角恋，甚至还与土匪成为情敌。电视剧《铁道游击队》中，大队长刘洪与芳林嫂的爱情也被演绎得丰富多彩，既有快意酣畅情，也有悱恻缠绵爱；彭亮、田六子与兰妮之间的三角恋情被渲染得更像青春偶像戏；还新增了"飞贼"李九与情人爱意绵绵最终为爱殒命的诗意书写。电视剧《红旗谱》中，春兰与运涛的爱情几乎被渲染成千古绝唱；张嘉庆与李芝

---

① 凡本文所涉电视剧《苦菜花》均指由兰之光和王冀邢编剧、王冀邢总导演（2003 年）的电视连续剧《苦菜花》。

② 凡本文所涉电视剧《敌后武工队》均指由史航等人编剧、陈剑飞导演（2003 年）的电视连续剧《敌后武工队》。

儿之间的爱情戏被制作得情趣盎然生机勃勃；江涛与严萍、大贵与李金华，甚至朱老忠夫妇、李稚天夫妇等等与革命事业未必有关的爱情也都进行不失时机的展示；就连十恶不赦的革命敌人冯焕唐与戏子桂仙之间的复杂情爱戏也占了不少篇幅；哪怕是点到为止的“倒爬灰”也显然别有用心。电视剧《苦菜花》中，冯秀娟与姜永泉、赵星梅与纪铁功（即冯德刚）、杏莉与冯德强等人的爱情都得到了尽可能的展示；杏莉娘与王长锁的偷情更是得到了相当篇幅的渲染；就连革命母亲冯大娘与罪恶滔天的革命敌人王柬之之间的关系也被弄得扑朔迷离、暧昧朦胧。不得不承认，在一定程度上说，这种旨在投合消费口味（即所谓“媚俗”）而加重情爱戏份的做法，确实有利于展示剧中人物的丰富性；就革命者而言，这种尽管别有用心的做法起码在实际上等于告诉了观众：情爱生活是革命者生活中的重要组成部分，而革命者不再仅仅只是革命的“螺丝钉”。

经过一番人性化和生活化处理之后，就总体而论，这些电视剧比小说原作，更比电影作品（20 世纪五六十年代由革命历史小说改编的电影）丰富充实了，人物形象更为立体而丰满。人道主义尤其是世俗人道主义对于人的思考和设计于此似乎得到了展示和应用，但是这种展示和应用背后的动力机制却是消费主义逻辑，目标显然是投合市场需求，就是说，人道主义对于人的良苦设计和真诚关爱被商品化和市场化了，或者更直接地说，被投资商出卖了，就像快餐面那样给卖了。

四

不仅租用了依然生效的权力资源，又有投合消费口味的人性化货色，还有媒体的外围助阵吆喝，投资商志在必得，以为这下算是赢定了，而事实上却并未如此：首先，市场反应并未热烈，许多“红色经典”品牌电视剧收视率平平，甚至走低；其次，负面舆论铺天盖地地袭来，多数批评改编不善，尤其是权力知识分子更是指责有加；最后，官方力挽狂澜，下达紧缩性的整顿指令。一向善于算机的精明投资商这次可谓失算了。

为了遵循消费主义逻辑，迎合市场需求，“红色经典”的改编者可谓煞费苦心。如上文所述，以世俗人道主义为支撑，以人性来淡化阶级性，为制造看点而加入了大量的情爱戏，本以为这样一来，既能用革命戏份拉住中老年观众，又能以情爱戏分取悦年轻观众。殊不知，观众并未领情。中老年观众认为损害了他们心目中已成定势的英雄形象，仿佛击破了他们的信仰。这种因时而化的做法实际上伤害了中老年观众，并没有抓住中老年观众的观赏兴趣，自然等于开罪了这批本来锁定的观众群。而对于年轻观众来说，改编者苦心制作的情爱戏在这个娱乐文化几乎泛滥成灾的时代，“红色经典”电视剧中的那点遮遮掩掩的情爱戏实在提不起年轻观众的兴趣，就连这些年来“戏说”、“性说”成风的古装戏都赶不上，更遑论那些“娱乐至死”的现代情爱戏；在这个“性文化”近乎猖獗（明里暗里）的时代，“红色经典”中那点为人指责的“性说”成分（如让杨子荣哼几句酸曲、弄个“止乎礼”的三角恋，让近乎寡居的阿庆嫂扭几下腰肢）实在是微不足道。所以，尽管改编者用心良苦却仍然难以取悦年轻观众。既然如此，那么改编者为何不干脆放开手脚甩开膀子大肆“戏说”、“性说”？这个问题实在简单得不值一提，但答案却别有意味。真若如此，别说会激怒大批中老年观众，根本就别想通过管理机构的审查，连拍摄许可证怕是都难以获取，更遑论其他？这里就牵涉到来自官方的管理问题。

如上文曾述，投资方之所以盯住“红色经典”，在相当程度上是相中了这种资源因其“红色”而到现在还依然能够享有的权利，并试图租用，进而实现权力与商业、官方与市场、政治与经济、革命与金钱的共赢。但是，权力往往也是一把双刃剑，租用权力是要付出代价的，应该说这是公平的，谙熟于市场交易法则的投资商对这点常识应该不会陌生。既然投资商租用了权力资源，哪怕是剩余权力资源，也要履行官方所期许的相应义务，那就是巩固“精神长城”，传扬“红色经典”所负载的今天依然有效的主导（官方）意识形态，即爱国主义、理想主义、集体主义、奉献精神等。

可是，改编者的所作所为与官方的期许存在着很大距离，甚至是令官方无法容忍的距离。

> 一些改编者要么将人性抽象化，并将抽象化的人性凌驾于一切之上，与爱国主义、理想主义、集体主义、奉献精神等对立起来；要么将人性卑微化、卑俗化，将人性等同于放纵，等同于人格缺陷。在他们眼里，经典成了教条。由于价值观的变异，他们在改编的时候去红色、去革命化、去积极健康、去爱国主义、去英雄主义，使原作的基本精神变质。这样做的结果，就会毁了我们的精神长城。[1]

为了迎合市场，过多地注入与时俱进的娱乐因素其实已经不只是毁坏“精神长城”的问题了，更为严重的是消解了“红色经典”的政治功能。扎进革命话语中的人性有驱除并取代阶级性的危险，而这样一来，就可能威胁到无产阶级革命的正当性，进而可能会产生连锁反应，牵涉到相关的系列问题。

正是基于此，官方在权力知识分子的协助下出台了法令，对租用红色资源的权力却没有或不能履行相应义务的改编者进行规约。根据《南方都市报》的报道，早在 2004 年 4 月 19 日，国家广电总局就向全国各地有关职能部门下发了《关于认真对待红色经典改编电视剧有关问题的通知》（以下简称《通知》），该《通知》说：

> 一些观众认为，有的根据“红色经典”改编拍摄的电视剧存在着“误读原著，误导群众，误解市场”的问题。有的

---

① http://202. 108. 36. 149：8606/ent — 2003/editor/news/starnews/040524/040524—248415. html。

> 电视剧创作者在改编“红色经典”过程中，没有了解原著所表现的时代背景和社会本质，片面追求收视率和娱乐性，在主要人物身上编织过多情感纠葛，强化言情戏；在人物造型上增加浪漫情调，在英雄人物身上挖掘多重性格，在反面人物的塑造上追求所谓的人性化和性格化，使电视剧与原著的核心精神和思想内涵相去甚远。[①]

2004 年 5 月 23 日，在纪念毛泽东《讲话》发表 62 周年之际，由中国文联、中国剧协、中国影协、中国视协联合主办了一场“红色经典”改编创作座谈会。会议认为，“红色经典”并非不可改编，但必须坚持的基本前提是尊重原作的基本内涵、时代背景和主要情节，而当前存在的问题正是没有把握好这个前提。将该会议精神和上述《通知》内容稍加比较，便不难发现二者实质的相似性。紧接着，2004 年 5 月 25 日，也就是在这次会议之后的第二天，国家广电总局就向各省、自治区、直辖市广播影视局（厅）、中央电视台、中国教育电视台、解放军总政宣传部艺术局、中直有关制作单位下发了《关于“红色经典”改编电视剧审查管理的通知》。如果说前一个通知主要偏重“务虚”层面的舆论和气氛营造，那么这次则是具体落实到了操作运行层面。依据这次通知，全国所有以“红色经典”改编的电视剧，必须经过层层审查过关后才可投入演播。具体程序是：省级审查机构初审，国家广电总局电视剧审查委员会终审，并出具审查意见，颁发《电视剧发行许可证》。从收到通知之日起，凡未经审查许可的“红色经典”电视剧，一律不得播出。违者，一经查实，将严肃处理，并追究领导责任。[②] 至于具体的审查内容当然就是以前一个通知所指出的“红色经典”改编电视剧存在的那些问题为重点。

---

① 文隽：《“红色经典”的改编问题》，载《南方都市报》，2004 年 4 月 23 日。

② http://www.jcrb.com/zyw/n257/ca250718.htm。

官方出台法令的目的其实可以理解为让这些“红色经典”改编者们在租用这些资源所负载的权力时履行附加于这些资源的相应义务。以娱乐为主的大众文化肆虐性发展，世俗人道主义已作为常识深入人心，这些作为当下文化市场的关键因素对“红色经典”的改编产生着难以抵挡的诱惑；而另一方面，官方在对红色资源进行权力寻租时也对作为权力租用者的改编者进行了限制，而这种限制尽管是保障改编者履行依附于红色资源的相应义务的条件，却可能是与市场诱惑相反的一种力量。这样一来，改编者的处境自然尴尬，疏远了市场意味着利润的流逝，过分消费化则可能意味着一了百了的封杀，因此“红色经典”电视剧只能如陶东风所论，“在官方与市场的夹缝中求生存”，奋力挣扎在“红色”与“消费”、政治与经济、革命与金钱之间。基于官方的法令性规约，有的“红色经典”电视剧生产者便精明地改变了路数，在故事内容的处理上谨慎而低调，尽可能保留“红色”，而在其他方面尽可能谋求商业效益。比如张晓光版《青春之歌》就基本上采取了革命话语的经典建构范式，保留了浓郁的革命意识形态性，却大力使用当红明星（当然也少不了大量的广告和宣传）以求商业效益。尽管如此，这种电视剧却还是在对革命经典话语的再述中（不论是在叙事还是人物塑造方面）按捺不住地添加了一些与时俱进的凡俗因素，因此并不影响本书对总体趋势的阐析。

第三节　改编的俗化倾向

在这次对革命历史小说所进行的电视剧改编风潮中，存在着明显的俗化倾向。在20世纪五六十年代对革命历史小说进行的电影改编中，小说原作中艰难存在的与神圣革命话语不无出入的凡俗成分经过政治意识形态的“洁化”处理，被尽可能地汰洗掉了；而在这次电视剧改编风潮中，革命历史小说原作中的那些凡俗成分反倒备受青睐,被挖掘出来并给予渲染和强化,除此之外还无中生有地新添了不少这类因素。此举原因,一是为语境所致,二则迫于文化市场的压力,而且二者相互联系。

一

对革命历史小说中民间通俗因素进行挖掘并给予强化和渲染,是这次电视剧改编风潮中一个很重要的动作,也是这次改编风潮中体现俗化倾向的一个重要组成部分。

对于神圣的无产阶级革命话语来说,革命历史小说中的那些非革命的非现代的民间成分(与民族形式是不同的)是凡俗的,或者是庸俗的,甚至还可能是恶俗的,具有稀释甚至消解革命神圣性的危险性。革命历史小说中的民间因素往往与主导意识形态所崇尚的以革命现代性为基底的革命化的现代文化因分属不同的话语系统而存在冲突,在被神圣化的革命文化看来,这些民间因素因为承载着为革命文化所拒斥的意识形态而是相对庸俗的,很难拿到革命文化的台面上。[①] 尽管这些文学作品的创作在主观上无不以对主导意识形态的复制或强化为指归,但其结果则往往事与愿违,并没有兑现主导意识形态的期许。正是因此,在强势革命话语中,这些成分只有尽可能地以潜在方式存在;也正是因此,这些小说在20世纪五六十年代被改编加工为电影时,小说原作中的民间因素往往就被尽可能去除或弱化;当然也正是因此,这些小说往往在当时就受到了不同程度的批评,甚至在“文革”期间遭到了批判。令人啼笑皆

---

① 当然,革命文化也会利用民间因素,并且常常会被鼓励这样做,但是这种“利用”在根本上相中的是民间因素作为老百姓“喜闻乐见”的东西能够更有效地传播革命意识形态;就是说,真正被主导意识形态所期许的是现代革命文化,而并非民间因素本身,也可以说,现代革命文化是“经”,而民间因素则是“权”。

非的是，这些小说在当时之所以受到普通读者的欢迎并得以流行，也不能不说其中的民间因素起到了相当重要的促进作用，[1]陈思和就持此看法。“我们回过头来看，当年这些文学作品之所以会受到老百姓的欢迎，并不是它们有着很强的意识形态属性，当年它们留在读者记忆中的，是一些老百姓喜闻乐见的民间艺术因素，我把它们称作隐形结构”[2]。这些小说为什么会融入民间因素？陈思和就创作主体的知识结构进行了分析，认为这些小说的作者都来自民间社会和生活底层，没有接受国外的东西，却接受了丰富的民间文化、传统文化（官方意识形态大批“封资修”，尤其是“封”字位列榜首，将大量传统文化视为封建文化而给予贬斥，导致传统文化的民间化）里的东西，因此在其创作过程中，就将民间喜闻乐见的东西以隐形的方式融入作品的审美内涵中。而普通读者之所以喜爱这些作品，主要是因为这些作品唤起了他们原来的阅读知识和审美修养。[3] 若运用接受美学的相关知识解释，作品中的这些民间因素与他们的期待视野相一致，或者说这也可以理解为一种“视界融合”。

而在这次对革命历史小说进行的电视剧改编风潮中，可以说，改编者深谙此道，看到了民间通俗因素的市场价值，于是将它们挖掘出来并进行强化和渲染。上述民间因素十分复杂，比较明显的主要有人物性格配置上的“五虎将”模式、“才子佳人”模式及草莽英雄和江湖义气等。

传统小说《三国演义》在人物配置上率先使用了“五虎将”模式，这一模式逐渐成为小说表现英雄人物的基本模式，不少

---

① 这些民间因素在当时政治意识形态的框架下曾发挥着强有力的作用（往往寄居于传统因素之中），对读者具有强烈的吸引力，使这些革命历史小说迅速流行起来，创造了当代中国文学接受史上一次次奇观。

② 陈思和：《我不赞成“红色经典”这个提法》，载《南方周末》，2004年5月6日。

③ 参见陈思和《我不赞成“红色经典”这个提法》，载《南方周末》，2004年5月6日。

革命历史小说也使用了这一模式，而在随后改编拍摄的电影中，这种作为民间因素的人物配置模式被淡化处理了，群体形象较为鲜明，但作为个体不是缺失就是模糊得连姓名都很难记住（如果不受小说原作的影响），所谓威猛、智勇、粗鲁、刻苦、陪衬5种传统角色分工很难看得出来。电影对这种民间因素的淡化，除了因为受电影本身容量所限而不易展开刻画多个人物性格外，就是因为在神圣革命话语看来，庸俗的因素经过政治意识形态的清洗被刻意淡化了。而在上述电视剧中，这种“五虎将”模式则被突出和强化了。《铁道游击队》、《林海雪原》、《烈火金钢》、《敌后武工队》等电视剧中，这种模式较为明显，而且人物各有特点，个性鲜明，基本上按照《三国演义》中的“五虎将”人物特点仿造。电视剧《铁道游击队》还通过剧中老百姓的口传来突出和强化这种模式。电视剧《敌后武工队》则是通过剧中重要角色政委杨子增之口直接道出：“你们武工队满打满算也就五个人，不容易啊。三国时候有‘五虎上将’：关、张、赵、马、黄，现在你们几个也是五虎上将。”

二

传统小说和文人戏中的“才子佳人”模式也是神圣革命话语所贬斥的成分。以神圣革命意识形态观之，这些东西属于万恶旧社会的糟粕，庸俗不堪，与革命现代性格格不入，与朝气蓬勃的工农兵文化根本不同，分属于判然相异的话语系统。因此，这种模式在革命历史小说中只能以潜隐方式存在；也正因此，小说《林海雪原》中少剑波与白茹的恋情遭到了批评乃至批判。之所以说这种模式是潜隐在革命历史小说中的，主要因为作者已将这种模式融入强大的革命话语生产中，为其裹上厚重的革命衣装，使其借助于革命话语力量得以苟存。

这种情况到了源自革命历史小说的电影中更为严重，革命意识形态对“才子佳人”进行了较为严格的话语改造，致使“才子佳人”的符号所指发生了较为彻底的变化。这里的“才子”所指为男性革命英雄，其“才”所指为革命英雄的神圣革命资质；“佳人”所指为女性革命英雄，其“佳”也在革命英雄的神圣革命资质。就是说，在这里“才”和“佳”是同一的，都是公共化的革命资质。基于此，在这种电影中，“才子”和“佳人”的性别之分已基本抹平，二者在身体阶级化、国族化和革命化的基础上被同一化为同志，这是他们共同的社会性别，无论是电影中的白茹、芳林嫂、冯春兰、还是金环、银环、冯秀娟、阿菊，其社会性别都已和男性无异，说的同是革命话语，做的同是革命工作。当温爱柔情被革命风雨荡涤而去，凡俗儿女情长不是被剥夺存在的权利，就是被革命话语整编为与革命合作。电影《青春之歌》中，林道静和余永泽的爱情被锐意加工为误入歧途的革命教训（革命反面教材），林道静与卢嘉川的爱情被处理得实在寻不出爱情成分，更像一位坚定的革命追随者对其革命导师的崇慕，至于林道静与江华之间已完全是革命同志关系，无任何儿女私情。电影《林海雪原》中，少剑波与白茹的关系也被完全改编为纯粹同志关系。电影《铁道游击队》中，大队长刘洪与芳林嫂之间的儿女情话基本上被革命话语取代，残存的恋情只能从战友的玩笑中依稀感知，这与其说是爱恋，不如说是为革命而合作。电影《在烈火中永生》中，江雪琴与丈夫的夫妻情爱关系被影像化为激情澎湃地共赏革命地下刊物《挺进报》的蜡版样稿，彰显的是革命同志之情。其他同类电影也是如此，小说原作中尚能清晰可辨的革命恋人到了电影中就更加同志化了，“才子佳人”模式的原有意蕴被强势革命话语整编为阶级同志模式。

而在近年来源自革命历史小说的电视剧中，就“才子佳人”模式而言，与上述电影中的情况就截然相反了。在这些电视剧中，不但把小说原作中本来潜隐的“才子佳人”模式挖掘出来，将其显性化，而且在革命话语依然有效的剩余威力面前尽可能地发挥“才子佳人”模式及与神圣革命相较而“庸俗”的民间意蕴。这里实质上潜存着两种不同向度力量相较的问题：一种是革命话语留存的神圣化的提升力量，另一种是非革命话语（主要指生活话语）的凡俗化的下拉力量，两者相较的差余力量实际上决定着作品的面貌和态势。在这类电视剧的生产过程中，不断增加的凡俗化的下拉力量与小说原作潜藏的同类力量融会合并，结果导致这类电视剧呈现非常明显的凡俗化面貌和态势。在这类电视剧中，“才子佳人”模式的凡俗意蕴不再如在小说中那样被裹上厚重的革命衣装，更不像在电影中被革命意识形态大力整编；其趋向凡俗之维的因素得以彰显，曾经神圣的革命话语不但因时而化地为凡俗话语让出空间，而且不能否认存在革命功绩被暗里转化为个人资本的现象。这种危险现象其实早在半世纪之前，就有读者在小说《林海雪原》中敏感地察觉到了，认为小说中少剑波与白茹相互吹捧，增加个人革命魅力。[①] 在小说《青春之歌》中，卢嘉川就曾对林道静的个人英雄主义给予规正。[②] 于是，在这类电视剧中，表面上看来是个人在为革命作贡献，暗里则并非不可以解读为革命在成就个人。这样一来，“才子佳人”模式中的“才子”之“才”除了应有的凡俗魅力外，还有已被私有化的革命才干，而且已经混合；而“佳人”之“佳”除了同样被私有化的革命功绩外，更加关注革命“佳人”作为凡俗女性的生理和社会性别特征。

由上述可知，不论是“才子”，还是“佳人”，其凡俗个人特性都被凸显出来。一些传统小说或文人戏中的“才子佳人”模式所刻意渲染的“郎才女貌”这种依革命意识形态看来未免庸俗陈旧的东西在新近所谓“红色经典”电视剧中也都得以强化。在王进版《青春之歌》中，林道静的“佳人”资质被多人反复证实，既有丈夫、革命同志、情人、朋友，也有革命敌人；既有话语

---

① 参见田禾《女英雄还是装饰品——从“小白鸽”谈到妇女英雄形象的创造》，载《北京日报》，1961年6月10日。

② 参见杨沫《青春之歌》，北京：作家出版社，1951年，第115～116页。

指认，也有行为确证。可以说，林道静作为“佳人”的凡俗资质是被该电视剧浓涂重抹的一笔，当为革命东躲西藏的林道静突然出现在分手已久的余永泽面前时，余永泽依然说：“你还是那么漂亮！”在地主家做家庭教师，不但老地主慕其魅力顿生淫欲，就连林道静与地主之子宋郁彬说上几句话都被女主人视为危险而醋意顿生。连多年好友白莉萍都无中生有地因林道静而争风吃醋，哭求其放过罗大方，言下之意，男人一旦接触林道静就难以抵挡其“佳人”魅力。官居要职的革命敌人胡梦安更是非林道静不娶而痴情等待，甚至要为其辞官远走。这些都足以确证这位革命“佳人”恐怕不是一般的相貌好、气质佳，而是具有相当的女性魅力，革命资质和才干在这种女性个人魅力面前反倒显得微不足道了，尽管革命资质和才干可以被私有化为个人魅力。至于“才子”，卢嘉川一表人才，英俊潇洒，又有被林道静崇慕不已的被私有化的革命资质和才干，当属“才子”。而余永泽也是一表人才（并非小说中特别是电影中的丑化形象），满腹经纶，学识渊博，而且坚守民族之大义，以死成仁，称其为“才子”也不为过，只是因执着于个人凡俗生活而与革命者有别而已。就是说，林道静的两次爱情都不无“才子佳人”色彩。该剧对卢嘉川的丰富尤其是对余永泽的宽容，都可见出该剧在处理“才子佳人”戏上的俗化倾向。即使在张晓光版《青春之歌》中，林道静的“佳人”资质也被凸显，被公认漂亮的当红香港明星童蕾出演林道静，在视觉上就为塑造“佳人”打下了基础，在剧中的人见人爱（尤其是胡梦安的梦寐以求），白莉萍的由衷夸赞、吴导演的专业化的赞赏、宋郁彬老婆的醋意提防等都证明了林道静不愧为“佳人”，而且积极进取，百折不挠，一心革命，有貌有品有才，不是“佳人”还能是什么？而由当红香港影星谢君豪饰演的余永泽则是才貌兼备，尤其是他的渊博学识则让他成为“才子”而无愧。江华领导革命的卓越才干也不能不让他成为革命“才子”，尽管他曾坦言他第一次参加战斗时的紧张和不安。就是说，即使在这部电视剧中，“才子佳人”痕迹依然明显。

电视剧《林海雪原》中少剑波相貌堂堂，文武兼备，正英雄当年，也没有像在同名电影中召开支委会研究重大决策，革命资质和才干被转化为白茹崇拜不已的个人魅力，而且这位当之无愧的“才子”还会偷偷为心上人献上松子果，与心上人追逐嬉闹。该剧中白茹美丽多情，也是武能长途奔袭，文可研制新药、写春联、吟诗诵文，称其为“佳人”也是受之无愧，这位“佳人”除了出色完成本职工作外还善于撒娇打趣。这二人的恋情不是才子配佳人还能是什么？就连夹皮沟的乡亲们都担心无人可佩这位“佳人”，听说其与“二零三”相恋，众人方才释然。

电视剧《红旗谱》中，帅气十足的严运涛完全突破了朱老忠一文一武的远景规划，集文武于一身，而且做了红军参谋长，也算是锁井镇甚至滹沱河岸引人注目的“才子”了。冯春兰不但被色情老手冯兰池相中，而且连知书达理的冯月唐也为其痴恋多年竟至终身不娶，足见冯春兰的“佳人”魅力之大。该剧频频强调冯春兰守身如玉，即便在与严运涛终成眷属洞房花烛之际，这位“佳人”依然要为心上人验明处女之身；严运涛只是坚信其贞。进一步说，如若冯春兰因某种原因不是处女之身，“才子”严运涛还是否挚爱这位“佳人”？不论严运涛是因爱而坚信其贞，还是因坚信其贞才爱，针对这个问题的答案怕是只能令人失望了。可见，该剧在处理“才子佳人”戏上也是采取向俗的姿态。

电视剧《野火春风斗古城》中，杨晓冬俊逸儒雅，是一位相当有才干的革命领导人，既足智多谋，运筹帷幄，又能单刀赴会，深入虎穴，化险为夷。除了这些被转化为个人魅力的才干外，还孝敬老母，且与心仪“佳人”银环执手相看泪眼。“旗袍”美女银环尽管革命衷心可鉴，却无意中不断导致革命工作延宕而复杂，但这位柔弱女子却被杨大娘和杨晓冬青睐，看来原因主要是这位"佳人"的凡俗个人素质:美丽、温柔、体贴。杨晓冬与银环的相恋也是"才子佳人"模式的,而高自萍尽管痴恋于银环却委琐懦弱,连同事小叶都认为没有男人味,当然无法与杨晓冬相提并论,所以不是"才子",也就无缘幸得"佳人"归了。

其他的这类电视剧如《烈火金钢》、《敌后武工队》、《铁道游击队》、《红岩》等也都使用了小说原作中"才子遇佳人"这种模式,并将其强化渲染,尤其增强它的凡俗意蕴。

三

侠义小说对革命历史小说产生过一定影响,但这种影响也只能或明或暗地闪烁于革命权力话语背后,但作为大众喜闻乐见的民间因素却对那批小说在当时的流行起到过相当重要的促进作用。陈思和对此曾有表述:

> 比如《林海雪原》,说到底是一个剿匪的故事,它里面有一个传奇性的民间因素在里面,延续了《水浒》、《七侠五义》这样的旧小说传统,这些传统,如武侠小说,在解放以后慢慢被边缘化了,或者转移到香港的文化市场去发展,或者就作为隐形结构隐藏在现代小说里秘密发挥作用。比如《铁道游击队》里的老洪飞车夺机枪、《烈火金钢》里肖飞买药、《林海雪原》里杨子荣打虎上山等,这些描写说起来都是武侠小说里的段子。特别适合说书人去演播、改编,这样的东西是生活在民间里的,他们是把老百姓喜欢的创作因素添加在政治意识形态的框架里。《林海雪原》之所以能获得成功,从老百姓的眼光来看,它表达了一些他们喜欢的审美趣味。[①]

尽管这些来自侠义小说(包括《水浒》、《三国演义》这种小

① 陈思和:《我不赞成"红色经典"这个提法》,载《南方周末》,2004 年 5 月 6 日。

说中的传奇、侠义成分）的为老百姓所喜闻乐见的民间因素能够而且也曾促使革命历史小说深受欢迎，但是另一方面也会稀释作品中政治意识形态的浓度，致使革命的关注度受到影响而不利于教化。早在近半个世纪之前就曾经有人敏锐地看出这种现象，并针对小说《林海雪原》的传奇性进行过批评。[①] 这些在政治意识形态看来不利于神圣革命精神传扬和教化的诸如传奇、侠义等民间因素未免陈旧庸俗，所以在20世纪五六十年代改编摄制的电影中就尽可能地给予了克服，而如今却在“红色经典”电视剧中大放异彩。

新中国成立后转到香港大肆发展的武侠小说以及武侠电影、电视剧从20世纪80年代中后期以来对中国内地的文化事业产生了广泛而深远的影响，刺激了内地的文化市场，以至于内地大众文化市场上武侠文化产品占据了极其关要的位置，甚至作为“政府喉舌”的中央电视台都曾斥巨资根据金庸武侠小说《笑傲江湖》改编拍摄同名电视连续剧，并在央视一套黄金时段播放，足见武侠文化的气势之猛烈。这种铺天盖地的武侠气氛不能不影响“红色经典”电视剧的生产。这样一来，主要源自英雄传奇和侠义小说的作为民间因素的传奇性在如今的“红色经典”电视剧中就得到了强化和渲染。

侠义文化一般尚奇，“奇”为“传奇”之意。“‘传奇’以情节丰富、新奇，故事多变为特色。中国小说的传奇性，正是传统美学在小说艺术中的一个突出的特征”。传奇常与英雄塑造相结合而为英雄传奇。“英雄传奇既多虚构，而且其人物又是理想化了的英雄，所以免不了要用夸大的笔法，为他们的行为涂上一层怪异的、超常的或神奇的色调”[②]。由英雄传奇演化出的侠

① 参见冯仲云《评影片“林海雪原”和同名小说》，载《北京日报》，1961年5月9日。

② 李扬：《50～70年代中国文学经典再解读》，济南：山东教育出版社，2003年，第5页。

义小说秉承了英雄传奇的传奇性特色。借助于当代科技手段所拍摄的武侠电影、电视剧更是奇幻莫测,令人瞠目,这些在“红色经典”电视剧中常有展示。

电视剧《铁道游击队》借助于当代武打设计技巧和科技手段将许多武打场面拍摄成令人瞠目结舌的视觉奇观。腾空飞身而上疾驰列车、飞车上的惊险打斗、在枪林弹雨中游击队员彭亮骑着自行车飞上疾驰列车且轻松枪战群敌而毫发未损、日军一名拄双拐的残疾将领深夜腾空倒转只身力斗铁道游击队两位队长、飞贼李九地上空中飞走自如来去无碍等等,都被制作得玄而又玄。除了这种武打动作上的传奇外,还有故事情节上的传奇。刘洪在火车头里与日本武术高手激战还能控制车头,而且在列车爆炸后仍能幸存,奇妙至极,令人实在不能不质疑其地球人身份。日本美女记者的异域历险、日本俘虏田中的倒戈故事、“辣妹”兰妮的恩怨情仇等等都使故事情节更加盘根错节,奇妙复杂。另外还有一些场景上和细节上的传奇,限于篇幅,在此略去。

电视剧《林海雪原》在小说原作曾被批评的传奇基础上又肆意放大渲染,奇上加奇,景观奇、场面奇、人物奇、传说奇,当然关键的还是情节上的奇妙,该剧将小说原作中本来就较为奇妙的情节更加复杂化,还无中生有地新增了许多情节,如:杨子荣和旧时恋人槐花及其丈夫老北风的复杂关系及演绎、杨子荣及座山雕与蝴蝶迷的关系、老北风与胡彪争夺大烟土的故事、槐花之子被座山雕收为养子的故事等等无不崎岖波折。

电视剧《野火春风斗古城》的情节更是万般曲折,一波三折,尤其是凭空新增了巧夺病毒样本的复杂情节,玄妙离奇,匪夷所思;场面也惊险、离奇、刺激。其他不少“红色经典”电视剧如《敌后武工队》、《烈火金钢》等也都在传奇性上大动手脚。

四

“红色经典”电视剧还将侠义作品(文学、电影和电视剧等)

中的"侠义"这种老百姓喜闻乐见的民间因素渲染和强化以投合市场需求。

侠义作品常与恩仇紧密联系，报恩观念和复仇意识可以说是这类作品至为关键的元素。李扬认为："报恩和复仇历来是侠义小说表达得最为集中的伦理观念。"[①]侠义作品的基本主题也就是这种伦理化的快意恩仇。正是这种伦理化的恩仇书写与讲述革命历史的政治化叙事常常存在隔阂，使得许多革命历史题材的文艺作品的现代意识大打折扣。何家槐近半个世纪前就针对小说《林海雪原》中"个人仇恨"和"阶级仇恨"（私性仇恨与政治革命）存在着间隙这种现象进行过批评。[②] 消泯上述间隙的最好方法就是将私仇阶级化、公共化，这样一来，现代政治革命与传统及民间伦理就有机地结合了起来，形成阶级革命伦理，结合点便是阶级恩仇。但是，"红色经典"电视剧为投和大众欣赏口味，往往偏执于老百姓喜闻乐见的传统和民间伦理，并没有将私性恩仇很好地阶级化、公共化，而是往往相反，着意突出恩仇的私性色彩。电视剧《红旗谱》刻意渲染了朱、冯两家的私性仇恨，借助于革命，朱家终于斗败仇家，报仇雪恨，该剧安排朱老忠（而不是别人）手持铡刀分别将冯兰池父子三人送上绝路，而后便卸任在家，不再革命，不可能纯属巧合，想必是在暗示私性血仇的终结；朱老忠对于贾湘农的私性感恩远远胜于对阶级领导的理性服从。电视剧《林海雪原》中，少剑波的家仇意识依然醒目，姐姐依然是挥之不去的私性符码。杨子荣前去威虎山新增了一条私性誓愿：为旧日恋人槐花带回儿子。电视剧《铁道游击队》中，亲人被害的血海深仇促使刘洪、彭亮等人誓死杀敌，其他队员也多是在飞车抢劫与反抢劫的斗争中与敌人结下仇恨从而同仇敌忾的，尤其是芳林嫂为夫报仇

---

① 李扬：《50～70年代中国文学经典再解读》，济南：山东教育出版社，2003年，第5页。

② 参见何家槐《略谈"林海雪原"》，载《文学研究》，1958年第2期。

的执着与坚毅更是被强化突出。因为林忠和鲁汉的遇害，刘洪不顾政委李正的劝阻而率众杀敌为结义兄弟报仇，对游击队带来很大伤亡。刘洪被炸失踪后，彭亮、小坡等人更是为大哥复仇心切。政委李正曾对刘洪指出游击队里存在着盲目的狭隘复仇情绪，遭到刘洪强烈驳斥；其实李正所指出的正是这种与现代政治革命存在距离的私性伦理性复仇现象。在电视剧《苦菜花》中，冯大娘一家与王家大院的私性仇恨鲜明地诠释着复仇在革命发生学意义上的合法性，而且也因为冯大娘与王柬之不无暧昧的私性恩情影响了革命的果断性，致使革命更加曲折复杂，等等。这些私性恩仇因为与公共化的阶级恩仇存在着很大距离，革命的现代政治意义就因此而打了折扣，从而与革命现代性存在着一定距离，但是却能够因其传统性和民间性而为普通百姓所喜闻乐见。

源自英雄传奇和侠义作品的江湖侠义精神依然是普通百姓甚至部分知识精英喜闻乐见的民间因素，[①]这可以从 20 世纪 80 年代中期以来侠义文艺作品（小说、电影、电视剧等）的持续不衰得到证实。这种江湖侠义精神在“红色经典”电视剧中也得到了一定的渲染。

电视剧《红旗谱》中，朱老巩靠着江湖义气挺身而出誓死为锁井镇 48 村村民护卫当年义和团弟兄拿命换来的 48 亩耕地及其凭证护河大钟，未果，抱憾而死，传为佳话。朱虎子（即少年朱老忠）逃往关外，历尽艰难，曾入过匪帮（该剧中朱老忠本人曾多次不无自豪地提起此事）。朱老忠一身江湖义气，动辄来几句江湖黑话，行侠仗义，粗俗霸道（老驴头曾一针见血地指出他的“霸气”），动辄粗口骂人（连其挚友也曾动辄遭骂）。朱老忠接济穷苦弟兄严志和与朱老明等、与朋友肝胆相照、为朋友两肋插刀、将朋友之子视同己出、供江涛读书、试图以亲子大

① 侠义文艺已进入学术研究领域，学者陈平原曾说：“千古文人侠客梦”，可见，不少知识精英对侠义作品是接受甚至欢迎的。

贵交换被抓丁入伍的运涛、见大贵有横刀夺爱之意便大打出手、千里探狱、义救春兰、义救弱女金华等等，无不突出其做人做事所依凭的江湖义气。尽管革命领导者贾湘农曾以革命理论对这位“胡子”出身并将共产党视为“红色大门派”的农民侠客进行过思想教化和改造，但纵观朱老忠的行为活动，其标准并无变化，依然是与党性大有区别的江湖义气，而朱老忠的声望正是依靠他的侠义之举建构起来的，所以若去除江湖义气，朱老忠就不再是朱老忠。该剧中还对李双泗的行侠仗义之举进行渲染，即便参军后也未有多大变化；张嘉庆也是行事义字当头，满身江湖气。

电视剧《铁道游击队》中更是充满了江湖气味。刘洪的威望就是靠江湖义气建构起来的，游击队的凝聚力也主要来自江湖义气。已经入党的刘洪带领患难弟兄们结拜江湖，开办碳厂，创立铁道游击队。上级派来党代表李正进行领导，但真正能够进行有效领导和管理的依然是刘洪的江湖老大做派，动辄打骂，但队员们却依然信服。李正作为一个“他者”，很难以现代政治意识和革命话语去改变这个江湖世界，只有当他按照这个江湖世界的规则活动，才有进入的可能。李正满腔热情为队员们开设政治课，进行政治教育，结果遭遇尴尬，弄成一场闹剧。而当他按照这个江湖世界的规则活动，即与鲁汉纵情豪饮，仗义救济林忠家人时，才逐渐走入他们的世界；但李正毕竟意不在此，而是以现代革命思想改造这个江湖世界。每当李正试图改造这个江湖世界时总会遇到排斥，企图教训鲁汉等人在借枪活动中江湖莽汉的粗野作风时，反遭到鲁汉的打骂。鲁汉、林忠为了挽救名声而鲁莽行事导致死亡，刘洪义字当头，不顾李正劝阻立刻率众复仇。林忠在鲁汉死后，放弃求生希望，唯求杀身取义，成全其“同年同月同日死”、“来世还作好兄弟”的义举，结果如愿以偿，安然逝去。鲁汉、林忠死后，刘洪、王强、彭亮、小坡均以江湖方式跪祭亡灵，口称兄弟（而李正则称他们为“烈士”),并宣誓为死者报仇;只有李正默立一旁。可见,李正并未真正融入到这个世界里,依然是他者,而他对这个世界的改造并没产生实质性的效果,现代革命话语和江湖话语依然存在着不小的距离。纵观全剧,不难看出凝结铁道游击队的力量与其说是革命信仰,不如说是江湖情义。

电视剧《敌后武工队》中,武工队成员之间尽管经常争来吵去,内部矛盾和冲突不断,但一旦行动起来又肝胆相照;尽管在组织原则上强烈反对,却以个人名义拼命支持,讲求的无非是侠义。武工队队长魏强甘冒性命之险,独闯虎口营救王一瓶,靠的是侠义;单刀赴会,只身到梁府拜祭梁母凭的也是侠义;在敌人围攻中,置生死于度外,毅然背起患难兄弟陈太生的尸体慨然前行,依仗的还是侠义。促使武工队散而又聚的力量是侠义,支撑武工队坚持下去的力量也是侠义,保障武工队取得赫赫战功的依然是侠义。上级领导杨子增政委就曾将武工队比拟为《三国演义》中的“五虎上将”,并说:“只要你们有桃园结义的精气神,那就什么都不怕。”言语中流露出对武工队侠义精神的激赏。为了渲染江湖气氛和侠义精神,该剧还突出塑造了武术世家出身的梁邦的仗义行为,并将武工队队员李东山改编为江湖侠客出身(在小说原作中,李东山就是一名普通队员,并非江湖侠客出身)。

其他还有不少“红色经典”电视剧也都对江湖侠义精神进行了程度不同的渲染,如《林海雪原》、《烈火金钢》等,甚至连《红岩》中“双枪老太婆”也被渲染了几分江湖意味。

正是基于对江湖气氛和侠义精神的渲染,“红色经典”电视剧刻意塑造了一批不无江湖气息的草莽英雄形象,比较典型的如杨子荣、老北风、刘洪、鲁汉、林忠、田六子、李九、陈太生、李东山、朱老忠、李双泗、柳八爷、丁尚武、大虎、韩燕来等等,他们粗豪刚烈、义薄云天。另外,一些“红色经典”电视剧还将镜头对准草莽英雄富有江湖气息的粗俗生活(喝酒、赌博、唱酸曲等)和匪徒生活而恋恋不舍,无非还是为了制造江湖气氛,以悦观众。

总之,不少“红色经典”电视剧通过对革命历史小说中一些曾为受众所喜闻乐见的非革命非现代因素的挖掘和渲染,试图以此作为投合市场消费需求的手段之一,相对于神圣化的革命事业来说,这些因素是凡俗的,而这种做法本身也是向俗的。而这种锐意投合俗众的做法势必会稀释政治意识形态,产生“去政治化”的后果,因此也是这些电视剧备受关注的问题之一。

第四节 改编后的卡里斯马系统生态

如前文所述,20 世纪五六十年代由革命历史小说改编的电影与小说原作相较,由于政治意识形态的加强,对卡里斯马典型进行了版本升级,使之更趋政治化、符号化、脸谱化;而在这次规模化的电视剧改编制作中,卡里斯马系统则焕然一新,呈现出凡俗化(生活化)和人性化的态势。对卡里斯马系统的这种整构在一定程度上反映了新的历史阶段中人们对革命现代性的认识和反思。

一

由早年的革命历史题材文艺作品改编制作的所谓“红色经典”电视剧之所以引起了轩然大波,其中一个关键的原因就是凡俗化和人性化的问题,无论官方的着眼之处,还是批评者的话语焦点,还是制作方的辩护依据,都凸显了这个问题的关键性。

官方的着眼之处可以从国家广电总局发布的“禁令”中看

出来，如前所述，根据《南方都市报》的报道[1]，早在2004年4月19日，就有专门针对“红色经典”改编而制定的条文。条文中所言“在人物造型上增加浪漫情调”是有一定指向的，并非是指“革命文艺”曾经遵奉的“革命浪漫主义”，倘若尊重原作，秉承原作的革命意义上的浪漫情怀，无论从维护“精神长城”，还是从主导意识形态的政治教化而言，官方都不可能反对的，如《钢铁是怎样炼成的》等充满革命浪漫情调的“红色经典”电视剧颇受官方的看好和青睐就是明证。而这里所谓的“浪漫情调”其实是指与革命浪漫情调路向不同的一种倾向，是筑基于凡俗生活之上的一种人性张扬，而不是在宏大革命事业基础上的革命激情释放；与神圣化的革命浪漫情调相较，这里的“浪漫情调”实质上是一种凡俗化的人性展演。而所谓“在主要人物身上编织过多情感纠葛，强化言情戏”、“在英雄人物身上挖掘多重性格”、“在反面人物的塑造上追求所谓的人性化和性格化”等问题，正是以人性化为关捩的。“红色经典”电视剧的制作者对人性化并不隐讳，反倒是理直气壮地以此为据，因为如前所述，人性和人道主义已经作为一个人所共知的正值性命题而存在，不但无须它证，反倒可以证它。电视剧《林海雪原》的制作方就如此这般（凡俗生活是其紧抓不放的金色盾牌）：“当年电影、样板戏《林海雪原》有其特定的政治色彩，正面人物和反面人物都是符号化和脸谱化的，而我们是想把人物完全还原到生活中，对原著的改编也是按照生活的原貌处理。”[2]

下面是批评者针对“红色经典”电视剧的指责：

> 一些改编者要么将人性抽象化，并将抽象化的人性凌驾于一切之上，与爱国主义、理想主义、集体主义、奉献精神等对立起来；要么将人性卑微化、卑俗化，将人性等同于

---

① 参见文隽《“红色经典”的改编问题》，载《南方都市报》，2004年4月23日。

② hhttp://ent.sina.com.cn/v2004－04－05/11462355140.html。

放纵，等同于人格缺陷。在他们眼里，经典成了教条。由于价值观的变异，他们在改编的时候去红色、去革命化、去积极健康、去爱国主义、去英雄主义，使原作的基本精神变质。这样做的结果，就会毁了我们的精神长城。[①]

在这一段具有代表性和集大成姿态的批评话语中，“人性”至关重要，被用作关键和中心字眼，可见批评者对“红色经典”电视剧“人性化”的敏感和关注。正如引文所示，批评者之所以指责“红色经典”电视剧的“人性化”现象，是因为这种电视剧“将人性卑微化、卑俗化”，“将人性等同于放纵，等同于人格缺陷”，就是说将人性远离神圣的革命，从而降低了人性的品位，使人性朝向神圣的逆反向度下降，即朝向凡俗生活之维下降，并且下降过分至“卑俗”，于是“人性”便不再崇高。姑且不论孰是孰非，在这里至少存在一个“凡俗化”的切要问题。

如果说上述之类批评主要来自权力知识分子的话，[②]那么如下一段引文则是站在自由知识分子的立场针对“红色经典”而论：

我们是不是忘了，那些曾经被当作大补之药的作品当年起的作用就很值得怀疑，它们之诞生多半受到太多行政干预，不得不以塑造高大全的伪英雄和传播假大空的极左观念为己任；实际效果也正如其所愿，持续几代人的基于

① http://202.108.36.149:8606/ent－2003/editor/news/starnews/040524/040524－248415.html。

② 这种具有总结性的批评来自于由中国文联、中国剧协、影协、视协举办的“红色经典”改编创作座谈会上的发言，这个座谈会同时也是为了纪念毛泽东《在延安文艺座谈会上的发言》发表62周年而召开，与会各界的专家、教授发表了对改编“红色经典”基本一致的看法，也就是上述引文所括。参见《理论界关注红色经典：直露、多粗不是真正的改编》，http://www.people.com.cn/GB/yule/1083/2520636.html；康伟《专家呼吁：影视剧切勿乱改“红色经典”！》，http://ent.sina.com.cn/2004－05－23/1611397640.html。

愚昧和盲从之上的个人崇拜,构成大跃进、反右、文化大革命内在动力的伪理想主义,借某些貌似高尚的目标以扼杀个人正当生活的禁欲主义,都或多或少地寄生于这类作品。更不用说其中还存在诸多对历史有意的歪曲和欺瞒,以及对人性的无视乃至摧残。要说它们是红卫兵的思维模式与行为方式的范本,可能有些责之过苛,但如果说它们为遍布全国的红卫兵横扫一切的狂妄与激进提供了部分精神资源和思想基础,而从小就努力将这些作品所塑造的英雄奉为楷模的一代人也没有成为理想化的"四有"青年,恐怕是很难否认的。[①]

这是傅谨在《质疑"红色经典"》一文中,将"十七年"文艺和"文革"文艺不再严格区分而进行的反思,作者既不是支持哪一方,也不是为哪一方辩护,而是站在独立的立场上,冷静地进行反思。审视引文,不难看出作者较为明显的自由主义立场,其中不少观点也未必令人信服,但是毕竟作为代表不同于官方和权力知识分子的看法而存在着,毕竟丰富着对于"红色经典"的认识。在这种冷静的反思中,"凡俗化"和"人性化"也是作者关注的关键问题,"借某些貌似高尚的目标以扼杀个人正当生活的禁欲主义,都或多或少地寄生于这类作品",傅谨的这种批评的另一面就是主张文艺作品应尊重个人的凡俗生活(包括正当欲望)权力;"更不用说其中还存在诸多对历史有意的歪曲和欺瞒,以及对人性的无视乃至摧残",既然是"更不用说",以作者之见,在所谓的"红色经典"中,"对人性的无视乃至摧残"更是值得反思和铭刻在心的教训,这话里话外都无不表明着要尊重和维护正当而正常的人性。

从上述情况不难判断,在"红色经典"改编电视剧这种沸沸扬扬的文化事件中,"人性化"和"凡俗化"问题已经成为众目之

① 傅谨:《质疑"红色经典"》,http://www.tecn.cn。

焦点，也正是这个关键问题对"红色经典"中卡里斯马系统的态势产生了决定性的作用和影响。本来，"人性化"和"凡俗化"应该分属两个问题，但是在如今的文化语境中，这两个问题不能不产生密切的联系。新中国成立至20世纪80年代，基于革命现代性之上的主导意识形态所倡导和张扬的人性主要是指政治话语中的阶级性，偏执于人性中被建构的神圣性之维，而对人性中凡俗性之维则持轻视、排斥、甚至打压的态度。20世纪80年代以来尤其是90年代以来，凡俗生活逐渐得到重视，人性中凡俗之维便被逐渐放大和张扬。基于对以前革命化思维过分偏重于人性中阶级性而忽视世俗性之维的偏执倾向的不无情绪化的反击，结果不但倒掉了洗澡水，连小孩都给泼了出去，既反掉了阶级性的缺陷，连人性中未必属于阶级性却依然神圣的崇高精神也给反掉了，似乎人性与俗性等同而与阶级性相对，这种思维方式其实与20世纪80年代以前的革命化思维方式如出一辙，只是阵地不同而已。这种过犹不及的极端化做法导致的结果是将人性化认同于庸俗化，尤其是在物欲横流的商品经济时代，庸俗化实际上已被无形中赋予了新的咄咄逼人的权力，这其实是在走向另一极端。

不论上述意义上的人性化和凡俗化(甚至它们在一定程度上的合谋)会对如今的文化态势产生怎样的影响和作用，但是这种情况在如今的"红色经典"改编电视剧中的影响已经不可小觑，对卡里斯马系统生态的影响十分明显。

如上文所引，官方在专门针对"红色经典"改编而制定的条文中曾依托于观众意见("观众认为")批评根据"红色经典"改编拍摄的电视剧："在主要人物身上编织过多情感纠葛，强化言情戏；在人物造型上增加浪漫情调，在英雄人物身上挖掘多重性格，在反面人物的塑造上追求所谓的人性化和性格化，使电视剧与原著的核心精神和思想内涵相去甚远。"[1]这里所谓"主要人物"显然既包括"英雄人物"(属于"正面人物"阵营),也包括"反面人物",甚至有时还包括"中间人物",[2]借用卡里斯马系统来说,就是说"主要人物"包括卡里斯马、反卡里斯马和非卡里斯马。"在英雄人物身上挖掘多重性格"其实也是为了丰富人性,以期塑造血肉相对丰满的卡里斯马典型形象。

二

"在英雄人物身上挖掘多重性格",如果运用刘再复的性格组合理论来阐释的话,其实就是将英雄人物性格中一组组对立性元素进行有机组合,这些对立性元素归结起来无非就是神圣与凡俗两个向度的问题。近年来由革命化时代的革命历史小说改编制作的这些电视剧一改小说原作尤其是由其衍生的电影在英雄塑造上偏执于英雄神性之维而轻视、忽视甚至排斥凡俗之维的做派,给后者以适当的空间。这种做法与 20 世纪 90 年代以来文艺作品中英雄叙事向凡俗化和生活化衍变的总体趋势是一致的。朱德发认为文学作品中这种英雄叙事策略的选择,"既来自作家的主观创作心态,又源自叙事文本社会化实现的需要"[3]。这种针对文学的说法其实更加适合于得风气之

---

① 文隽:《"红色经典"的改编问题》,载《南方都市报》,2004 年 4 月 23 日。

② 当然本文此处仅是借用这几个不合时宜的概念,对于"正面人物"、"反面人物"和"中间人物"等概念的使用和阵营划分,刘再复早在 20 世纪 80 年代就给予了批评性的论述:"这些概念本来是政治性的普通集合概念","这里面没有模棱两可的情况";依据符号学理论,它们就是在政治生活中所使用的认识符号,"这种符号有确定的解释,确定的范畴,都是表达有限的现实属性,没有模糊界限"。因此,刘再复认为,"在政治斗争与阶级斗争中可以作正面、反面、中间的明确划分",但是,一旦将这种政治性的认识符号生搬入具有很大模糊性的艺术领域就会发生问题。参见刘再复《性格组合论》,上海:上海文艺出版社,1986 年,第 310 页。

③ 朱德发等著:《现代中国文学英雄叙事论稿》,济南:山东教育出版社,2006 年,第 525 页。

先而更趋大众化、消费化的电视剧制作，尤其是其中卡里斯马典型形象的打造。

林道静是王进版《青春之歌》塑造的最主要的卡里斯马典型形象，居于众多人物形象的中心。如小说原作和同名电影一样，这部电视剧也是把林道静作为成长中的卡里斯马来塑造的。如前文所及，小说对卡里斯马成长类型的设定，正为凡俗生活和正常人性的出场提供了难得的意识形态合法性，小说谨慎地抓住了这一难得的机遇，在那个特定时代尽其可能为这位卡里斯马典型的塑造见缝插针地填进了一些凡俗生活和正常人性的内容，从而在一定程度上丰富了这位卡里斯马典型形象。而经过政治意识形态再次“洁化”处理的电影在进行意识形态再生产的过程中就有意或无意地摒弃了这些凡俗生活和正常人性中“属人的”(亚里士多德语)内容，强化了卡里斯马的神性之维，即便是电影中林道静的仅有的一次本应正常的爱情也被处理成为政治失误和教训。尽管出于红色资源依然具有的诱惑力和威慑力，这部电视剧中依然保留了林道静这位卡里斯马典型革命成长的既定线索，但也与时俱进地将与革命思想成长未必有什么关系的凡俗生活和正常人性内容似乎故意剥离出来展示，这种不无创意的策略不能不被解读成某种昭示：不论革命者的革命思想如何成熟，成熟到什么程度，这些凡俗生活和正常人性是无法抛弃的，因为革命英雄也无非就是芸芸众生中的一个生命个体而已，依然是人。

正因为这部电视剧将林道静这位卡里斯马典型设定为“属人的”英雄，所以她有常人的七情六欲；所以，她可以和爱人余永泽斗气逗趣；所以她可以婚外有恋[①]；所以她可以痛斥林红的爱人不理解女人，缺乏人情味；所以她才可以在好友王晓燕面前坦言想到革命行动可能遇到的危险她心里都发颤；所以她

---

① 种种迹象表明，作为有夫之妇的林道静和卢嘉川之间的关系已远非所谓“兄长”和“亲妹妹”的单纯关系，尽管她在与丈夫分手之后才愿承认。

才能宽容余永泽,并且认为“不能按照我的标准来要求所有人”;所以她才会为并未革命的亡夫哭得死去活来;所以在王晓燕一家为林道静庆祝生日时,这位为革命东躲西藏的革命者才会因凡俗伤感而痛哭流涕,并对王晓燕坦言其对家的渴望,“不要说有个家,就是有张床,有床干干净净的被子,我能放心大胆美美睡上一觉,这就是我最大的幸福”。

这部电视剧还塑造了卢嘉川、江华、林红(郑谨)、徐辉(刘大姐)等在林道静成长过程中起到一定作用的人物形象,在卡里斯马系统中,他们应属于“帮手”角色,但他们本身更是已经成熟定型的卡里斯马,依据革命意识形态,他们在逻辑上应该比林道静具有更高的革命修养和资质,可这部电视剧依然赋予了他们一定的凡俗性,增加了他们的正常人性品质。卢嘉川在戴愉的批评下,尽管一再回避林道静,但他毕竟是爱上了这位有夫之妇,而且爱得很深,在他写给她的遗书中已经表明。卢嘉川将作为爱情告白的遗书写给林道静时,并不知道她已与丈夫分手,这一点从社会伦理的角度看也会令卢嘉川这位卡里斯马的崇高形象大打折扣,却能够彰显其凡俗情性。为革命可以抛妻舍子的江华竟然也有柔肠,也会因只顾革命愧对老婆孩子而紧紧抱住亲生骨肉失声痛哭。为革命赴死的林红为了孩子甘愿离开她认为“不近人情”的丈夫,直到牺牲前还在埋怨丈夫“不理解女人的心”,尤其牵挂孩子,并坦言:她爱她的孩子,她不愿意死。作为革命领导者的刘大姐的一席话更是具有宣言色彩:“我是说谁还能没有人情味,谁没有喜怒哀乐呢,只不过是为了革命,有时候要心硬一些,还要更坚强一些。”

即使在张晓光版《青春之歌》中也不同程度地存在着上述情况。该剧中,林道静依然是成长型卡里斯马,干革命莽撞冲动,从未拿过枪却向江华要枪参加战斗,革命前辈“姑母”称其为“愣头青”,革命敌人王凤娟在欺骗林道静时因见其傻劲十足都差点笑出来。该剧中,这位革命热血青年出去找工作已经不再是为了彰显个人独立意识和自由精神，却是因为余永泽的父亲断了他们的生活来源而难以生存，这就未免凡俗了。如果说这些都不过是林道静这位成长型卡里斯马成长的印迹的话，那么在其入党（林道静这位卡里斯马成熟的标志）后依然有冲动莽撞之举，而且还沉痛悼念至死都不愿革命的前夫余永泽，这些就不能不用卡里斯马的凡俗化和人性化来解释了。该剧还对江华这位卡里斯马进行了一定程度的凡俗化和人性化处理，在革命战斗中紧张不安，对余永泽和林道静的私性凡俗生活给予尊重和体谅，对余永泽异与革命者的道路选择也给予理解和宽容，为了恢复被开除学生的学籍竟然和罗大方一起宴请罪恶深重的革命敌人胡梦安。这些与经典革命话语异质的成分无非是将革命卡里斯马当作正常的人来对待，而非不食人间烟火的革命圣人。

小说《林海雪原》在革命叙事的主调下启用了不少民间因素，也在一定程度上使得革命书写具有一些凡俗气息，其中的卡里斯马典型尚还具有少许人间烟火味；而在由此改编摄制的电影中，这种仅存的凡俗气息也基本上在意识形态再生产的过程中被洗涤掉了，卡里斯马典型的塑造也与“文革”期间的样板戏差别不大了，神性之维被锐意强化，凡俗之维被尽可能弱化甚至清洗；而在电视剧《林海雪原》中，则大量增加了凡俗成分，卡里斯马典型的凡俗气味较为浓厚，正常人性也得到了较大的舒展空间。

少剑波和杨子荣是电视剧《林海雪原》突出塑造的两位卡里斯马典型，而对于杨子荣这位卡里斯马来说，少剑波又处于“帮手”的角色位置。杨子荣这位卡里斯马典型形象的塑造是这部电视剧的看点之一，也是引起很大争议的角色。在这部电视剧中，小说和电影中的侦察排长杨子荣被定制成军营伙夫，只是由于偶然会说一些土匪黑话，在杨子荣本人和剿匪小分队都不同意的情况下，被田司令强行派给小分队，依然做伙夫，只是后来因立功被提拔为侦查排长，兼做伙夫。这位油嘴滑舌的革命军人我行我素，屡犯革命纪律，唱酸曲，算计报复革命战友，为偷用滑雪板将国际友人萨沙灌醉，因为替少剑波争风吃醋还暗算这位国际友人，私放槐花的“土匪”丈夫老北风回家与妻子团聚；与旧时情人槐花暧昧朦胧，欲说还休；在威虎山上“真戏假做”，与蝴蝶迷款曲酬对，缠绵悱恻；大伙欢乐时，这位革命军人便会独自伤感，向往有个家。这部电视剧对作为剿匪小分队的核心人物，具有神奇色彩的卡里斯马典型少剑波也进行了一定程度的凡俗化处理。这位“少帅”多了些笑容，少了些严肃，增加了一些凡俗气和人情味，也可以和心仪恋人追逐嬉笑，也会因情而羞涩，也会为恋人暗送松子果，也会偷窥美人睡容（小说里也有这一细节），也会让恋人破涕为笑。这位卡里斯马也有刚愎自用的缺点，也会犯军事错误。从上述情况来看，电视剧《林海雪原》在卡里斯马典型的塑造上也进行了凡俗化、生活化的努力，使卡里斯马典型具有了正常人性和凡俗生活气息。

电视剧《铁道游击队》突出塑造了刘洪这位卡里斯马典型形象，不论是与同名电影相比，还是较之小说原作，这部电视剧中的刘洪都更加凡俗化。这位共产党员带着一帮兄弟燃香结义，开办碳厂，创立铁道游击队，采用江湖老大都未必不嫌鲁莽的管理方式：义气加打骂。可是这位义薄云天的铁血英雄既有侠骨，也不乏柔肠，也会与心上人卿卿我我，相拥相依，打情逗趣，还会唱酸曲撩拨恋人。身为共产党员的游击队长也会因义气冲动鲁莽行事而常犯错误。作为卡里斯马帮手的李正，即另一位卡里斯马，身为政委也有凡俗一面，面对一群莽汉，教化不力，遭遇尴尬，一脸无奈；教育队员，却被鲁汉追打；离别爱人时，坚持要亲热一番；当刘洪要枪决因忍受不住苦难而开小差的队员时，李正那句充满凡俗人情味道的规劝实在令人备感亲切，“我们共产党人连俘虏都能宽容，难道就容不下这两个孩子吗?”卡里斯马神圣之维被淡化,凡俗之维被强化,使卡里斯马形象更为亲切、生动,人性较为丰富。

电视剧《红旗谱》中的卡里斯马典型朱老忠也是一身凡俗气,却也人性丰富。刚愎自用、霸道、鲁莽、动辄粗口骂人,连入党宣誓仪式上也以酒作威,并声言如果子孙后代忘了他们,他就用铡刀砍。这位卡里斯马典型将春兰亲生父亲老驴头粗暴撇开,为好友之子严运涛熬鸡汤配春药,试图在运涛参军临行前夜促成其与春兰的性事,将生米做成熟饭,尽管用心良苦,实在称不上崇高。若论革命动机,连朱老忠自己都不回避就是为了报私仇。这位粗鲁霸道的卡里斯马也不乏柔情,也会为儿子大贵离家参军而伤痛,还动辄与老妻打情逗趣,卿卿我我,带兵开拔之前特意为妻吹口哨,缠绵悱恻,依依惜别。

电视剧《红岩》中,作为革命领导者的卡里斯马典型江雪琴也可以拥有正常女人的凡俗情感和人性,丈夫身体不好,她曾要求组织给予照顾;面对丈夫的牺牲,也曾致信上级领导许云峰坦言此事对她的致命性打击:“这残酷的打击几乎让我无法承受,常人是无法领略的。”何以如此?坚强的革命者江雪琴认为:“人总是人,不能不为这惨痛的死亡而伤心。”

另外,电视剧《苦菜花》中,老年卡里斯马冯大娘谙熟凡俗人情世故,却正因这些凡俗人情世故而影响了革命活动;即便这样,最后还坚持为罪大恶极的革命敌人王柬之饯别,因为他曾有恩与己。电视剧《野火春风斗古城》中的卡里斯马杨晓冬面对母亲牺牲,也会因伤痛而失态,也会在革命间隙里与恋人执手相视,爱意绵绵。电视剧《敌后武工队》中,卡里斯马式人物魏强身为武工队长,却无力服众,常与队员们吵来吵去。等等。

综上可以说,近年来改编制作的这一类电视剧在卡里斯马典型的塑造上都在尽量将这种革命英雄人物凡俗化,使其人性尽可能正常化。借用刘再复的话说就是,“在量上可以如实地表现他的世人的弱点，他的多方面性格，这才是真的人"，因为英雄也是人，尽管英雄具有"超世人的超常性"，却并非"超人的神性"。① 这些作品在对过去的历史以一种特定意识形态视角进行还原的同时，也毕竟在一定程度上对那段以革命现代性演绎的历史进行了"当下化"的思索，尽管这未必就是出发点。

三

上述电视剧引起强烈反响之处还有所谓"反面人物"（在革命话语中往往是革命或阶级敌人，也就是卡里斯马系统中的反卡里斯马的角色）的塑造问题，按照官方专门针对"红色经典"改编而制定的条文依托群众意见的批评性说法就是，"在反面人物的塑造上追求所谓的人性化和性格化"②。确实，这些电视剧修正了特定政治化语境下的革命书写对"反面人物"所进行的"妖魔化"处理模式，对他们进行"当下化"的思索和改造，在一定程度上试图把他们还原为人，赋予他们一些正常人性成分，而不再是单纯、空洞、苍白的政治符号。

王进版《青春之歌》突出塑造的最为重要的反卡里斯马典型就是胡梦安了。在该剧中，曾是名校"北大"的高材生的这位警察局局长仪表堂堂、温文尔雅（在相貌上就未被丑化），又知书达理、谈吐不俗、老成持重，并善弹琴奏乐，品评艺术，用剧中人徐凤英的话说就是"有才有貌"。另一剧中人称其，"生活上十分严谨"，"婚姻上讲究的是自由恋爱，情投意合"。若抛开胡梦安的政治身份和政治立场不论，仅就他对林道静的爱恋而论可谓情真意切，痴心难已。先是明媒相求，以礼邀约，并未强迫。林道静因追慕卢嘉川而主动与其一同被捕进了警察局，并执意谎称自己是共产党员而要求坐牢，丈夫余永泽前去带其回家，她却不肯，这时，胡梦安倒是婉言劝慰其跟随丈夫回家。林

① 参见刘再复《性格组合论》，上海：上海文艺出版社，1986 年，第 123 页。

② 文隽：《"红色经典"的改编问题》，载《南方都市报》，2004 年 4 月 23 日。

道静因张贴“非法”言论而被捕后，胡梦安知其已为单身，便倾诉衷肠，并甘愿为爱弃官不做而与林道静一起远走高飞。当林道静又一次被捕入狱后，在上峰主持的一次会议上，胡梦安坦言相告他对林道静的痴情：“是的，我是追求过她，可是更想把她从追随共党的迷途中抢救回来，可是我没成功，我也无须隐瞒，直到现在，我仍然对她抱有惋惜之情。”不难看出，这种“惋惜”既是对林道静的政治命运的叹息，也是对他们情缘的遗憾。直到林道静被释放出狱前的谈话中，胡梦安依然不无遗憾地表示爱意：“林小姐，你真是太可爱了，尽管我们政治相悖，可是我自己也奇怪自己，为什么你就是当着我的面宣传共产党那一套大道理，我还是觉得你天真幼稚得可爱。”上述足见，除了政治信念相异，胡梦安这位作为革命敌人的反卡里斯马典型对革命者林道静的痴情倒也真切感人。该剧还把这位反卡里斯马典型对革命的阻挠和镇压改写为基于政治信念之上的职务行为（胡梦安曾对卢嘉川坦言：“身为警察局长，在其位必谋其政啊”），并未如过去那样依据于政治上的先验设定而对人物进行革命伦理的善恶涂抹。这样一来，政治和职务上的反革命性未必就一定代替正常人性。

张晓光版《青春之歌》显然对反面人物采取了经典革命话语中的“妖魔化”范式，但还是忍不住留了一点余地，并没有将反面人物的相貌丑化，而且还给予了作为反卡里斯马之一的郑君才一点人性，让已经叛变革命的郑君才看到革命同志卢嘉川受刑时于心不忍，还让他一度对王晓燕动了真情。

蝴蝶迷、座山雕是电视剧《林海雪原》突出塑造的反卡里斯马典型形象。一反以前小说原作和电影对这两位“反面人物”基于政治身份的“妖魔化”刻画，这部电视剧赋予了他们正常人性成分，使他们不再是单一性格的政治道具。该剧中，蝴蝶迷不再丑陋得令人恐怖，反倒是美貌多姿；尽管泼辣多情，却也并非淫荡如禽兽，也有廉耻之感，也知道维护起码尊严。蝴蝶迷落难神河庙之际，国民党参议员宋宝森乘其之危试图占其美色，遭到蝴蝶迷严词讥斥："你说你跟个日本娘们睡了几天觉，你还真把自己当成日本人哪？你看看你这副德性，一分钱换了二两醋，又酸又贱。你也算是个谍报主任，党国让你在这儿，是为了联络反共大业，不是让你在这儿闲饥难忍，玩娘儿们的，是不是？"在宋宝森的日本情人清子用枪威胁之下，蝴蝶迷并未屈服，反倒是一身正气一脸不屑地骂道："什么味儿啊？有股鬼子骚。"蝴蝶迷走投无路之际，并未摇尾乞怜，而是被座山雕派人请上山的，尽管客居，但当座山雕手下"金刚"试图戏弄这位落难凤凰时，蝴蝶迷依然勇于捍卫尊严。蝴蝶迷追慕胡彪多年(尽管对其只是耳闻，并未没见过胡彪其人)，也算是情有所系，心有所属。当款款深情暗示和浓浓春意撩拨遭遇冒充胡彪的杨子荣的拒绝时，这位昔日的大小姐、压寨夫人顿感失意而黯然神伤。当真相大白，一腔痴情原是春梦一场，蝴蝶迷既没有负隅顽抗，也没有苟延残喘，而是在绝望中以浪漫而诗意的方式了却此生，一缕香魂殒逝春闺，凄美而怅然。与其说蝴蝶迷是畏罪自杀，倒不如说是为情而死，因为依据蝴蝶迷的功夫和江湖习性理应负隅顽抗，之所以没有如此，只能有一个符合剧情的解释，就是为情而殇。这样看来，蝴蝶迷远非一个性格单一、只有兽性的政治符号，而是存有正常人性的复杂生命个体。

该剧中对另一反卡里斯马典型形象座山雕的塑造也脱离了以前"妖魔化"的窠臼，涂上了正常人性色彩。老谋深算且驭人有术，谈笑间不乏心计，尽管老辣却也有人伦情怀。老来无后，收一养子，并对其恩宠有加，试图以情感化，"就是一块冰坨子也有焐化的时候"，不想多年的良苦用心依然没能让养子叫声"爹"，座山雕因此伤痛不已，暗自老泪纵横，失声痛哭。这哪里还是一个风雨一生枭雄一世称霸一方的"匪骨头"，完全是一位孤独老人在痛哭晚境颓唐之际的无助和凄凉。该剧显然是在将这位革命劲敌、曾经的妖魔人性化和性格化。

王柬之是电视剧《苦菜花》突出塑造的反卡里斯马典型形象。这位封建地主家庭的三少爷知书达理，善待下人，身为王家大院使女的秀（后来的冯大娘）说：“三少爷对大家都好，下人们都夸三少爷。三少爷是个读书人，就是跟别人不一样。”这位地主少爷曾执意追求科学、民主和自由，致力于启蒙事业，“让人类新思想的光芒照亮黑暗的中国大地”，当其大哥私人之面誓做“王家大院的掘墓人”，并愤然写下“革命”二字以明志。王柬之的二哥王唯一仗势欺人，试图强暴弱女秀，王柬之仗义挺身相救。王柬之饱受不幸婚恋之苦，情投意合的爱恋被强行拆散，爱人死亡，封建家庭包办的婚姻又强其所难；妻子空房难守，与长工私通，令其蒙羞受辱。日军攻陷济南后，王柬之做过大量抗日宣传工作，后来被捕入狱，受尽折磨，曾经立场坚定，宁死不屈。协助共产党设计除掉罪大恶极的王唯一之后，王柬之回到家乡王官庄。尽管罪有应该，毕竟算是家门不幸，王柬之拜祭母亲时的黯然神伤确为凡俗人性使然，真切动人。王唯一尽管罪该万死，但毕竟是其胞兄，王柬之还是忍不住在其坟前凄然默望。被王唯一父子害死的冯仁义曾与恋人秀一起协助王柬之逃出王家大院（也因此与王家结下了仇怨），王柬之私下拜祭冯仁义，可见其不忘旧恩。临死前，王柬之在昔日恩人秀面前百感交集失声痛哭，求生的本能使他因无助而失态。可见，这部电视剧不再像小说原作尤其是同名电影那样把王柬之塑造成一无是处性格单一的符号化人物形象，而是从“人”的角度将其改造为有正常人性、性格丰富的人物形象。

其他这类电视剧在塑造反卡里斯马形象时也都进行了人性化和性格化的改造和加工。电视剧《红旗谱》中，反卡里斯马形象冯焕堂尽管心狠手辣，蛮横霸道，却对其父亲非常孝顺，对其名声不好的妻子桂仙也情意不浅。电视剧《铁道游击队》中，反卡里斯马形象高敬斋也并不是一出场就彻头彻尾得坏，就一无是处，而是性格较为丰富，不无正常人性的人物，为保住高家财产而被迫与日本人合作，心里却焦虑不安，备受折磨，认为自己不忠不孝不仁不义。电视剧《红岩》中反卡里斯马人物徐鹏飞被塑造得性格较为丰富、有血有肉，不再是简单的政治符号。电视剧《敌后武工队》中反卡里斯马形象刘魁胜阴险狡诈毒辣，却对心上人二姑娘情深意长。电视剧《野火春风斗古城》中，因惧怕酷刑而背叛革命的高自萍却真心实意地爱着革命者银环。等等。

卡里斯马的凡俗化、生活化现象与反卡里斯马的人性化、性格化态势其实是相互关联的，都是一种新的革命话语谱系的产物，都是基于后革命氛围与世俗生活合法化而对特定意识形态话语所建构的历史的反省和重构，当然也是对那种被建构的历史感（对于革命话语中的人及其活动）基于世俗人道主义的“祛魅”和消解，根本上还是对革命现代性的历史性反思，且不论其动机如何。经过对于革命卡里斯马系统所进行的这种与时俱进的改造，先前的那种由“神”和“魔”所支撑的卡里斯马系统逐渐呈现出为“人”所支撑的态势。这样一来，如果说在先前的那种“神魔化”的卡里斯马系统中，“人”的处境难免尴尬的话，那么在这种新的卡里斯马系统中，“神”和“魔”已逐渐式微并行将消隐，既相通又异质的“人”出现了。

第四章　余　论

衍生于革命现代性的革命理性致使革命历史小说特别是由它们改编摄制的电影采用革命的宏大叙事方式演绎了革命意识形态话语，它们所遵循的革命叙事伦理以神圣化的革命理则制约了“偶在个体”的自在情性；这种状况到了“红色经典”电视剧中则出现了显著的变化，个体自在情性得到了宽容和重视。这些电视剧既保留了革命理性的坚硬骨骼，又为神圣而宏大的革命记忆填充了凡俗血肉，“偶在个体”的凡俗欲望也得到了尊重和理解，欲望主体与理性主体交合在一起，从而丰富了对革命话语的认识以及对革命人物形象的塑造。这些令人瞩目的显著变化具有难以否认的历史性，表明不同语境中革命文艺的不同书写风貌，在根本上也反映了不同历史条件下人们对革命现代性以及现代性的不同认识和理解。

第一节　革命伦理和“偶在个体”

筑基于革命现代性之上的革命文化以其革命理性影响并规约了革命历史小说特别由它们改编摄制的电影的生产。总体而论，革命历史小说特别是由它们改编摄制的电影采用了革命的宏大叙事方式，演绎了革命意识形态话语，遵循的则是革命叙事伦理，以革命理则制约了“偶在个体”的自在情性；而在“红色经典”电视剧中，这种情况则有显著改观，个体自在情性得到了宽容和重视。这种历史性变化其实反映了新的历史条件下人们对革命现代性的反思和认识。

一

革命现代性在中国现当代历史上的地位和影响是巨大而惊人的，而基于这种以不无中国特色的革命理性（兼容历史理性和先验论的一套革命知识谱系及其话语范式）为基底的现代性设想和建构方案中与现代性元话语意涵相悖甚至相反的成分，不少人认为社会主义式的民族国家的设计、追求和建构是反现代的，甚至是封建复辟，与之相反，刘小枫曾对社会主义民族国家的现代性进行了辩护，认为资本主义和社会主义是建构现代民族国家的两种基本类型，中国的社会主义建设也是建设现代性的方案之一。[①] 依据此论，中国社会主义民族国家的设计、追求和建构也应是一种现代性的理论和实践，这就不能不牵涉到对根本上影响了现当代中国命运的毛泽东思想的理解和认识问题。毛泽东思想的指归实质上在为中华民族建构一种新文化，而这种新文化就是新民主主义的文化，“所谓新民主主义的文化，一句话，就是无产阶级领导的人民大众的反帝反封建的文化”[②]。而这种与传统文化迥然相异的文化实质上是一种革命文化，是无产阶级领导（具体化为中国共产党的领导）的人民大众在为了建构现代性民族国家（阶段性和区域性目标）和解放全人类实现共产主义（终极性和全局性目标）而进行的革命斗争过程中创造的文化。毛泽东的这种新文化设计显然是一种旨在解放的革命现代性方案，而革命现代性的解放大主题注定了新文化方案的“宏大叙事”（或“堂皇叙事”）的宿命，与之密不可分的便是党、阶级、人民、国家、民族等集体性概念，

---

① 参见刘小枫《现代性社会理论绪论》，上海：三联书店，1998年，第388、257～258页。

② 《毛泽东著作选读》上卷，北京：人民出版社，1986年，第388页。

与之相对应的则是个体。

依据利奥塔的分析，现代性话语是一种“宏大叙事”，其中源于法国革命思想的解放主题是其最重要主题之一。而在中国现当代的革命现代性的话语层面和实践层面，解放主题依然当仁不让地占据着核心位置，阿瑞夫·德里克在目光犀利地审视20世纪上半叶的几十年间中国人在现代性文化范式选择上的矛盾时，也曾将“解放事业”作为现代性关键主题之一。[①] 这就自然导致了革命话语的“宏大叙事”格局，因为这种革命被定位为阶级革命和民族革命，而个人的解放或者被搁置，或者作为阶级和民族解放的自然后果而遥遥无期，甚至作为资产阶级的狭隘或反动思想而予以打压。就是说，这种“宏大叙事”讲述的是阶级革命和解放事业，是集体性的，其叙事伦理指向政党、阶级、人民、国家、民族等，而非具有鲜活质感的生命个体。

这种“宏大叙事”的灵魂和统帅就是革命现代性，而其叙事内容也基本上是革命知识谱系学的演绎，鉴于此，本文称这种叙事为革命叙事，其叙事依据则是革命伦理。之所以这么有恃无恐地强调革命，是因为不论在新中国成立前的革命战争年代还是在其后的所谓和平年代，也就是在所谓“毛泽东时代”，革命思维模式都是主导性思维模式，左右着主导意识形态。毛泽东领导着他的人民即便在本该进行和平建设的年代，依然坚守着革命信仰和战争理念，李泽厚认为：“毛泽东所强调的是应该不断地组织作战，不停顿不间断地进行革命，以保持群众不断高昂的革命热情，才能推动社会前进，才能战胜资产阶级和资本主义。”[②]这就是生发于“现代性焦虑”的“继续革命”理念，而正是这种理念，导致作为“宏大叙事”的革命叙事成为唯一合法

---

① 参见阿瑞夫·德里克《现代主义和反现代主义》，见萧延中等编《外国学者评毛泽东》第1卷，北京：中国工人出版社，1997年，第219～220页。

② 李泽厚：《试谈马克思主义在中国》，见《中国现代思想史论》，合肥：安徽文艺出版社，1994年，第191页。

性叙事范式[1]。

以彰显革命现代性为己任的革命历史小说以及由其改编的电影是在一个革命化的时代书写着革命故事，其合法性书写方式只能是基于革命伦理的革命叙事，别无他途。这种革命叙事的落脚点只能是如前所述的政党、阶级、人民、国家、民族等集体性语汇，基于个人主义和自由主义的个体情性是没有位置的，否则将失去基于政治裁决的合法性。从它们被政治期许和定制的功能与意义来看，这批革命历史小说担当的是关于革命和解放事业的书写，是为革命现代性作注脚，所以进行的是宏大叙事。它们力图构建与意识形态化的历史观念、历史意识相辅相成的形象化的历史图景，这就要求它们应和主导意识形态的询唤，与特定的历史科学所提供的理性交互运作。[2] 这种革命化语境中的革命叙事，所依据的是革命伦理，而个体情性是不易进入书写进程的。新中国成立之初的这批小说尚且如此，随着总体政治气氛的渐趋浓厚，由这批小说改编加工的电影经过再度政治化，基于主导意识形态对个人主义的排斥和打压，已更难以容留个体情性。

二

刘小枫曾这样述说两种迥然有别的现代叙事伦理范式：

> 现代的叙事伦理有两种：人民伦理的大叙事和自由伦理的个体叙事。在人民伦理的大叙事中，历史的沉重脚步夹带个人生命，叙事呢喃看起来围绕个人命运，实际让民

① 即便是歌颂各条生产“战线”上的建设者，其书写方式也必须革命化才具有合法性，也都灌注着革命思维，通常歌颂口径是：以满腔的革命豪情投入到祖国的革命工作（其实已是和平年代的建设工作）中，无私忘我地为了人民的革命利益而夜以继日地战斗（实为生产）。

② 参见罗岗《红色：记忆与遗忘——当代中国文学中的“革命”与“战争”》，见罗岗：《记忆的声音》，北京：学林出版社，1998 年，第 132 页。

族、国家、历史目的变得比个人命运更为重要。自由伦理的个体叙事只是个体生命的叹息或想象，是某一个人活过的生命痕迹或经历的人生变故。自由伦理不是某些历史圣哲设立的戒律或某个国家化的道德宪法设立的生存规范构成的，而是由一个个具体的偶在个体的生活事件构成的。人民伦理的大叙事的教化是动员、规范个人的生命感觉，自由伦理的个体叙事的教化是抱慰、是伸展个人的生命感觉。自由的叙事伦理学不提供国家化的道德原则，只提供个体性的道德境况，让每个人从叙事中形成自己的道德自觉。伦理学都有教化作用，自由的叙事伦理学仅让人们面对生存的疑难，搞清楚生存悖论的各种要素，展现生命中各种选择之间不可避免的矛盾和冲突，让人自己从中摸索伦理选择的根据，通过叙事教人成为自己，而不是说教，发出应该怎样的道德指引。[1]

革命历史小说以及由此改编摄制的电影所采用的革命叙事与刘小枫这里所说的“人民伦理的大叙事”都可以归属于利奥塔所谓的“宏大叙事”，就是说，革命叙事也是一种“人民伦理的大叙事”，只不过是“人民伦理的大叙事”的革命版，是非常状态的“人民伦理的大叙事”，因为这种旨在阶级解放的现代革命是人民本位的，而革命叙事所依据的革命伦理也人民本位的，实质上就是人民伦理的革命版。

这样一来，刘小枫对“人民伦理的大叙事”的解析不论是从逻辑上还是从实践上都适用于上述小说及电影。这些小说尤其是由此而生的电影的革命叙事岂止“实际让民族、国家、历史目的变得比个人命运更为重要”，甚至常常取而代之。革命叙事将革命无限神圣化的过程实际上已使革命具有了形而上学

① 刘小枫：《沉重的肉身——现代性伦理的叙事纬语》，北京：华夏出版社，2004年，第10页。

的色彩，结果革命成了元话语，成了意义的源泉和依据，革命被设置的终极性意义置换了它本该担负的功能性使命。李泽厚对刘少奇的“驯服工具论”曾这样描述：

> 刘少奇明确提出有名的“驯服工具论”，即为了革命，共产党员应该“把一切献给党”，严格要求自己去作党的得心应手的驯服工具。这当然是不容易做到的，这就必须与各种个人主义的思想情感作顽强的、自觉的、坚持不懈的斗争。①

之所以“把一切献给党”，作党的“驯服工具”，就是为了革命，于是这种完全牺牲自我的奉献行为在革命这里找到了价值和意义，革命成了逻各斯。上述小说和电影中坚强的革命者们都在尽其可能地将自己交付于革命，卢嘉川、林红、江雪琴、许云峰、高波、纪铁功、赵星梅等不少革命者还为革命献出了宝贵的生命，但革命者们从这种神圣的革命中获取了价值和意义，分享了幸福和快乐，革命成了这一切的依据和源泉。

然而革命为了人民中每个生命个体的幸福的终极目的往往被忽略或被无限搁置或被置换为人民的幸福。革命伦理的理则先验性地规范了“偶在个体”的存在方式及意义，“一个个具体的偶在个体的生活事件”只有纳入革命的“宏大叙事”中才有意义。这种小说和电影中的个体生活事件往往要被公共化（阶级化或民族化），因为只有这样，神圣的革命才能赋之以价值和意义。依据革命伦理大叙事的法则，革命与“偶在个体”的关系模式应该是革命拯救了个体并赋之以价值和意义，这种情况在这些小说和电影中经常出现。林道静愤然走出象征封建营垒的家庭，如“时代女性”那样去寻求独立和自由，却在迷茫中误投小资产阶级的巢穴，受到个人主义者余永泽的小家庭限

---

① 李泽厚：《试谈马克思主义在中国》，见《中国现代思想史论》，合肥：安徽文艺出版社，1994年，第180页。

制，于是再次走出牢笼，投入了革命大家庭的怀抱，在革命中找到了个体的价值和意义。这一寓言性书写实质上回答了“娜娜出走后怎么办”的时代话题，反驳了鲁迅“不是回来就是堕落”的预设：投入革命才是唯一的正确出路。这样一来，本来属于林道静个人的凡俗的生活事件因为革命意识形态的浸渍就被公共化而成了神圣的革命事件，本来作为个体的林道静本人也不再具有个体意涵，而成了被革命拯救的人民大众，作为鲜活而质感的“偶在个体”的林道静被抽象化为被拯救的客体符码。朱老忠、少剑波、刘洪、杨军、冯大妈等“偶在个体”的生活事件，也就是家仇，都被公共化为阶级仇恨或民族仇恨，个体小叙事膨胀为革命大叙事，本属凡俗的私性生活事件经过革命意识形态的浸渍都被神圣化为革命事件，而朱老忠、少剑波、刘洪、冯大妈等这些“偶在个体”也都被抽象为被革命拯救的人民大众，而他们的行为也只能是作为革命阶级的行为，而不是“偶在个体”的行为。

在革命伦理的大叙事中，任何个人的权利、个性的自由、个体的独立尊严等等，都是渺小而凡俗的。个体的我在这里是渺小的，甚至会消失。斯诺曾记述了在革命集体中个体意识缺席的现象：

> 事实是因为他们许多人实在都不记得这些私人的细情。当我开始搜集传记材料的时候，我屡次发现：共产党员能够说出一切在青年时代所发生的事情，但只要他和红军一接触之后，他就把自己丢开了。如果你不重复地问他，你不会听见任何关于他自己的事情的。他们能够无限制地谈论每次战斗的日期和情形，以及几百几千个曾经来往过，而从未听见说过的地方；但这些事情好像只集体地对他们有意义。不是因为当作个人的他们，在那里做成了历史，而只是因为他们的红军到过了那里。在这红军后面，有一种意识形态的整个的有机的力量，而围着这种意

识形态,他们是在斗争着。这是一个有兴趣的发现,但因此使我的报告更加困难了。[1]

"偶在个体"投入了革命大熔炉,个体消失了,因为得以确立个体存在的事件甚至记忆事件的私性方式都消失了,就是说革命者不再以"偶在个体"的方式,而是以集体的名义和公共化的方式参与事件的制造和记忆的建构。因为革命意识形态这种"整个的有机的力量"的作用,事件和历史只是"集体地对他们有意义"。

革命伦理的大叙事非常重视革命教化,如同刘小枫对"人民伦理的大叙事"的描述,革命伦理的大叙事的革命教化也是通过提供公共化(阶级化、民族化或国家化)的道德原则"动员、规范个人的生命感觉",就是以革命伦理的理则来规约(而不是像自由伦理的个体叙事那样"抱慰"和"伸展"个人的生命感觉)"偶在个体"的生命感觉。这种革命教化实质上是以外在理性来规约作为生命个体的人的内在感性,"偶在个体"千差万别的性情也在这种革命教化中被格式化为革命理性了。

三

可以说,男女之间的私性情爱最能彰显"偶在个体"的内在情性,刘小枫曾借托《牛虻》中玛梯尼认为,只有性情的相契才是幸福的相遇,找寻自己生命欲望所想象的对方就是寻找相契的性情。[2] 但在革命历史小说中,尤其在由这些小说改编摄制的电影中,就革命者而论,这种本该是千差万别的私性情爱往往被格式化为革命情爱。这种革命情爱往往由革命而产生,随革命而发展,为革命而存在,其价值和意义当然也是革命所赋

---

① 转引自李泽厚《启蒙和救亡的双重变奏》,见《中国现代思想史论》,合肥:安徽文艺出版社,1994 年,第 37~38 页。

② 参见刘小枫《沉重的肉身——现代性伦理的叙事纬语》,北京:华夏出版社,2004 年,第 56 页。

予的。本为私性的凡俗个人情爱因为革命伦理的介入就被神圣化和公共化了，革命者的情爱已经超越了“偶在个体”的凡俗私性生活而成为神圣的革命情爱。

无心革命的余永泽苦心经营的凡俗私性情爱很快就以失败而告终，因为其爱人林道静由于受到神圣革命思想的影响而在走上革命道路的过程中获得了神圣的革命爱情；这种表征着革命大叙事的革命情爱承载的是神圣的革命伦理，与余永泽的情爱所依据的“偶在个体”的内在情性迥然相异的是革命情爱符合革命伦理的理则，而余永泽的私性情爱伸展的是“偶在个体”的生命感觉，以革命意识形态来看，后者是狭隘的、自私的、庸俗的。小说《青春之歌》中，就作为“偶在个体”的林道静的内在情性而论，她除了敬仰并没有爱上另一个“偶在个体”江华，“这个坚强的、她久已敬仰的同志，就将要变成她的爱人吗？而她所深深爱着的、几年来时常萦绕梦怀的人，可又并不是他呀！”[①]但革命伦理的理则使林道静理智地认为自己应该爱上江华这位资深革命者，“可是，她不再犹疑。真的，像江华这样的布尔塞维克同志是值得她深深热爱的，她有什么理由拒绝这个早已深爱自己的人呢？”[②]

小说《林海雪原》中，少剑波与白茹之间的爱情也是在共同的革命战争过程中进行的，所采取的模式基本上是革命加爱情的模式，有共同的革命信念和追求，可谓志同道合，爱情融入了革命事业，并对革命事业产生促进作用。在小说文本中，他们的爱情得到了革命意识形态的认可和肯定，甚至是上级领导以革命的名义促生的。上级领导先是派遣白茹作为卫生员（当然，实际上白茹的革命工作经常超越职责范围）进入小分队，在与小分队首长的革命工作关系中有较为频繁的接触，爱情产生了。接着，上级领导另派卫生员接替白茹卫生员的工作，而让

① 杨沫：《青春之歌》，北京：作家出版社，1957年，第485页。

② 杨沫：《青春之歌》，北京：作家出版社，1957年，第485页。

白茹专门照顾少剑波的生活，以便少剑波能更好地开展革命工作。这样一来，白茹与少剑波的爱情就被革命化而成为革命事业的一部分，符合革命伦理，具有革命合法性。小说文本还刻意凸显白茹的革命英雄业绩，使得她和被传奇化、神圣化的少剑波之间的革命爱情“强强联合”，更为革命事业增光添彩。

小说《红旗谱》中，冯春兰与严运涛的爱情因革命而坚贞、执着。对革命和恋人都一往情深的冯春兰已逐渐将爱情认同等同于革命认同，为革命而身陷监牢的严运涛实际上已抽象化为革命的化身，因此，冯春兰忍辱负重而痴心不改地等待的既是爱情，更是革命。对于冯春兰来说已经不具有多少实际意义的爱情（严运涛被判无期徒刑），只是因为承载着革命的神圣光辉才值得这般苦苦等待，革命伦理在潜移默化中影响着革命追随者冯春兰的行动，并影响着她作为“偶在个体”的内在情性，将个体生命感觉纳入集体性的革命伦理中。在严江涛、冯登龙和严萍的三角爱情关系中，严萍面临着选择，尽管这种选择在作者理念先行的主观化书写中已经注定毫不费力。甚至可以说，冯登龙作为严萍爱情一个选项的功能已被取消，仅仅作为他心上之人的革命爱情的陪衬和见证。严江涛作为革命者的阶级和政治身份在另一位革命者严萍的爱情建构中是必不可少的因素，因为只有这样，作者为严萍所设定的爱情才能符合革命伦理的理则，也才能因而符合“讲述话语的时代”的政治期许。在作者这种苦心孤诣的经营中，革命者作为“偶在个体”得自于男女情爱的生命感觉即便偶有存在，也被作者主观地建构在顺应革命伦理理则的维度之上。也就是说，作者实质上以革命伦理的理则规范而不是伸展了“偶在个体”基于内在情性的生命感觉。

在《红岩》、《铁道游击队》、《红日》、《野火春风斗古城》、《苦菜花》等小说中，都有对革命爱情的书写。这些书写在融合革命大事与个体小事的过程中，无一列外地将作为个体小事的男女情爱之事膨胀为革命事件，于是，情爱和革命正向认同，正因此，这些情爱被神圣的革命赋予了价值和意义。在这些情爱书写中，女人们对作为革命者的男人的仰慕和爱恋已与对革命的热爱合二为一，刘思扬对孙明霞、芳林嫂对刘洪、黎青对沈振新、姚月勤对胡克、华静对梁波、阿菊对杨军、银环对杨晓冬、冯秀娟对姜永泉等等，莫不如此。进入革命话语谱系的这些情爱之事自然也受到了革命伦理的理则规约，“偶在个体”基于内在性情的生命感觉被定制在革命伦理的基础之上，其合法性向度和值域自然也都受到这一基础的制约。

在对革命情爱的书写中，当情爱被认为与神圣的革命事业存在冲突时，情爱应该毫无怨言地延迟或搁置甚至取消。余岱宗在论述20世纪五六十年代的红色军事斗争小说的爱情关系时，认为爱情关系在这种小说中通常处于从属的地位，并不意味着这种小说只给革命军人的爱情关系相当有限的叙述配额，而是说爱情关系在这种小说中被处理成一个不断被延迟的人际关系；他还进一步解释说，这种处理表征着爱情关系在红色文本中对“规范”的主动而积极的接受，而这种“规范”就是爱情服从于革命战争的需要。[①] 余岱宗对20世纪五六十年代红色军事斗争小说的爱情关系的这种论述也同样适合于革命历史小说，实质上就是如何处理革命与爱情的关系问题，在革命历史小说中，通常是如上所述，将爱情尽可能地革命化，如果这样还不足以消除爱情对革命可能存在的安全隐患，那么只能进一步委屈爱情了。

小说《青春之歌》中，为了革命，革命者江华不得不东奔西走而难以与自己所爱的林道静团聚。小说《红日》中，沈振新因为革命战争的需要而不得不依依惜别，因为担心爱情影响革命工作；姚月琴被调离胡克身边（因革命需要，才被留下）；为了革

① 余岱宗：《被规训的激情——论1950、1960年代的红色小说》，上海：三联书店，2004年，第74页。

命，杨军告别恋人阿菊而奔赴前线继续战斗（后来阿菊也奔赴前线，追随革命和恋人而去）。小说《红岩》中，成岗为了革命事业不愿谈情说爱成家，而曾经的革命者甫志高也正是因为没有处理好夫妻私性情爱与革命事业的关系，结果被捕作了叛徒并给革命事业带来了难以弥补的损失。小说《苦菜花》中，为了革命，赵星梅与恋人纪铁功难得相见，更是无法成婚，最后两人分别为革命英勇捐躯。小说《野火春风斗古城》中，为了革命工作，杨晓冬打定主意等革命胜利后再解决个人问题，但是母亲希望儿子早些成亲，结果还是"由组织出面"才让杨晓冬与银环确定了爱情关系，由代表革命意识形态的组织成全革命者杨晓冬与革命者银环的爱情关系，意味着这种爱情符合革命伦理，从而被赋予了合法性。

革命历史小说对于本来能够彰显"偶在个体"基于内在情性的生命感觉的情爱之事尚且如此处理，那么，由这些小说改编加工而来的电影，经过再度政治化，对于这种情爱之事的处理则更为严谨和苛刻。首先，这些电影给予革命者情爱之事的叙述份额更少，甚至完全清除。电影《青春之歌》中仅留存了林道静与余永泽之间的爱情戏份，至于林道静与卢嘉川之间的关系已很难确定为爱情关系，与江华之间更是纯粹的革命同志关系。电影《红日》中仅保留了杨军和阿菊之间的爱情戏份。电影《林海雪原》中已无任何情爱戏份，少剑波与白茹之间已毫无爱情瓜葛。其他这类电影也都不同程度地减少了爱情戏份。其次，这些电影中情爱的能见度降低，在高度政治化的时代，个人情爱生活的展示往往是不受主导意识形态欢迎的，甚至可能遭受打压，所以人们怯于、羞于甚至耻于谈情说爱，致使这些作为意识形态再生产的电影常将情爱之事处理得较为朦胧。严江涛与严萍的爱情（电影《红旗谱》）、刘洪与芳林嫂的爱情（电影《铁道游击队》）、冯秀娟与姜永泉的爱情（电影《苦菜花》）、杨晓冬与银环的爱情（电影《野火春风斗古城》）等等都概莫能外。

再次，这些电影都更强化了男女情爱之事的革命和政治意义。这一点其实最为关键，也正是仅存的男女情爱戏份被设定的目的之所在。比如电影《青春之歌》将林道静与余永泽的爱情刻意处理成带有相当政治色彩的误入歧途，而不是两个“偶在个体”的基于内在性情的生命感觉的伸展。其他这类电影也都想方设法增加情爱戏份的革命和政治浓度，男女之间私性生活话语减少，革命和政治话语相对增多。这样一来，“偶在个体”的基于内在情性的生命感觉在集体性的基于革命伦理的宏大叙事占绝对强势的氛围中，实在很难找到安静的居所。

四

说革命伦理大叙事在这些革命历史小说和电影中占据优势甚至绝对优势地位，并不等于否定“偶在个体”的私性生活叙事的存在，尤其是在这些小说中，作者还是尽可能给予它们一定的生存空间和叙述份额。例如：林道静和余永泽的藕断丝连，朱老忠的私性仇怨，白茹与少剑波“才子佳人”式的小儿女情长，铁道游击队的江湖化生活，小说《红日》中革命军人的“欲休还说”的卿卿我我的“甜味”书写以及团长刘胜弥留之际对老母亲的牵挂，杨晓冬与母亲的亲情展示等等，这些在前文相关部分都有论述。对这些“偶在个体”的私性生活书写使得这些小说在革命伦理大叙事之外多少还是残留了“偶在个体”基于内在情性的生命感觉的血脉，从而在一定程度上丰富了这些小说。

而在近几年源自上述小说的所谓“红色经典”电视剧中，情况就有了很大变化，在革命伦理大叙事的主调外增加了“偶在个体”基于内在情性的生命感觉成分。这样一来，就弥补了原作中因宏大叙事太过而造成的单调和贫乏，丰富了人们对于那段历史的建构，而从另一个向度上看，也对这种宏大叙事产生了一定的缓冲甚至消解作用。这种做法在一定程度上表明了今天的人们在以今天的角度和眼光重新打量、理解和认识宏大叙事及革命伦理，在对那些曾被定制和打造的文艺文本以及那段被建构的历史进行“当下化”的思索，这也正应了克罗奇关于“一切历史都是当代史”的说法。关于那段历史的文学已成为历史，而那段曾被这种已经成为历史的文学建构的历史又在多年之后的今天被再度建构着，历史还能否“坚硬”如故？这是值得深思的时代性问题。重新打量那段历史并进行再度建构的“红色经典”电视剧实质上已经给予了时代性回答，历史不再“坚硬”如故，却依然健朗如昔。这些“红色经典”电视剧为历史的坚硬骨骼填补了新鲜的血肉，在宏大革命叙事中加入了个体生活小叙事，注重了个体视角的采用，从过去那种以宏大历史夹带个人的叙事方式部分性转向以个体视角透视宏大历史的叙事方式，在不免坚硬的革命伦理理则之外增加了“偶在个体”基于内在情性的生命感觉书写。

“红色经典”电视剧在一定程度上超越了建基于庸俗社会学之上的革命伦理大叙事，注重对能够伸展“偶在个体”生命感觉的人情、人性、人道的书写，在一定程度上表明了时代对于革命现代性的反思和规正。在电视剧《青春之歌》中，林道静和余永泽的爱情被凸显为两个“偶在个体”基于内在情性的生命感觉，尤其是余永泽至死都痴爱着他的心上人林道静，而分手之后林道静对余永泽的信任和感念以及在余永泽墓前痛哭流涕的愧疚，都在革命伦理理则之外书写着林道静的私性感受，展示了林道静作为“偶在个体”的内在情性。如果说林道静对卢嘉川的痴情中还夹带着对于革命的追慕的话（尽管她本人并没有意识到），那么，在卢嘉川对林道静的爱恋中革命伦理不但没有起到促进作用，反倒是压抑和阻止了这种爱恋，这就说明卢嘉川的这种爱恋正是出于他作为“偶在个体”的内在情性。该剧中，胡梦安对林道静的一往情深、赵毓青对林道静至死不渝的痴情以及罗大方与白莉萍之间反复跌宕的爱情都与革命伦理无关，也是出于“偶在个体”的内在情性。林红埋怨已经分手的丈夫江华不理解女人的心，直到牺牲前这位坚强的革命者还在牵挂自己的孩子，这种“偶在个体”充满凡俗人性、人情的生命感觉也是革命伦理所难以容忍的。

这种情况也不同程度地存在于张晓光版《青春之歌》中。在该剧中，林道静和余永泽的爱情也被凸显为两个“偶在个体”基于内在性情的生命感觉。与林道静分手后，余永泽依然因为爱恋而忍气吞声地央求她回来，直到娶了新的太太后还对林道静关爱不已，忍辱负重，迟迟不愿说出真相（郑君才的阴谋），就是怕对林道静不利，最后因受林道静连累而死。而林道静跟余永泽分手后并没有将其视为敌人，反而因其不幸遇害而痛苦而歉疚，并哀悼亡灵。显然，该剧并没有将二人基于内在情性的私性关系完全处理成基于革命伦理的宏大叙事，革命理则中的敌我二元截然切分的格式化规约起码在这一点上失去了效用。

电视剧《林海雪原》中革命伦理的大叙事被个体化叙事冲击得只剩下了骨架，权作招牌使用，从该剧中作为插曲的《快端这杯酒》的歌词中就可看出个体叙事张扬感性时的志得意满。

> 昨晚风雪闹村口，半是癫狂半温柔。抽取月光编情丝，缝冬织夏补春秋。悲在前，喜在后，恨在左，爱在右，前前后后使足劲，酸甜苦辣酿杯酒，你一口，我一口，咱俩喝醉真风流，快端这杯酒。
>
> 今早西风逗坡沟，半是清醒半晃悠。勾来彩云搭戏台，六笛七管八重奏。绿的薄，红的厚，凉的肥，热的瘦，红男绿女涌进情，酸甜苦辣酿杯酒，你一口，我一口，咱俩喝醉真风流，快端这杯酒。

从这段歌词中，已很难看出革命伦理的理则规约，歌词张扬的是红男绿女的爱恨情仇，伸展的是“偶在个体”的生命感觉，这与该剧淡化革命伦理而偏重个体生活叙事的态势相合。该剧为革命军人杨子荣设计了复杂性格（将其凡俗化、生活化)，对少剑波与白茹之间的儿女恋情进行凡俗化渲染，甚至将所谓的“反面人物”座山雕、蝴蝶迷都作了人性化处理，突破了革命伦理的阶级性(革命伦理的理则基础)关卡。这样处理，实质上是把人作为血肉丰满的“偶在个体”对待，而不是革命伦理大叙事下作为集体性能指符号的必然道具，这就把曾经被革命现代性的宏大叙事的滚滚激流淹没的生命个体打捞了起来，并使其复苏。

其他一些“红色经典”电视剧的改编制作路数也基本如此，超越特定时代的革命伦理，将特定时代中以阶级为本位建构的阶级人(常被异化为神或魔)还原为以个体为本位的生活人，带有世俗人道主义的指向性。电视剧《红旗谱》将朱老忠设计成做过“胡子”(土匪)、浑身霸气的准江湖农民，较多地书写了他作为生命个体的生活事件，展现了他的豪爽却不无柔肠的性情，伸展了他作为“偶在个体”的生命感觉。尽管朱老忠曾信誓旦旦对领导革命的党“孝敬至死”，但他的行事依据基本上还是一腔热血和个体情性，并不首先是党和革命的纪律和理则(性情冲动曾导致他违纪)，尽管朱老忠同代表着党的贾湘农的关系非同一般，但其中更多的是结义兄弟般的私性情分，个体性成分远远超过阶级性。电视剧《铁道游击队》将铁道游击队这群革命军人处理得更像一群江湖好汉，行为原则是江湖式的，管理方式也是江湖式的，上级派来指导革命的政委李正一直难以融入这个群体，他所带来的革命伦理的理则并没有发挥作用，真正发挥效用的依然是江湖义气和个体情性，这个疏离革命理则的江湖式群体成了其个体成员释放情性伸展生命感觉的场域。该剧对刘洪与芳林嫂、彭亮与兰妮两对恋人卿卿我我的私性生活进行了较为充分的描写，显示了个体叙事的魅力，值得特别指出的是该剧对飞贼李九与紫玉之间无涉革命的恋情进行了津津有味的欣赏性展示，不能不说显示了该剧对个体叙事的偏爱。电视剧《红岩》中，江雪琴因丈夫的牺牲而产生的剧烈伤痛难以否认地彰显了个体情性；该剧将甫志高夫妻情爱在其被捕叛变行为中的作用加大，也变相增加了对个体情性的宽容度。电视剧《苦菜花》将冯家与王家大院的恩怨情仇表现得丰富多彩，尤其是冯大娘与王柬之之间的私性关系更是扑朔迷离，这种情况即使不能说是以私性关系置换了阶级关系，以私性恩怨置换了阶级情仇，但也至少可以说是前者冲淡了后者，于是，建基于阶级话语之上并以阶级为本位的革命伦理大叙事也相应地被个体小叙事冲淡了。

就现代性而论，革命现代性对集体本位的革命理则的过分置重往往导致了对启蒙现代性所推崇的"偶在个体"个性的冷落和抑制，这种情况在革命历史小说特别是在由它们改编摄制的电影中已属特定语境中的正常现象，而"红色经典"电视剧对个体情性的宽容甚至张扬则反映了新的语境下人们对现代性的重新思考。

从个体视角来审视革命，审视革命中作为"偶在个体"的芸芸众生，展示芸芸众生的喜怒哀乐和恩怨情仇，伸展"偶在个体"的生命感觉，给具有质感的生命个体及其凡俗生活以应有的位置和尊重，将生命个体从宏大叙事的浪涛中打捞出来，并复苏其富有质感的生命，这当然是个体叙事的佳境了。如今的"红色经典"电视剧尽管离这种佳境尚有不少距离，但总体来看，这一归旨已昭然若揭；可是，这样也未必就没有令人担忧的问题，这种带有自由主义色彩和解构主义情绪的倾向发展下去是否会导致相对主义和价值缺席（或虚无）？其实官方对"红色经典"电视剧的法令性规约主要针对的也正是这一问题。

怎么办？答案似乎很简单，那就是提供一种价值体系，既能有利于集体性（人民、民族、国家、社会等）精神和信念的传扬和光大，又能有效伸展"偶在个体"的基于内在情性的生命感觉；但实质上很复杂，而且这个颇有悖论性质的答案更难以操作。

第二节　欲望的叙述

可以说，欲望是任何时代的文艺都难以逃避的东西，无论是否定、张扬还是淡化、默许，抑或其他种种纷繁复杂的态度，都无非是在以直接或间接的方式揭示基于特定时代的文化视野中的欲望观念；而至于文艺对欲望的叙述方式，则牵涉特定时代的文化对欲望的处理策略问题。同样，本文所论革命历史小说及其两次影像化改编风潮对欲望的叙述也表征着特定时代对欲望的理解和态度。

一

尽管将欲望区分为起码的物质欲望和精神欲望应该是一种常识了，但人们在谈论起欲望时又偏偏意指物质欲望，甚至偏狭地指向肉欲或本能，往往忽略了精神层面的欲望；看来欲望意指有广狭之别。欲望之所以无法回避，就是因为它对于人以及由人组成的社会具有至关重要的意义。从生命哲学的角度看，欲望其实是对生命的肯定，由欲望而生的活力和创造力支持着人及社会的存在，并促使着人及社会的发展。对于欲望的这种基于生命哲学的认识和理解其实与尼采、德勒兹等人以"本能造反逻各斯"（舍勒语）的过程中对欲望的认识和理解则相通相佐，都在试图以欲望主体置换认识主体而构建新的知识谱系和话语体系。

既然欲望对于人和社会的存在及发展如此切要，那么，一个时代对于无法回避的欲望的处理就是至关重要的文化方案了，在这种意义上可以说，任何时代的文化其实都在以特定的方式述说着欲望。基于此，程文超认为：

> 面对欲望这个怪物，文化的要义就是要叙述一个"故事"，一个关于欲望如何获得满足的故事。这里的关键不

在于“满足”,而在于“如何”。在对“如何”的叙述过程中,文化创造一套价值、一种意义。这套价值、意义要解决这样一个难题:既要调动人的欲望,使人与社会具有活力,又要最大限度地防止欲望的破坏力;它要让人与社会在保持活力的状态下,使人的心灵有一个高境界的栖息地,使社会有一个稳定的发展环境。一句话,欲望的叙述要达到两个目的:给心灵以家园,给社会以秩序。[①]

这样一来,欲望的问题就被转化为一个话语的问题,或者再进一步说,就是一个叙述问题,即特定时代的文化基于经济、政治、社会等复杂的历史条件而对欲望所进行的言说及策略。以程文超之见,文化对欲望的叙述策略就是“话语转移——对欲望进行话语转移”[②],具体点说来就是:

> 欲望与欲望间发生冲突,就需要选择。文化对欲望的叙述,就是要用一套与欲望满足相关的价值与意义作用于人们的选择:在欲望与欲望之间,孰重孰轻?孰大孰小?如何选择才能最好地满足欲望?为什么进行这种选择是有利的、有价值的、有意义的,而进行另外的选择是不利的、无价值、无意义或价值意义较小的?
>
> 因而,所谓对欲望的话语转移,就是通过话语的叙述,用一套价值与意义引导人们,使其对欲望注意的重心发生转移,或者说,使其转移欲望发展的方向,使人、人群走向心灵具有家园、社会具有秩序的轨道。[③]

之所以如此操作,基本原因就是广义欲望本身复杂因素之间存

① 程文超等著:《欲望的重新叙述——20世纪中国的文学叙事与文艺精神》,桂林:广西师大出版社,2005年,第3页。

② 参见程文超等著《欲望的重新叙述——20世纪中国的文学叙事与文艺精神》,桂林:广西师大出版社,2005年,第15页。

③ 程文超等著:《欲望的重新叙述——20世纪中国的文学叙事与文艺精神》,桂林:广西师大出版社,2005年,第15页。

在着冲突，也就是不同层次的狭义欲望之间的未必和谐的运动。

依据上述说法，本文所论的革命历史小说及其两次影像化改编风潮其实也就是不同时代的文化基于复杂的历史条件而对欲望所进行的不同的叙述，展露了不同的话语意涵。尽管革命历史小说已被纳入了带有明显禁欲（狭义）主义色彩的“新文化工程”之内，并具体参与这种文化建构，执行着欲望的话语转移方略，但是依然尽可能地为狭义欲望留下了书写空间，使之部分性地存在于革命书写的边缘。而到了由这些小说改编制作的电影中，情势就严峻得多了。作为意识形态再生产的这些电影，在强化政治意识形态的过程中将狭义欲望尽可能地清除和净化了，以便参与建设基于革命现代性的“新文化工程”。近年来，在迥然相异的语境中，由革命历史小说改编制作的“红色经典”电视剧对欲望的叙述上有了明显的松动，给狭义欲望的展演留下了较为充分的空间。

中华人民共和国建立后直到20世纪80年代之前，延安模式在本应进行和平建设的时代依然支配着这个现代民族国家的后继建设，战争年代的思维方式和文化成规依然左右着国家方方面面的运作，革命现代性所滋养的阶级革命意识形态作为主导政治意识形态继续甚至愈加强烈地施展着威力；基于此，政治文化渗透到任何领域并施加着强有力的影响，毛泽东为现代民族国家所设计的“新文化工程”依然在轰轰烈烈地进行着。

毛泽东的“新文化工程”具有明显的禁欲主义色彩，这在他所张扬和推崇的社会主义道德和革命精神中都鲜明地显示了出来，如前所述，美国学者莫里斯·迈斯纳曾指出“毛泽东的社会主义道德特别注重斗争、自我牺牲、自我否定的禁欲主义价值观念”，在毛泽东的观念中，“创造历史、实现共产主义理想方面起关键作用的,只是那些富于固有的革命精神和道德观念的人"[1]。作为服务于政治的文艺参与了"新文化工程"的建设,依据政治的要求和期许对欲望进行了格式化处理,使得个体欲望难以立足,下面一段引文就描述了欲望在"十七年"文学中的艰难处境:

> 新中国的成立,标志着现代性追求阶段性的成功,这一成功具有强烈的政治性,整体主义历史理性和政党伦理整合为意识形态,成为一切精神生活的规范。当"国家"和"人民"终于"站起来"的时候,"个人"必须在融合与服从的关系中消失。而文学叙事中的个体"欲望"表达则被确定为政治的反动和背叛,整体主义历史理性的意识形态以阶级论全面扼杀人性。于是,共和国成立后 17 年间的文学只能是"无欲无求"的大写的革命文学,即便仅仅触及人性中最卑微最朴素最自然情感的作品(如萧也牧《我们夫妇之间》等),都难逃"斗争"的厄运。[2]

上述分析中的欲望显然意指狭义的欲望,而对于这种欲望之外的指向阶级、革命、政党、国家、民族等等巨型符码的精神性的欲望(不妨称之为"宏大欲望")则备受推崇,并被肆意张扬。包括革命历史小说在内的"十七年"文艺对欲望的处理策略正是"话语转移",具体操作程式如下:将与"整体主义历史理性"相悖或相左的个体欲望定位为私性的、庸俗的、无价值无意义的负值性东西而加以排斥和打压,或分派给"敌人",而正面人物则被剥夺了获得私性欲望满足的权利,分派给他们的是被神圣化的具有超越性的宏大欲望。这样一来,正面人物的私性

---

① 莫里斯·迈斯纳:《毛主义未来观众的乌托邦成分和非理想化成分》,见萧延中等编:《外国学者评毛泽东》第 3 卷,北京:中国工人出版社,1997 年,第 109 页。

② 程文超等著:《欲望的重新叙述——20 世纪中国的文学叙事与文艺精神》,桂林:广西师大出版社,2005 年,第 358 页。

欲望就被置换为宏大欲望，并因此而获得代偿性满足，从而完成了欲望的“话语转移”，即如程文超所言，“就是通过话语的叙述，用一套价值与意义引导人们，使其对欲望注意的重心发生转移”[1]。

二

这样论述，并不意味着否定革命历史小说中私性欲望的存在，实际上，如上文所言，这些革命历史小说在进行宏大叙事的过程中还是尽可能地对私性欲望给予了关注。

依据革命意识形态，反面人物自然被分派了足够的私性欲望份额来凸显其反动性，而且这些欲望往往是物欲、肉欲，具有明显的形而下特征。小说《青春之歌》中，林道静的生父大地主林伯唐不择手段地聚敛财富，骄奢淫逸，还欺男霸女，欲壑难平；林道静的养母徐凤英徐娘半老还卖弄风骚，寻欢作乐，且把女儿视为赚钱工具而试图攀附权贵。小说《红岩》中，阶级敌人的帮凶特务记者玛丽被刻意书写为身体欲望的符号；革命敌人徐鹏飞等人不但被文本分派了丰裕的物质条件（尤其是佳肴美酒），还有性欲（肉欲）的享受，毛人凤就曾与徐鹏飞兴致勃勃地谈起对女人的肉欲消受：“鹏飞，你尝过么，台北的日本下女，比你新纳的三姨太还有味道！哈哈……”[2]小说《红旗谱》不但暧昧地点出了阶级敌人冯兰池“倒爬灰”的丑陋行径，还将他书写为欲壑难平的人物，年届花甲依然垂涎于同为冯门中人的年轻姑娘冯春兰。小说《林海雪原》中作为革命敌人的众多土匪基本上被描绘成欲望符号，被定位为只会杀人、吃喝、交欢的魔鬼，正常人性完全丧失。蝴蝶迷就是其中典型的魔女，尽管极端丑陋却被当作肉欲象征符号肆意书写：“这个妖妇从许大马

① 程文超等著：《欲望的重新叙述——20世纪中国的文学叙事与文艺精神》，桂林：广西师大出版社，2005年，第15页。

② 罗广斌、杨益言：《红岩》，北京：中国青年出版社，1961年，第538页。

棒覆灭后，成了一个女光棍，在大锅盔这段时间里，每天尽是用两条干干的大腿找靠主。”[①]难怪遭到李杨颠覆性质疑，“不可思议的是如此丑陋的蝴蝶迷竟是土匪中出名的淫娃荡妇”[②]。总之，在这些革命历史小说中，凡是革命敌人总是注重个体欲望，总是追求这种形而下的“丑恶”的物质性欲望（包括肉欲）的满足。

对叛徒或逃离革命阵营的人物，革命历史小说也给他们分派了明显的私性欲望。小说《红岩》中叛徒甫志高叛变革命之前就有个人野心，“在为党工作的时候，不能不为自己的报复想一想”[③]，其实就是捞取政治资本，以便将来革命胜利后可以作为筹码而升官发财，于是背着组织擅自行动。更为可怕的是，甫志高沉溺于个人幸福家庭（爱欲）之中难以自拔，将许云峰代表组织的警告置于脑后而不顾，坚持为爱人买了牛肉和肚条，毅然回家，认为爱人正在守候他的归来，结果被捕，为党和革命造成了巨大损失。显然，小说把这种可怕结果归结为甫志高的私性欲望作祟，试图证明私性欲望有碍于革命事业。小说《青春之歌》中革命者戴愉背叛革命成为革命敌人之后，他的故事就与女人（肉欲）和金钱（物欲）结合了起来，这种被定位为庸俗甚至恶俗或者说卑劣的欲望使其作为革命敌人的身份标识更为鲜明。因政治退化而逃离革命阵营的白莉萍成为利欲熏心的交际花，并过上了骄奢淫逸的生活，这种灯红酒绿纸醉金迷的生活涌动的是物欲和肉欲，与神圣的革命事业相比显然只能是鄙俗的、丑陋的，正如小说中人物罗大方的感慨：“一个人政治上一后退，生活上也必然会腐化堕落。”[④]小说《野火春风斗古

---

① 曲波：《林海雪原》，北京：作家出版社，1957 年，第 450 页。

② 李扬：《50～70 年代中国文学经典再解读》，济南：山东教育出版社，2003 年，第 28 页。

③ 罗广斌、杨益言：《红岩》，北京：中国青年出版社，1961 年，第 130 页。

④ 杨沫：《青春之歌》，北京：作家出版社，1958 年，第 107 页。

城》中高自萍的活动与私性欲望难以分开，参加革命的动机其实不过是为了得到银环，使其革命行为带有玩票性质，生活在优裕的环境中，欣赏影星画报，房间的布置也很不合革命意识形态，不但华丽，竟然散发着香水气味，“惹人注目的是墙壁上贴着长长一列电影明星的照片”[1]。当银环得知高自萍背叛革命出卖同志后，因受强烈刺激而晕倒，高自萍则乘人之危，“扑过去搂抱住她，揉摸她那凸出胸部的乳峰”，“流着口水频频在她双颊上狂吻”[2]，试图宣泄肉欲。小说《敌后武工队》中马鸣在成为叛徒之前生活作风就不正，光身睡觉，对妇女粗口说下流话，并对革命同志汪霞充满色欲。小说《铁道游击队》中铁道游击队员黄二因个人物欲所致，私藏了作为公共财产的两捆布，事发后，便投奔敌人作了叛徒，铁道游击队的政委李正认为，“他的逃跑是从物资上引起，而又遇到不适当的教育方式所造成的”[3]。

这些革命历史小说对正面人物的私性欲望也给予了一定程度的书写，而且这些欲望未必就与宏大而神圣的革命事业直接关联，往往就是基于生存的基本欲望，充满了凡俗却亲切的人间烟火味。小说《青春之歌》中，执着于革命事业的革命者林道静在午夜流落街头之际，也产生了私性的凡俗欲望：“她第一次渴望有一个家，有一张床，第一次深切地感到家的温暖和可爱。”[4]小说还对革命者林道静与坚强的布尔塞维克同志江华之间的凡俗的私性身体欲望作了难能可贵的书写。被称为“共产主义教科书”的小说《红岩》还是按捺不住地委婉书写了宏大而激越的革命声浪中的私性欲望。坚强的政治犯们（神圣的革命者）以绝食来反抗敌人的残暴，表面上是对基本物欲（食欲）

---

① 李英儒：《野火春风斗古城》，北京：作家出版社，1959年，第41页。
② 李英儒：《野火春风斗古城》，北京：作家出版社，1959年，第352页。
③ 知侠：《铁道游击队》，北京：新文艺出版社，1954年，第493页。
④ 杨沫：《青春之歌》，北京：作家出版社，1958年，第307页。

和求生欲望的蔑视，实际上恰恰反证了这些欲望的至关重要，而且这些欲望是被看重的；因为如果真如革命意识形态所示，这些欲望与革命事业相比是微不足道甚至毫无价值的，那么，绝食行为也威胁不了敌人，而且革命者也根本就不会采用这种方式进行斗争。江雪琴因丈夫的死亡而产生的强烈悲痛并不只是对于这位革命战友的哀伤，因为初见革命同志的人头时，"她只是在心中喃喃地说：'安息吧，同志，我们要为你们复仇！'"[①]可见，这种强烈悲痛更多的是神圣革命之外的私性伤痛，更多的是对作为亲人的凡俗悲痛，而这种悲痛体现的正是对于私性而凡俗的幸福的欲求。当双枪老太婆得知消失多年的丈夫华子良还活在白公馆集中营时，"真相和他见一次面"，并认为"见一次面未免太少了"，[②]折射的同样是对私性凡俗幸福的欲求。小说《红旗谱》中，朱老忠"一文一武"的凡俗憧憬、"出水才看两腿泥"的私性复仇方式、为生活奔波的生存欲求以及为儿子娶妻生子（竟帮衬着为儿子大贵谋娶挚友的儿子的心上人春兰，未果）的私性而凡俗的幸福设计、甚至朱老忠本人与爱妻的私性呢喃、朱老忠这位成长型卡里斯马的执着追随者严志和的更为凡俗的私性欲求等等这些私性凡俗欲望的书写都在神圣革命话语的间隙中另辟一隅，用以盛放私性话语，飘然而出的则是巷陌邻家的袅袅炊烟。小说《铁道游击队》中，物欲的鲜活质感在丰富革命英雄形象的同时也丰富了文本，"叙述者的笔调时常'逗留'在抗日好汉们大碗喝酒、大块吃肉的民间'狂欢'场景之中"，"而每次战斗结束，小说叙述者目光总是不可抑制地在敌人火车上扒下的物资上'打转'，清点胜利果实成为游击队员最快乐的节日庆典"[③]。这些小说对正面人物的爱

① 罗广斌、杨益言：《红岩》，北京：中国青年出版社，1961年，第70页。

② 罗广斌、杨益言：《红岩》，北京：中国青年出版社，1961年，第493页。

③ 余岱宗：《被规训的激情——论1950、1960年代的红色小说》，上海：三联书店，2004年，第71页。

欲和情欲也都进行了止乎革命理则的书写。小说《青春之歌》自不待说；小说《红日》在革命战火的间歇中不吝笔墨地书写了上上下下各级革命军人的情爱生活；小说《林海雪原》中神圣的革命纱衣下袭来的依然是“才子佳人”的阵阵暗香；甚至小说《红岩》中江雪琴对亡夫的沉痛哀悼、双枪老太婆对曾消失多年的丈夫的相见恨晚、刘思扬和孙明霞（华为和成瑶之间的爱情书写因过于简单，不妨忽略或另当别论）的爱情的吝啬展演，其实都难以否定地表征着正常人性中的爱欲、情欲；其他这类小说也都按捺不住地书写了正面人物这种正常人性中的爱欲、情欲甚至身体欲望，如小说《红旗谱》中严江涛与严萍的热吻，《烈火金钢》里大麻子丁尚武和卫生员林丽的月下亲吻，《野火春风斗古城》中杨晓冬与革命下属银环化险为夷后的沉醉亲热，《铁道游击队》中队长刘洪与寡妇芳林嫂的执手相慰，《敌后武工队》里魏强和汪霞的激情挥发，等等。

三

上述革命历史小说出场的语境和由他们改编制作的电影的生产语境具有同质性，但是由于这些革命历史小说的孕育和写作时间较早，作者依然享有较多的创作自由；更为关键的是，这些小说的作者绝大多数就是革命和战争的亲历者和见证者，见证历史的责任和冲动使得他们在不失革命浪漫的同时，基本上还能采取现实主义的创作路数去书写曾经的生活，这样一来，这些小说与现实生活就还不至于太远，尚能关注生活的本然凡俗一面，私性凡俗欲望便在其中。而由上述革命历史小说改编制作的电影，作为意识形态的再生产，基于“讲述话语的时代”对于文艺愈来愈加严谨的政治性期许和规约（就总体形势而论），都对政治意识形态因素进行了强化。而在这个禁欲主义氛围愈来愈浓郁的革命化时代，与被神圣化的革命事业相较，正常人性中的私性凡俗欲望则被主导意识形态视为庸俗甚至恶俗再甚至卑劣反动的因素而逐渐被剥夺了存在的合法性基础，从而受到抑制和打压。这种政治文化总体上日甚一日的规约和熏染逐渐转化为社会风气和时代风尚，并内化到社会成员的血液中，从而积淀为心照不宣的集体无意识。

> 由于新中国大多数电影在很大程度上受到国家政策的干预和变化莫测的形势的左右，因此有明显的政治倾向性，讲求宣传实效和教育功能。正是新中国十七年电影中强大的政治意识形态话语，使得电影的文化属性和娱乐功能这些重要因素在价值结构中受到削弱，甚至欲望和快感，这些依附在中国旧有的电影，以及国外好莱坞为代表的电影传统中的东西被剔除。[①]

在这种状况下，由革命历史小说改编制作的电影就对小说原作中的凡俗私性欲望进行了净化处理，以维护神圣革命事业的纯洁性；而这种处理的基本路数就是进行欲望的“话语转移”。

因为反面人物和脱离革命阵营的人物的欲望展演不但并不影响革命事业的神圣和纯洁，相反却能给予反证，有利于主导意识形态的建构和强化，因此，源自革命历史小说的这些电影对欲望的净化处理并非针对这种人物而行，而是针对正面人物的私性凡俗欲望所作。

电影《青春之歌》中，如前所述，林道静与江华之间的情爱关系在电影中已被完全清除，只剩下纯粹的革命同志关系，而卢嘉川与林道静之间的暧昧关系已基本隐去。尽管观众仍能从电影中林道静那几句声情并茂的“卢兄”的称唤中以及在好友王晓燕面前颂诗怀念卢嘉川的行为中习惯性地解读出林道静对卢嘉川的爱慕和思恋，但这种解读在很大程度上是受到了

---

① 陆弘石：《中国电影：描述与阐释》，北京：中国电影出版社，2002 年，第306 页。

小说原作的潜在影响所致,具有泛本文性质。根据该片导演崔嵬尽管闪烁的解释[1],还是基本上能够断定该片在主观上是将卢嘉川定制为不安于小家庭生活的林道静的启蒙导师,二人关系应该不关风月。林道静和余永泽的情爱生活在小说原作中并未戒除私性凡俗爱欲和情欲,而到了电影中则被先验地设定为革命者遇到革命真理之前的误入歧途,于是一场本该由生活演化而来的性格悲剧被机械地置换为敌我判然的政治分野和错位。这样一来,电影《青春之歌》就尽可能地斩除了正面人物的凡俗爱欲和情欲,以便他们更加干脆而彻底地将欲望投射到神圣的革命事业上,从而实现欲望的"话语转移",结果是私性的凡俗欲望被转化为神圣的公共性的革命欲望。

在小说《林海雪原》中白茹与少剑波之间不乏爱欲和情欲的情爱书写是小说的重要部分,而到了电影《林海雪原》中,"小白鸽"白茹尽管依然快活得像只小鸟跳来跳去,但无非在忙着革命工作,和少剑波等同志们一样,只有风云却不见风月,只有神圣的革命欲望。整部影片丝毫没有展现她与少剑波的爱情关系,哪怕是一个令人浮想联翩的眼神也没有,就是说该影片中已将小说中尽管曾招非议却也不无凡俗情趣的爱欲和情欲彻底清除。

小说《红日》在对枪林弹雨的战争进行书写的间隙依然兴致盎然且不吝笔墨地描述了上至首长下到普通走卒的多种情爱生活,展示了人物的爱欲和情欲;而电影《红日》则仅存了杨军和阿菊的所谓爱情,而且这种爱情因被过分意识形态化实在成色不高。二人之间以"参车"为主题的公共性的革命话语驱逐了私性话语,儿女情长的凡俗爱欲也在雄壮的革命炮火中卑怯地随风而逝。

---

① 导演崔嵬认为林道静在王晓燕面前念诗怀念卢嘉川时,她已与余永泽"各奔前程",因此,"她有权利怀念自己敬爱的启蒙教师"。参见崔嵬《〈青春之歌〉的改编和导演创作》,载《电影创作》,1959年第12期。

在其他这类电影中，也都对小说原作中尚存的正面人物私性的凡俗爱欲和情欲进行了净化处理，以图维护神圣革命事业的纯洁性。电影《在烈火中永生》里，刘思扬与孙明霞已不再是恋人，当然也无需再望穿秋水；江雪琴与丈夫彭松涛离别之际依然只是情绪盎然地共赏象征着神圣革命事业的《挺进报》的蜡版样稿，神圣的革命欲望占据了私性空间；得知丈夫遇害后，她依然能够镇定自若，只是在老太婆的鼓励下流了几滴泪水，刹那间又恢复革命状态，“我不能流着眼泪闹革命，革命总有牺牲的，血债要用血来还！”

《铁道游击队》、《苦菜花》、《野火春风斗古城》等电影都设法使残存的情爱生活尽可能隐晦，将小说原作中的温情暖意尽可能简化，小说中凡俗却也亲切的爱欲和情欲便被稀释得寡淡若水。而且，即便这种一息尚存的情爱生活无一不是依托革命话语而存在，无不以革命意识形态为据，这样一来，凡俗情爱就被贴上了神圣的革命标签，凡俗的私性欲望被转化为神圣的革命欲望。

由革命历史小说改编制作的电影对小说原作中的其他凡俗欲望也进行了尽可能的净化和转移处理。电影《红旗谱》紧紧抓住锁井镇的阶级斗争，[①]特别是以朱老忠的斗争活动为主题进行革命话语的建构，因此就对小说文本中朱老忠等人的体现凡俗欲望的凡俗生活作了尽可能的净化处理。于是，像朱老忠为春兰提亲这类对凡俗生活的私性欲求因为与神圣的革命事业相去甚远就被去除或弱化了。电影《青春之歌》将小说原作中林道静渴望有个家的私性凡俗欲望挥刀斩除，只赋予林道静以神圣的革命欲望。电影《在烈火中永生》中，江雪琴因革命需要乔扮阔太太，但又鄙夷华贵行头，认为别扭极了，显示出对物欲的厌弃。电影《铁道游击队》不再像小说那样将目光频频

① 周述会：《漫谈电影〈红旗谱〉的改编》，载《电影创作》，1962年第3期。

围着战利品(从敌人火车上扒下来的物资)打转;"咸鱼炖豆腐"的凡俗生活欲求也被刘洪的断喝给驱走了,试图彰显的是党的革命教育的成功。小说《林海雪原》痛快淋漓地展现了夹皮沟贫苦人民对基本生存物质的凡俗渴望和欣喜,而电影则将这种关注焦点转向党和人民子弟兵的政治化关怀。小说《苦菜花》中秀子在战火中将一只死兔子携带数日仅仅是为了吃顿肉饺子的凡俗欲望再也上不了同名电影中宏大叙事的台面。

经过一番意识形态的处理,这些电影中急功近利的政治诉求让革命逻辑过于武断地挤占了生活本然,革命历史小说难得的私性凡俗欲望在由此改编制作的电影中就被净化、弱化和转化了,以便维护神圣革命事业的纯洁性以及意识形态话语建构的纯粹性。

四

欲望在近年来由革命历史小说改编的所谓"红色经典"电视剧中的表现情况则与其在小说及电影中的情形显著不同。这些"红色经典"电视剧总是尽可能地挖掘红色资源中的凡俗欲望因素,并将其作为重要看点而加以渲染。

就正面人物而论,"红色经典"电视剧在书写(革命)理性主体的同时也给欲望主体以充分的宽容,而且往往将欲望主体与理性主体交合在一起,从而丰富了对革命话语的认识以及对革命人物形象的塑造。

在王进版《青春之歌》中,当王晓燕一家为林道静庆祝生日时,这位为革命东躲西藏的革命者触景生情,因凡俗伤感而失声痛哭说连她自己都忘了自己的生日,并对王晓燕坦言其对家的渴望,"不要说有个家,就是有张床,有床干干净净的被子,我能放心大胆美美睡上一觉,这就是我最大的幸福"。这是革命者林道静被渲染的凡俗欲望。意志坚定的革命者林红为了孩子甘愿离开她认为"不近人情"的丈夫,直到为革命而英勇牺牲前还在埋怨丈夫“不理解女人的心”，尤其牵挂孩子，并坦言：她爱她的孩子，她不愿意死。在此林红所说的“女人的心”曾被专心致力于革命事业的丈夫指责为“温情主义”，这无非是一个女人要做个正常母亲的凡俗而普通的欲望。

即便在张晓光版《青春之歌》中，正面人物也并非没有凡俗欲望。林道静外出寻找工作已经不再是为了彰显独立意识和自由精神，而是由于基本的生存欲望所致，因为余家断了他们的生活供给。革命前辈“姑母”也是出于凡俗欲望，企盼儿子江华尽快成家；而江华对林道静的凡俗恋情尽管压抑，却欲盖弥彰，而且最终还是不能免俗地表达了出来。该剧片尾曲《爱的解释》中的歌词也传达了与神圣革命不无距离的凡俗欲望：“真爱太少，那么多人需要，够温暖就好”；“怕你的誓言爬上忍不住的嘴角，冲出口就被风化掉”；“如果我转身拉住你的手，在那个冷的夜，会不会依靠到老”。

电视剧《林海雪原》中，革命军人杨子荣与旧时情人槐花暧昧朦胧，欲说还休，私放槐花的“土匪”丈夫老北风回家与妻子团聚，对这位旧时情人百般关照，还信誓旦旦要为她找回失踪的儿子，这些所作所为已显然不是军民鱼水情所能涵盖了的，实在不能否定的还有凡俗却真诚的爱欲。同志们兴高采烈时，这位依旧单身的革命军人便会独自伤感，向往一个家（该剧中的杨子荣常常练习写“家”字，并神情感伤地陷入沉思），流露出与宏大而神圣的革命欲望迥然不同的私性凡俗欲望。该剧对白茹与少剑波的爱欲和情欲也进行了渲染，作为小分队首长的少剑波少了些严肃，多了些笑容，和心仪恋人追逐嬉笑，不但偷窥美人睡容，还为恋人暗送松子果。

电视剧《铁道游击队》用了不少篇幅对一帮江湖式兄弟大块吃肉大碗喝酒的恣情场面进行不无欣赏的描述，且三番五次地提及到战利品，并帮着主人公算计，展示了物欲的力量。两名小游击队员因实在不堪寒冷和饥饿的折磨而开了小差，却被抓获，刘洪执意枪决，政委李正力劝："我们共产党人连俘虏都能宽容，难道就容不下这两个孩子吗?"如此，不但没有回避革命军人的最基本的生命欲求，也通过李正之口给这种最基本也最凡俗的欲望以理解和宽容。该剧还对剧中人的爱欲和情欲进行较为淋漓的叙述，刘洪与芳邻嫂卿卿我我，相拥相依；兰妮对彭亮的热辣爱欲未必就比今天的青年逊色；田六的革命动机就是为了得到令其痴迷的兰妮，其情也切，其欲也真；连政委李正都与爱人卿卿我我，难舍难分，离别时执意要亲热一番。这些凡俗欲望显然与革命意识形态相去太远，却给人以生活质感。

电视剧《红岩》中，彭松涛因为革命工作需要而去华蓥山之前特意回家看望老婆孩子，尽管短暂，私性凡俗幸福欲求却也不乏浓烈；夫妻相偎，款款深情寄寓凡俗爱欲。丈夫身体不好，革命者江雪琴请求组织给予关照；得知丈夫牺牲后，江雪琴（在双枪老太婆面前）痛哭流涕，并致信许云峰，坦言丈夫的牺牲给予自己的沉重打击，"这惨痛的打击几乎让我无法承受，常人是无法领略到的"。这些行为和反应已远远超出对革命战友的革命情感，之所以如此深切，无非是由对相濡以沫的亲人的私性凡俗爱欲所致；江雪琴之所以几乎无法承受老彭的死亡所带来的惨痛打击，固然不排除一位革命战友的牺牲给革命事业造成的损失令其痛惜，更主要的还是作为亲人的丈夫的离去给自己私性凡俗的幸福欲求带来的毁灭性打击，令其"窒息得透不过气来"。

其他的这类电视剧也无不对私性凡俗欲望进行了展示。电视剧《红旗谱》中，冯春兰与严运涛、严萍与严江涛、李金华与朱大贵、李芝儿与张嘉庆，甚至朱老忠与黑妮之间的情爱演绎都难以否定地承载着凡俗爱欲和情欲。该剧还对新人洞房花烛的情爱场景进行欲望展示，冯春兰身着艳红兜肚的半裸镜头，一如电视剧《苦菜花》中妇救会长冯秀娟对作为新郎的区委书记姜永泉的激情狂吻，演绎了身体的凡俗欲望。

在对反面人物以及脱离革命阵营者进行刻画时，也正是基于人性化的需要，“红色经典”电视剧反倒改变了过去依据政治伦理化模式将恶俗而卑劣的欲望都倾注到这些人物身上以使其成为欲望动物的做法，而是将他们当人看，当作与革命者既相同又异质的人。既然是人，就有人的共性，就有与革命者相同的七情六欲，当然这种共性并不排斥异质性。

电视剧《红岩》中，甫志高不顾许云峰代表组织的规劝，爱欲促使他毅然冒险回到爱妻身边，结果被捕。甫志高之所以背叛革命，一是因为惧怕对自己身体的忍受不住的伤害（该剧中徐鹏飞曾向甫志高孜孜不倦地描述并展示刑具的极端恐怖），实质上这是关于身体安全的欲望在作祟；更重要的是惧怕敌人对爱妻的伤害（该剧中徐鹏飞曾威胁甫志高，若不合作便要伤害其妻），这可以解读为爱欲作祟，给爱人以现实而凡俗的爱。而意志坚定的革命者刘思扬就不同，当敌人向他承诺，他若合作（就是写份悔过书）就可以换回两个人的自由（他和恋人孙明霞）时，刘思扬毅然决然地拒绝合作，也是为了爱，给恋人的却是超凡脱俗的爱。该剧也没有像小说和电影那样将敌人物欲化和肉欲化，玛丽小姐并没有成为“美女蛇”，徐鹏飞也并未与玛丽暧昧，仅是工作关系而已（在电影《在烈火中永生》里，他们还被设定为肉欲关系）。

电视剧《林海雪原》中，反面人物也并没有被刻画成毫无人性的欲望之兽。曾被描述成淫娃荡妇且十分丑陋的蝴蝶迷在该剧中尽管有几分风流，但也并未“每天尽是用两条干干的大腿找靠主”[①]，面对宋宝森的性欲勾引和座山雕手下“金刚”的色情调戏，就敢于理直气壮地捍卫尊严，甚至敢冒生命之险而临危不惧，倒是出于正常爱欲对胡彪情有独钟，最后为情欲而殇。

① 曲波：《林海雪原》，北京：作家出版社，1957年，第450页。

匪首座山雕也并未物欲升腾、肉欲难耐，反倒展示出不乏正常人性的凡俗欲望，因养子拒绝认其作父，则伤感而至痛哭流涕。

其他“红色经典”电视剧也基本上对反面人物以及脱离革命阵营者的欲望作了人性化处理，如电视剧《敌后武工队》中，刘魁胜尽管心狠手辣，却出于爱欲而对二姑娘一片痴心，展示了非人性中的人性成分；马鸣挺过了严刑拷打，却忍受不了他痴情追求的汪霞遭受折磨，因为这种凡俗爱欲而上当受骗，终成叛徒。王进版《青春之歌》中，反面人物胡梦安除了信仰上与林道静等革命者不同之外，确实也心狠手辣，但也并未被物欲化和肉欲化，其对林道静的痴情追求所展示的爱欲和情欲，如果撇开阶级立场来看，倒也难以否认其中的人性因素；戴愉脱离革命阵营后也并未醉生梦死。张晓光版《青春之歌》中，脱离革命阵营的戴愉对王晓燕的爱欲追求也曾含有真情，为其保留了一定的人性成分。电视剧《烈火金钢》[①]中，罪孽深重的汉奸“高铁杆”对于其姘头“大苹果”却有一腔真爱，甘愿为其拼命；而作为凡俗欲望化身的“大苹果”却也甘愿为情殒命。电视剧《野火春风斗古城》中，因惧怕酷刑而背叛革命的高自萍却真心实意地爱着革命者银环。等等。

如此一来，就欲望而言，“红色经典”电视剧中的反面人物及脱离革命阵营之人就从曾经的妖魔鬼怪逐渐转化成为人，成为和革命者既相同又异质的人。

“红色经典”电视剧对欲望的这种迥异于过去的处理情况与这种话语建构的语境有着密不可分的关联。20世纪80年代初期，意识形态领域又发生了一场“人道主义”论争，不管如何，最起码的结果是刺激了对“人”的叩问。启蒙现代性所张扬的凡俗欲望受到重视甚至推崇，于是，欲望和人性携手共舞，并被当作对革命现代性进行反思的关键标尺。这样一来，欲望就

① 电视连续剧《烈火金钢》由徐兵编剧、王奕开导演（2003年）。

具有了颇为吊诡的双重性，就启蒙现代性而论，欲望具有现代性价值和意义，而就革命现代性来说，欲望则不失为一种与现代性相异的因素和力量。这一吊诡可以从学者对中国现代文学中欲望的分析中得到启迪，“现代文学叙事中，‘欲望’并不简单地就是对‘理性’的反抗”，“现代文学中的‘欲望’叙事所要逃避或反抗的，其实是文学中趋向整体主义历史理性的启蒙理性以及整体主义历史理性本身”①。20 世纪 80 年代欲望在启蒙现代性的再度展演中所扮演的角色与此雷同。

“人道主义”作为一股思潮好像已是明日黄花，但他所标举的人道精神和人性观念却作为集体无意识潜伏了下来，在人们的行为和意识中依然发挥着习惯性的作用；而 20 世纪 90 年代以来，随着市场经济的愈益活跃，世俗化已成为不可否定的时代趋势，与暗伏的人道主义迅速结合而成为世俗人道主义，凡俗欲望愈发大行其道，甚至有甚嚣尘上之势。在这种语境中文化工业将几十年前的革命历史小说加工成电视连续剧，欲望当然备受关注，炙手可热；但是基于作为重要“红色资源”的革命历史小说所依然承载的意识形态力量，文化工业毕竟还是收敛了许多，于是，就欲望而言，就呈现出上述样态。

从革命历史小说及其两次影像化改编风潮分别对欲望的处理情况可知，欲望作为风向标显示了时代的社会文化趋势，而作为反光镜则展现了时代的社会文化表情。在以革命现代性为基石的革命话语中，凡俗欲望一直被视为革命事业的否定性因素而受到抑制，而在如今这个因凡俗欲望过分膨胀而令人不安的时代，将产生于禁欲时代的文艺资源跨越语境地弄到今天的大众面前，甚至以期救赎（如一部分人的善良愿望），是否会因错位而尴尬？或者说如何操作才能避免吊诡的产生？

---

① 程文超等著：《欲望的重新叙述——20 世纪中国的文学叙事与文艺精神》，桂林：广西师范大学出版社，2005 年，第 351 页。

结语:凡圣之维

唐小兵从现代性在20世纪中国的历程中解析出了“英雄”和“凡人”两个基本向度的演绎趋向:20世纪中国的现代状况,既促成了英雄崇拜和对英雄业绩的向往,也匪夷所思地催发了人们对安居乐业、温情脉脉的日常生活的怀念;“‘英雄’与‘凡人’之间互为否定,互为欲望的张力,产生的是一种富于节奏性、诱发性的焦灼状态,可以说左右了20世纪中国文学想象的急切流程,或者竟可以说是构成了20世纪中国人忐忑不安的精神生活的基本因素”[①]。本书通过对革命历史小说及其两次影像化改编风潮的考察,认为革命书写在类似于唐小兵两个向度的凡圣之维滑动的现象也存在于革命历史话语在不同艺术品类之间的转化和演绎过程之中,而这一现象与作为20世纪中国社会文化元话语的现代性问题密切相关。

新中国成立之初,来自革命现代性制导的主导意识形态的期许和规约、来自创作者自身的书写动机都使得革命历史小说对红色革命的书写顺理成章地采用宏大叙事的范式在总体上将革命话语神圣化,但是依然难能可贵地为凡俗生活和凡俗人物以及英雄人物的凡俗成分的存在保留了一定的话语空间。当这些革命历史小说在20世纪五六十年代纷纷被改编摄制为

---

① 唐小兵:《英雄与凡人的时代——解读20世纪·序》,上海:上海文艺出版社,2001年,第3页。

电影时，其中令人备感亲切的凡俗成分在意识形态再生产过程中经过“洁化”处理便几乎被清除殆尽，以便革命话语愈益神圣。时隔多年之后，当这些尘封已久的革命历史小说再度被影像化为电视剧时，不但原作中的凡俗成分则被挖掘、渲染，生产者还不失时机地添加了大量旨在使产品凡俗化的因素，并加以演绎。相较而论，凡圣之维则赫然醒目，表征着近半个世纪以来中国人民的现代生活轨迹，铭刻着近半个世纪以来作为现代民族国家的中国的现代化的精神历程。

杰姆逊曾经提醒人们说：“如果我们要理解第三世界的知识分子、作家和艺术家们所起的具体的历史作用的话，我们必须在这种文化革命的语境之中来看待他们的成就和失败。”[①] 杰姆逊此番良苦告诫尽管并非直接就文本而论，但还是让我们又强化了这种似乎老生常谈却不无道理且着实可靠的认识：对文本的解读必须给予语境应有的尊重。由此，对本文所及革命历史小说及其两次影像化改编现象（在此，“现象”不妨归属于宽泛意义上的“文本”）的解析也不能不结合对“讲述话语的时代”的语境状况的考量而行，以便争取更为全面而深刻的可靠认识。

本书所及革命历史小说的创作语境与由它们被改编摄制为电影的语境具有同质性。沿袭建国之前红色革命年代的革命现代性依然坚强有力地制导着主导意识形态的运作，从而深刻且全面地左右着这个新生的现代民族国家的规划和建设。基于“现代性焦虑”带来的压力所致，这个新生的现代民族国家顺延革命战争时代的特殊思维，采取了“不断革命”的激进方式进行国家系统的运营，致使以革命为本体不无形而上学色彩的政治文化成为总体文化而高高在上，并将包括日常生活在内的一切都延揽而入它的绝对权威之下，施加着无所不在的渗透和

---

① 杰姆逊：《处于跨国资本主义时代的第三世界文学》，见张京媛编译：《新历史主义与文学批评》，北京：北京大学出版社，1993年，第238页。

影响力量；由此，得风气之先的文艺自然也难以避免地成为这种革命政治的工具而断然打破康德意义上的现代知识谱系。这样一来，文艺便只能依存于以革命现代性为灵魂的现代国家政治，这不过就是根深蒂固的主流文艺传统（“文以载道”）的革命版，结果是不但回到了王国维之前，且有甚于之。既然统摄包括文艺在内的一切领域的政治文化是以革命为本体的，革命便成为意义和价值的来源和依据，于是对革命的神圣化不但在所难免，而且成为革命叙事的基本范式和归旨。而依据革命现代性而设计和营构的“现代性工程”作为试图解决国族“现代性焦虑”的宏图大业并未因时而化，结果在本该进行和平建设的“后革命”时代因错位而尴尬。有的学者这样认为：“‘现代性’在 20 世纪中国主要不是一种已然的经验性叙事，而是一个需要实现的目标，对于现代性的想象以及渴盼社会迅速‘现代化’的理性构想和情感诉求构成了 20 世纪中国文学、文化的中心内容。”[①]确如此言，而且也正是因为现代性并非已然经验而只是前景和目标，所以关于现代性的话语建构只能是理想主义的，总会为这种激情燃烧的理想图景而超越凡俗现实生活，并且因为这种理想提供的还是一种筑基于阶级革命之上的集体性的形而上的信仰，所以被现代性宏大叙事神圣化也当然在所难免。

根据上述语境可知，不论从“革命”的角度审视，还是从“现代性”的视点观照，这种语境中的文艺在总体上只能是主导意识形态的神圣化演绎，宏大叙事则是对文艺的格式化规约。产生于这种语境中的革命历史小说以及作为其转化形态的电影融合了“革命”和“现代性”（建构现代民族国家以及相关理想图景的规划和设计）这两个宏大命题而进行话语建构，神圣化既是题中应有之义，也是特定时代的规约。尽管如此，基于相对

① 杨经建：《“红色经典”：在“现代性”叙事中理解和阐释》，载《东岳论丛》，2006 年第 1 期。

稍宽的政治环境、基于主导意识形态对现实主义美学原则的宽容、基于写作者对于写作内容的经验性（大多革命历史小说的作者是其所写内容的亲历者或参与者）、也基于写作本身的原发性和私人性（与对文学的电影改编和摄制相较而言），当时的革命历史小说还是尽可能地对凡俗生活及人物的凡俗一面进行了直接或间接的书写，从而使得这些革命历史小说在进行革命的神圣化书写时依然因其凡俗气息而尚具亲切感。

对于由革命历史小说改编摄制的电影来说情况就迥然不同了。这些改编摄制的电影，作为意识形态的再生产，在生产过程中再度受到愈益激进的革命政治的规约，对小说原作中的意识形态进行“洁化”处理以增强意识形态浓度；结果为了更加凸显革命政治，革命叙事的神圣化现象也更为强烈。这样一来，小说原作中那些难能可贵的凡俗成分因为存在着不利于神圣革命话语建构的危险而被尽可能地清除或弱化，致使这些电影因躲避对那些尽管凡俗却因富于现实生活质感而显亲切的正常情爱、欲望等因素的表现而显出较为严重的政治化、公式化弊端，而尤其在人物形象塑造上存在较为明显的符号化、脸谱化等缺憾。

时隔多年之后，当这些革命历史小说被争相改编制作为“红色经典”电视剧时，语境已经发生了巨大变化，多种文化和意识形态的公开的共生并存彰显着这个时代的大度和宽容，人们对革命现代性以及基于这种思维范式而建构的“现代性工程”进行了卓有成效的反思和纠正，正常的人性和凡俗的日常生活得到了尊重并被合法化甚至被有意张扬。在这种语境中将革命历史小说改编制作成电视剧注定了两个判然不同的时代的碰撞，结果是文化工业主要依据消费主义逻辑和商业意识对这种以革命现代性为灵魂的红色资源进行了与时俱进的改造。这种改造的最基本也是最显著的路向便是俗化处理，除了有意挖掘并渲染小说原作中的凡俗成分，还不失时机地增加彰显凡俗的戏份。经过这种俗化改造之后的"红色经典"电视剧势必对原先的革命文艺的神圣化的革命话语范式造成一定的冲击(官方就曾针对这种改编制作的一些过火行为发布政令进行及时规约)，尤其在革命卡里斯马典型的塑造上，通过对情爱、身体、欲望等感性因素的释放和宽容，突破了原来的神圣化模式，显示了凡俗之维的魅力。

当然，对于革命现代性的反思和纠正并不等于逃离现代性，我们依然必须直面现代性这项"未竟之大业"，而且革命现代性也未必就因时过境迁而失去它存在的价值和意义，尤其是对于当代中国这个后起国家来说。经济的快速发展在带来丰裕的物质享受的同时也成为人们迷失于物欲的重要原因；当沉溺于凡俗日常生活的平庸之中而茫然失措的当代中国人一朝醒来发现信仰的危机及理想的缺失带来的是存在的不可承受之轻时，便企望一种具有超凡色彩的崇高理想和信仰。唐小兵曾对人们循环式的生存格式不无感慨：

> 假若英雄式的生活是一场升华，实现的是对日常生活中的琐碎、芜杂的超越，是将崇高的整体性意义直接书写在我们的言行里，那么凡人生活中的点点滴滴终将昭示的是，如此厉行高蹈的英雄生活委实太抽象，太沉重，需要我们全副的精力和自觉；而一旦时过境迁，日常生活变得井然有序，为整日的柴米油盐、卿卿我我、锱铢必较所牵制，难道不又常常会无端地使人渴望一种义无反顾的慷慨、指点江山的激扬？①

曾经的革命文艺以革命现代性为灵魂而建构的话语世界为人们提供的正是这样一种作为理想甚至信仰的"厉行高蹈的英雄生活"，但令人遗憾的是这种文艺对神圣之维的偏执，疏远

---

① 唐小兵：《英雄与凡人的时代——解读20世纪·序》，上海：上海文艺出版社，2001年，第3页。

甚至压抑了凡俗之维。设若革命文艺能够在尊重人性和凡俗生活的基础上再加以审美化的提升，从而展示一种超越性的维度，在尊重感性的基础上也兼重自由审美理性，那么由此而建构的理想生活应该不失为当代中国人的理想选择之一，因为这种兼容凡圣之维的生活因其张力而富有魅力，而这种生活的主角也因亦凡亦圣而亲切却不失崇高。

主要参考书目

中文参考书目

[美]阿尔蒙德、鲍威尔:《比较政治学:体系、过程和政策》,曹沛林等译,上海:上海译文出版社,1987年。

柏定国:《中国当代文艺思想史论》(1956～1976),北京:中国社会科学出版社,2006年。

包亚明编译:《布尔迪厄访谈录》,上海:上海人民出版社,1997年。

陈鲤庭:《导演应该是影片生产的中心环节》,载《文汇报》,1956年11月23日。

陈思和:《民间的浮沉:从抗战到文革文学史的一个解释》,载《上海文学》,1994年第1期。

陈思和:《民间的还原:"文革"后文学史某种走向的解释》,载《文艺争鸣》,1994年第1期。

陈思和:《我不赞成"红色经典"这个提法》,载《南方周末》,2004年5月6日

陈思和:《中国当代文学史教程》,上海:复旦大学出版社,1999年。

陈思和:《中国新文学整体观》,上海:上海文艺出版社,2001年。

陈亚丁：《部队文艺工作者座谈〈林海雪原〉》，载《北京日报》，1961年8月3日。

程季华主编：《中国电影发展史》第二卷，北京：中国电影出版社，1998年。

程文超：《共和国文学叙事的嬗变——现实主义长篇小说叙事50年》，载《中山大学学报》，1999年第6期。

程文超等著：《欲望的重新叙述：20世纪中国的文学叙事与文艺精神》，桂林：广西师范大学出版社，2005年。

崔嵬：《〈青春之歌〉的改编和导演创作》，载《电影创作》，1959年第12期。

电影艺术记者：《焦庄户民兵畅谈影片〈苦菜花〉》，载《电影艺术》，1965年第6期。

方明：《野火烧不尽，春风吹又生——读〈野火春风斗古城〉》，载《文艺报》，1959年第1期。

方明：《壮阔的农民革命的历史图画——读小说〈红旗谱〉》，载《文艺报》，1958年第5期。

冯德英：《苦菜花》，北京：人民文学出版社，1959年。

冯健男：《谈朱老忠》，载《文学评论》，1961年第1期。

冯牧：《革命的战歌，英雄的颂歌——略论〈红日〉的成就及其弱点》，载《文艺报》，1958年第21期。

冯志：《敌后武工队》，北京：解放军文艺社，1963年。

冯仲云：《评影片“林海雪原”和同名小说》，载《北京日报》，1961年5月9日。

[法]米歇尔·福柯：《规训与惩罚》，刘北成、杨远婴译，上海：三联书店，1999年。

郭开：《略谈对林道静的描写中的缺点——评杨沫的小说〈青春之歌〉》，载《中国青年》，1959年第2期。

[美]戴维·哈维：《后现代的状况》，阎嘉译，北京：商务印书馆，2003年。

何家槐:《略谈〈林海雪原〉》,载《文学研究》,1958年第2期。

何其芳:《我看到了我们的文艺水平的提高》,载《文学研究》,1958年第2期。

洪子诚:《当代文学的"一体化"》,载《中国现代文学研究丛刊》,2000年第2期。

洪子诚:《当代文学概说》,南宁:广西教育出版社,2000年。

洪子诚:《当代文学史》,北京:北京大学出版社,1999年。

侯金镜:《一部引人入胜的长篇小说——读〈林海雪原〉》,载《文艺报》,1958年第3期。

胡大平:《崇高的暧昧》,南京:江苏人民出版社,2002年。

胡菊彬:《新中国电影意识形态史》(1949~1976),北京:中国广播电影出版社,1995年。

胡苏:《革命英雄的谱系——〈红旗谱〉读后记》,载《文艺报》,1958年第9期。

黄会林主编:《当代中国大众文化研究》,北京:北京师范大学出版社,1998年。

黄金麟:《历史、身体、国家:近代中国的身体生成》,北京:新星出版社,2006年。

黄子平:《革命·历史·小说》,香港:牛津大学出版社,1996年。

蒋孔阳:《要善于通过日常生活来表现英雄人物》,载《文艺月报》,1953年第9期。

[法]莫尼克·卡尔科-马塞尔、让娜-玛丽·克莱尔:《电影与文学改编》,刘芳译,北京:文化艺术出版社,2005年。

[美]康正果:《重申风月宝鉴:性与中国古典文学》,沈阳:辽宁教育出版社,1998年。

[美]保罗·库尔茨:《保卫世俗人道主义》,余灵灵等译,上

海:东方出版社,1996 年。

蓝爱国:《解构十七年》,上海:华东师范大学出版社,2003 年。

李观鼎:《感人的力量从何而来》,载《北京日报》,1961 年 5 月 25 日。

李扬:《50～70 年代中国文学经典再解读》,济南:山东教育出版社,2003 年。

李怡:《现代中国:我们究竟有着怎样的文化与文学——对于“现代性”批评话语的质疑》,载《文艺争鸣》,2002 年第 6 期。

李英儒:《关于〈野火春风斗古城〉——从创作到修改》,载《人民文学》,1960 年 7 月号。

李英儒:《野火春风斗古城》,北京:作家出版社,1959 年。

李遇春:《权力、主题、话语——20 世纪 40～70 年代中国文学研究》,武汉:华中师范大学出版社,2007 年。

李泽厚:《中国现代思想史论》,合肥:安徽文艺出版社,1994 年。

梁斌:《红旗谱》,北京:中国青年出版社,1957 年。

梁斌:《漫谈〈红旗谱〉的创作》,载《人民文学》,1959 年第 6 期。

[美]林毓生:《中国传统的创造性转化》,北京:三联书店,1988 年。

刘保昌:《“十七年文学”的现代性问题》,载《江汉论坛》,2002 年第 3 期。

刘金:《〈红日〉试析》,上海:上海文艺出版社,1962 年。

刘康:《在全球化时代再造“红色经典”》,载《中国比较文学》,2003 年第 1 期。

刘流:《烈火金钢》,北京:中国青年出版社,1963 年。

刘小枫:《沉重的肉身:现代性伦理的叙事纬语》,北京:华夏出版社,2004 年。

刘小枫:《现代性社会理论绪论:现代性与现代中国》,上海:三联书店,1998年。

刘小枫:《现代学的问题意识》,载《读书》,1994年第5期。

刘茵:《反批评和批评》,载《文艺报》,1959年第4期。

刘玉凯:《“红色经典”与时代精神》,载《河北大学学报》,2005年第3期。

刘再复:《性格组合论》,上海:上海文艺出版社,1986年。

刘知侠:《铁道游击队》,北京:新文艺出版社,1954年。

[匈牙利]卢卡契:《历史与阶级意识》,北京:商务印书馆,1992年。

陆弘石:《中国电影:描述与阐释》,北京:中国电影出版社,2002年。

陆扬、王毅选编:《大众文化研究》,上海:三联书店,2001年。

罗岗:《记忆的声音》,北京:学林出版社,1998年。

罗广斌、杨益言:《红岩》,北京:中国青年出版社,1961年。

毛泽东:《应当重视电影〈武训传〉的讨论》,载《人民日报》,1951年5月20日。

孟繁华:《中国20世纪文艺学学术史》第三部,上海:上海文艺出版社,2001年。

钱中文主编:《巴赫金全集》第三卷,石家庄:河北教育出版社,1998年。

曲波:《关于“林海雪原”》,载《北京日报》,1957年11月9日。

曲波:《林海雪原》,北京:作家出版社,1957年。

曲云:《从生活到创作——我演〈苦菜花〉中的母亲的几点体会》,载《电影艺术》,1965年第6期。

群力:《“青春之歌”的不足之处》,载《文艺报》,1959年第2期。

沈雁冰:《新中国社会主义文化艺术的辉煌成就》,载《文汇报》,1959年10月10日。

石言:《"红日"的人物》,载《解放军文艺》,1958年第7期。

[英]多米尼克·斯特里纳蒂:《通俗文化理论导论》,阎嘉译,北京:商务印书馆,2001年。

宋耀良:《十年文学主潮》,上海:上海文艺出版社,1988年。

孙瑜:《尊重电影的艺术传统》,载《文汇报》,1956年1月29日。

汤奇云:《质疑"民间立场"》,载《文艺争鸣》,2000年第2期。

汤晓丹:《在学习毛泽东著作中准备〈红日〉拍摄》,载《电影艺术》,1960年第12期。

唐小兵:《英雄与凡人的时代:解读20世纪》,上海:上海文艺出版社,2001年。

唐小林:《消费时代的"红色经典"》,载《花城》,2005年第1期。

陶东风、金元浦、高丙中主编:《文化研究》第一辑,天津:天津社会科学出版社,2000年。

陶东风、金元浦:《从碎片走向建设——中国当代审美文化二人谈》,载《文艺研究》,1994年第5期。

陶东风:《红色经典:在官方与市场的夹缝中求生存》(下),载《中国比较文学》,2004年第4期。

陶东风:《新时期文学身体叙事的变迁及其文化意味》,载《求是学刊》,2004年第6期。

田禾:《女英雄还是装饰品——从"小白鸽"谈到妇女英雄形象的创造》,载《北京日报》,1961年6月10日。

汪民安:《身体、空间与后现代性》,南京:江苏人民出版社,2006年。

王春艳:《“红色经典”研究综述》,载《海南师范学院学报》,2006年第1期。

王一川:《卡里斯马典型与文化之镜——近四十年中国艺术主潮的修辞学阐释》(一),载《文艺争鸣》,1991年第1期。

王一川:《中国现代卡里斯马典型——二十世纪小说人物的修辞论阐释》,昆明:云南人民出版社,1994年。

文隽:《“红色经典”的改编问题》,载《南方都市报》,2004年4月23日。

吴培显:《“红色经典”创作得失再评价》,载《湖南师范大学学报》,2002年第1期。

吴强:《红日》,北京:中国青年出版社,1958年。

吴强:《写作〈红日〉的几点感受》,载《文艺报》,1958年第19期。

吴琼主编:《凝视的快感——电影文本的精神分析》,北京:中国人民大学出版社,2005年。

希治:《谈电影剧本〈青春之歌〉的改编》,载《百花》,1960年4月号。

夏衍:《电影艺术的丰收》,载《文艺报》,1959年第18期。

夏中义:《新潮学案》,上海:三联书店,1996年。

萧延中等编:《外国学者评毛泽东》第三卷,北京:中国工人出版社,1997年。

解玺璋:《有多少经典可以重拍》,载《新闻周刊》,2004年4月12日。

许之乔:《〈红旗谱〉中人民大众的人性美和人情美》,载《文艺报》,1961年第1期。

许之乔:《〈红旗谱〉中人民大众的人性美和人情美》(续),载《文艺报》,1961年第2期。

阎浩岗:《从文学角度看“红色经典”》,载《河北大学学报》,2005年第3期。

阎嘉：《中国文学的现代性：追寻梦想与新传统的形成》，载《社会科学研究》，2006 年第 6 期。

杨经建：《“红色经典”：在“现代性”叙事中理解和阐释》，载《东岳论丛》，2006 年第 1 期。

杨沫：《改编〈青春之歌〉的几句话》，载《新观察》，1959 年第 19 期。

杨沫：《林道静的道路——杂谈电影〈青春之歌〉的改编》，载《中国青年》，1959 年第 21 期。

杨沫：《青春之歌》，北京：作家出版社，1958 年。

杨沫：《谈谈林道静的形象》，载《人民文学》，1959 年第 7 期。

杨沫：《杨沫同志在〈青春之歌〉演员的表演艺术座谈会上的发言》，载《电影艺术》，1960 年 4 月号。

杨天喜、白景晟：《漫谈〈红旗谱〉的银幕形象》，载《电影艺术》，1961 年第 4 期。

姚奔：《评“野火春风斗古城”》，载《文艺月报》，1959 年第 1 期。

[英]特里・伊格尔顿：《马克思主义与文学批评》，北京：人民文学出版社，1980 年。

依而：《小说的民族形式、评书和“烈火金钢”》，载《人民文学》，1958 年第 12 期。

余岱宗：《被规训的激情——论 1950、1960 年代的红色小说》，上海：三联书店，2004 年。

袁文殊：《废除电影创作中的清规戒律》，载《中国电影》，1956 年第 1 期。

袁文殊：《坚持电影为工农兵服务的方针——驳文艺报评论员的“电影的锣鼓”及其他》，载《中国电影》，1957 年第 1 期。

张法：《“红色经典”改编现象读解》，载《文艺研究》，2005 年第 4 期。

张福贵:《20世纪中国文学中的两种反现代意识》,载《文艺争鸣》,2001年第3期。

张虹:《林道静是值得学习的榜样吗?》,载《中国青年》,1959年第4期。

张辉:《审美现代性批判——20世纪上半叶德国美学东渐中的现代性问题》,北京:北京大学出版社,1999年。

张京媛主编:《新历史主义与文学批评》,北京:北京大学出版社,1993年。

张俊祥:《钟惦棐要电影事业走上绝路》,载《文艺报》,1957年第26期。

张旭东编:《晚期资本主义的文化逻辑》,北京:三联书店,1997年。

张志忠:《定位与错位——影视改编与文学研究中的"红色经典"》,载《文艺研究》,2005年第4期。

钟惦棐:《电影的锣鼓》,载《文艺报》,1956年第23期。

钟望:《我对林道静的看法》,载《文艺报》,1959年第3期。

仲呈祥、周月亮:《论经典作品的电视剧改编之道》,载《文艺研究》,2005年第4期。

周述会:《漫谈电影〈红旗谱〉的改编》,载《电影创作》,1962年第3期。

周宪:《超越文学——文学的文化哲学思考》,上海:三联书店,1997年。

周扬:《文艺战线上的一场大辩论》,载《文艺报》,1958年第5期。

周扬:《周扬文集》第1卷,北京:人民文学出版社,1985年。

周扬:《周扬文集》第2卷,北京:人民文学出版社,1985年。

朱德发等著:《中国文学英雄叙事论稿》,济南:山东教育出版社，2006年。

庄锡华:《80年代人性人道主义的两次讨论》，载《文艺争鸣》，2001年第5期。

外文参考书目

Matei Calinescu, *Five Faces of Modernity*, Bloomington: Indiana University Press, 1977.

Louis Dupré, *Passage to Modernity: An Essay in the Hermeneutics of Nature and Culture* , New Haven & London: Yale University Press, 1993.

Anthony Giddens, *The Consequences of Modernity*, Stanford: Stanford University Press, 1990.

Juergen Habermas, *The Philosophical Discourse of Modernity: Twelve Lectures*, tran. Frederick Lawrence, Cambridge: Polity Press, 1987.

Fredric Jameson , *The Political Unconscious*, London: Methaun, 1981.

后 记

花费了不少时间和代价写了一本或可被称作学术著作的东西,不论根据惯例还是需要,我都无法以自己本然的方式坚守一份沉默。结束这篇东西的时候,既没有看到杜鹃花开满山野,也没有听到午夜的钟声,岁月如昔,徘徊于苦涩牙床的依然是毛发肆意生长的声响。

对于自己还能说些什么? 似无必要。不管出于何种无奈,路依然是自己选择的,不论走得如何坎坷与尴尬,脚印还是自己的,至少见证了自己曾以怎样的姿态侍弄时光。

造化弄人,欢颜、希望、伤痛和屈辱等等还来不及整理,于不经意中就已年至不惑,却愈益迷惘了;然而在这迷惘中却愈益清晰的是父亲日渐苍老的目光、母亲随风堆积的白发、孩子们玲珑的笑脸和女人立作风景的期待,也许正是这些才使我不惮于坚守在这座小城之中。

就拙作而言,概因笔者原非科班,学力不逮,不敢妄言,加之选题敏感,不宜畅言,故而难免浅陋。尽管如此浅陋小文实在难堪重负,但我仍然只能以它孱弱的名义谨表谢意,致敬那些曾经助我前行的亲友,至于他们的名字还是珍藏于我心底为善,我以为。

本书为笔者 2010 年至 2012 年承担的安徽省社科规划项目研究成果,项目编号:AHSK09－10D152,对于这一支持,笔者也特此致谢。

本书能够出版，要感谢北京大学董学文先生、安徽大学吴家荣先生和安徽大学出版社的朋友们的热情支持，感谢他们为本书付出的辛劳！

2012年12月6日于淮北